国土空间规划编制：从理论到实践

黄经南 张金亭 周俊 周恒 著

WUHAN UNIVERSITY PRESS
武汉大学出版社

图书在版编目(CIP)数据

国土空间规划编制 : 从理论到实践 / 黄经南等著 . -- 武汉 : 武汉大学出版社,2024.11. -- ISBN 978-7-307-24626-3
Ⅰ. F129.9
中国国家版本馆 CIP 数据核字第 2024XA1413 号

责任编辑:任仕元　　责任校对:鄢春梅　　版式设计:韩闻锦

出版发行:**武汉大学出版社**　(430072　武昌　珞珈山)
(电子邮箱:cbs22@ whu.edu.cn 网址:www.wdp.com.cn)
印刷:武汉贝思印务设计有限公司
开本:787×1092　1/16　印张:14　字数:302 千字　插页:4
版次:2024 年 11 月第 1 版　2024 年 11 月第 1 次印刷
ISBN 978-7-307-24626-3　定价:56.00 元

前　　言

全面推进生态文明建设，站在人与自然和谐共生的高度谋划发展，优化国土空间格局，已经成为新的历史时期的重大命题，也为国土空间规划改革奠定了思想基础和理论基调。2019年5月23日，中共中央、国务院发布《关于建立国土空间规划体系并监督实施的若干意见》，吹响了国土空间规划体系改革的号角；2019年5月28日，自然资源部发布《关于全面开展国土空间规划工作的通知》，标志着我国全面启动各级国土空间规划编制、审批和管理工作；2023年7月11日，自然资源部宣布全国省、市、县三级国土空间总体规划已经全部编制完成，目前正在陆续审核报批中。至此，新的国土空间规划体系框架基本建立，编制成果初步形成。

在这一轮国土空间规划改革中，笔者作为长期从事空间规划科研、教学和实践的高校教师，在2021年底依据自己承担的三个省四个区(县)的国土空间总体规划的编制工作实践，编著出版了《国土空间规划技术操作指南》一书，由于实操性较强被部分院校相关专业选为教材或参考书。但随后，面对不断调整的规划实践要求和对规划教学工作过程的思考，深感当前国土空间总体规划的完整理论尚未形成，技术和规范体系尚存在大量值得反思、归纳、升华和探索完善的地方，因此特组织编写该书，以凝聚共识，实现"知其然也知其所以然"，为空间规划知识体系添砖加瓦。

总结过去几年的国土空间规划探索，笔者根据亲身经历将规划历程分为自我探索期、指南指引期、指南深化期和成果优化期等四个阶段。(1)自我探索期(2019年5月28日至2020年9月21日)：自2019年5月28日自然资源部发布《关于全面开展国土空间规划工作的通知》启动国土空间规划编制工作以来，由于全国没有统一的国土空间规划编制技术指南，各级政府、自然资源部门和规划编制单位均在积极探索国土空间规划的编制内容和方法，部分省份根据自身的实际情况，出台了试行的国土空间规划编制技术指南，这一阶段形成的规划成果可谓"百花齐放"。在此期间，笔者也根据"多规合一"的思路，提出了一套国土空间规划技术路线。基本思路是以城镇开发边界为主，提出资源限制与发展诉求共同导向下的划定方案。(2)指南指引期(2020年9月22日至2022年4月28日)：2020年9月22日，自然资源部发布《市级国土空间总体规划编制指南(试行)》(以下简称《指南》)，提出了包括"统一底图底数""重视规划实施和灾害风险评估"等五项基础性工作，明确了包括"落实主体功能定位，明确空间发展目标战略""优化空间总体格局，促进区域协调、城乡融合发展”等九部分编制内容，为全国各地国土空间规划编制工作提供了原则性、导向性的技术指引。在此期间，笔者也参考《指南》，完善相关内容。在城镇开发边界划定中，由于《指南》未明确详细划定要求，故提出了大、中、小三种思路，分别对应发展导向、自然增长和生态保护三种情景。(3)指南深化期(2022 年 4 月 29 日至 2022 年 9 月)：2022 年 4 月 29 日，自然资源部发布《在全国开展“三区三线”划定的函》，要求按照耕地和永久基本农田、生态保护红线、城镇开发边界的顺序，在国土空间规划中统筹划定落实三条控制线，做到现状耕地应保尽保、应划尽划，确保三条控制线不交叉不重叠不冲突，并明确了“三区三线”的具体划定规则和方法。在此期间，笔者也根据上述规则，完成了国土空间规划的核心内容——“三区三线”划定。仍以城镇开发边界划定为例，这一时期，在优先划定耕地和永久基本农田、生态保护红线的基础上，尊重自然地理格局，兼顾发展和安全，统筹农业、生态、城镇空间布局，根据相应扩展系数，严控新增建设用地，推动城镇紧凑发展和节约集约用地，最终划定了城镇开发边界。(4)成果优化期(2022 年 10 月至今)：自 2022 年 9 月全国完成“三区三线”划定工作后，各地根据上级下发的“三区三线”对规划成果进行了修改完善，至 2023 年 7 月 11 日，全国省、市、县三级国土空间总体规划已经全部编制完成。在此期间，笔者也根据获批的“三区三线”和地方发展实情，进一步优化规划成果，完成了所承担编制任务区县的国土空间总体规划最终成果。在这一过程中，国家的指南不断修订明确，各地的指南也陆续出台，而规划编制的标准或依据也在不断调整，甚至是反复，这反映了国土空间规划的复杂性，同时也说明编制体系还在不断完善。

在教学工作中，则面临更多的困惑或挑战。由于国土空间规划实现了主体功能区规划、土地利用规划、城乡规划等空间规划的融合，做到了“多规合一”，并已经成为党和政府开展国土空间治理的主要平台和抓手。因此，国土空间规划涉及的城乡规划、土地利用规划和经济地理等专业正面临着前所未有的挑战——什么是国土空间规划？为什么要建立国土空间规划体系？国土空间规划包含哪些内容？如何编制国土空间规划？这些都是必须回答的理论问题。在教学实践中，不同专业的师生都不同程度地感受到了不适应——城乡规划专业的师生，擅长编制建设用地(如中心城区和镇区等)内的空间规划，但对涉及建设用地外的山、水、林、田、湖、草、沙、矿等要素的规划无从下手；土地利用规划专业的师生，熟悉全域各类土地(包括建设和非建设用地)用途规划及其管制，精通耕地保护、建设用地管控等内容，但对需要传导下去的侧重于建设用地的详细规划不甚熟悉；经济地理专业的师生，熟悉人口、经济、产业和政策等内容，擅长编制宏观的发展战略规划，但对具体的空间要素和规划编制程序感到举步维艰。

从上述经历可以看出，国土空间规划编制工作在经历了四年的艰难探索后，已经形成了较为成熟的国土空间规划理论和编制办法，但在国土空间规划的改革期或者说过渡期，现有的教材无法适应新时代的要求，对国土空间规划理论较少有系统性的阐述，对国土空间规划编制方法和过程缺乏全面性的梳理，造成现有规划理论与实践脱节较为严重。本书将弥补上述不足，从规划编制的角度，尝试将理论与实践相结合，旨在为广大城乡规划、土地利用规划和经济地理专业师生，以及从事国土空间规划实践的从业者提供一本理论性和实用性均较强的教材和参考工具书。作为整合了原城乡规划、土地利用规划、主体功能区规划的国土空间规划体系，内容已日渐庞杂，本书对于其中的规划原理也不做过多的阐述，仅从规划编制入手，系统介绍规划编制过程中涉及的理论、政策与具体的编制办法。

本书以市(县)级国土空间总体规划编制为主，采用“导言-概念-原理-方法-实例”的基本范式组织相关章节内容。本书由与笔者一同参与过去几年所承担的数个区(县)级国土空间规划的团队成员来共同完成，大致分为四个部分。第一部分为规划背景，即第1章，重点阐述国土空间规划产生的背景、意义。第二部分为规划理论，即第2章，主要介绍国土空间规划体系的构成，以及规划编制的内容、成果要求、数据基础和技术路线。第三部分为国土空间规划编制内容及方法，包括第3到第9章，从内涵、规划目的、规划任务、规划要求、规划思路、实施与管控策略等层面分别对国土空间基础与形势分析、发展定位与总体空间格局、耕地保护与永久基本农田、生态空间与生态保护红线、城镇空间与城镇开发边界、中心城区空间规划等核心内容进行详细剖析。第四部分为国土空间规划管理信息系统，即第10章，介绍国土空间规划“一张图”实施监督信息系统的构成及应用。

以上四部分分别由笔者、张金亭、周恒、周俊统筹。各章节具体分工如下：第1章，绪论，由笔者完成；第2章，国土空间规划的内容与方法，由笔者、周恒、唐锦明完成；第3章，国土空间基础与形势分析，由周恒、于光平完成；第4章，发展定位与总体空间格局，由周俊、唐锦明完成；第5章，耕地保护与永久基本农田，由张金亭、周恒、石庆翠完成；第6章，生态空间与生态保护红线，由张金亭、周恒、彭李智完成；第7章，城镇体系规划，由周恒、于光平完成；第8章，城镇空间与城镇开发边界，由周恒、朱志宏完成；第9章，中心城区空间规划，由周恒、于光平完成；第10章，国土空间规划一张图实施监督信息系统，由周俊完成；第11章，结语，由周恒完成。

由于国土空间规划一直处于探索之中，因此本书并不是一个能够涵盖国土空间规划编制所有阶段所有内容的技术方案，而只是现阶段一本比较全面的参考工具书。此外，除了全国性的各种指导文件，各省市也都制定了一些指导原则和技术方案，而各地解决问题的方案可能并不是唯一的，因此本书也不是一个适用于所有各地情况、能解决以上所有问题的标准答案，而是一个应对现阶段国土空间规划编制工作中各种具体问题的参考解决方案。因此，书中有与各地做法不一致的地方，请读者理解。另外，本书编写较为仓促，书中若有不准确或考虑不周之处，也请读者谅解。

黄经南

2024年4月于珞珈山

目　　录

图　目　录

表 目 录

第1章 绪　论

导言：国土空间规划是一种全新的规划，本章主要介绍国土空间规划产生的背景、进程和内涵，使读者对国土空间规划有一个初步的认识。首先介绍国土空间规划产生的背景——我国当前基本进入城镇化发展的新时期，以及我国进入生态文明建设的新阶段；传统的规划体制，包括城乡规划、土地利用规划、主体功能区规划等各司其职，结果导致了空间管控的冲突。于是，多规合一进而发展到了国土空间规划。接着介绍国土空间规划的起源，包括各个时期国家和部门各种政策的颁布实施，以及“五级三类”规划体系的构建过程。最后解读国土空间规划的内涵，将其总结为在一定时期对一定区域各种空间资源的开发、利用、保护的综合安排。

1.1 中国城乡发展进程

进入21世纪的第二个十年，随着社会经济的不断发展，我国的城乡发展进入了一个新的阶段，这一新的阶段正在经历一系列的根本转变。

1.1.1 城镇化发展阶段的转变

过去四十年，中国经历了人类历史上前所未有的“快速巨型”城镇化。所谓“快速”，是指我国的城镇化从改革开放初期的不到18%，快速攀升到2022年的65%，增长了近3倍(图1-1)；所谓“巨型”，是指我国城镇化的规模是巨大的，城镇人口从1978年的1.72亿到2022年的9.21亿，增长7.49亿，这一增量超过欧洲人口总和。这一史无前例的城镇化进程被诺贝尔经济学奖获得者斯蒂格利茨誉为“影响21世纪人类社会发展进程的两件大事之一”(另一件为美国的高科技发展)。2011年城镇化水平突破50%以后，我国已进入城镇化发展的下半时期，以往城市快速扩张的阶段已不可持续，城镇发展从以城市扩展为主的增量阶段转变到以城市更新为主的存量阶段。参考发达国家的经验，当人均GDP超过10000美元并且城镇化率接近70%(也就是城镇化进程S曲线的平稳阶段)时(图1-2)，以社区营造为核心的旧城更新(包括“三旧”改造，即“旧城镇、旧厂房、旧村庄”的改造)将成为城市发展的重点。对比我国2022年的社会经济发展水平：人均GDP为12741美元，城镇化率65.22%，可以判断，以原有的存量，即老旧城区改造为主的城市更新也必将成为我国下一阶段城市规划和建设的主要内容之一。

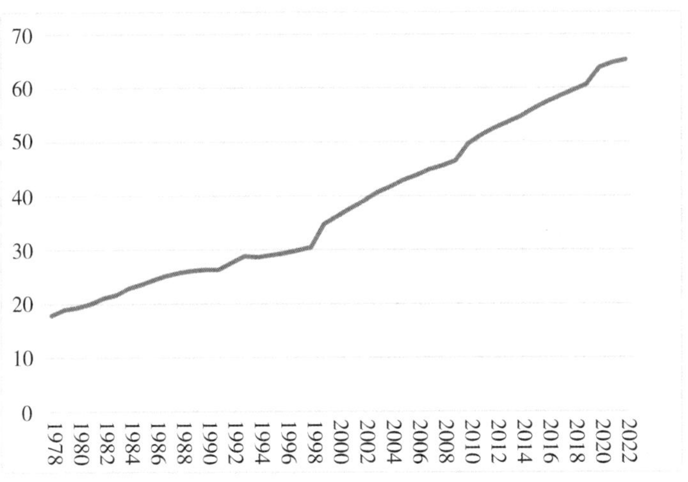

图1-1 过去四十年我国的城镇化水平

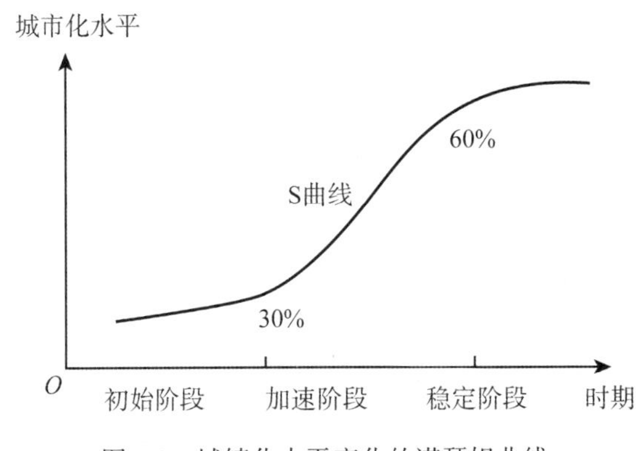

图1-2 城镇化水平变化的诺瑟姆曲线

(注：图1-1根据国家统计局《中国统计年鉴2022》《中国城市统计年鉴2022》等相关资料整理；图1-2根据诺瑟姆曲线改绘)

城镇化模式的转变也带来了城镇化内涵的转变，即从原来的强调房地产开发实现城市增长的“土地”城镇化转变到切实提升城乡居民生活质量的“人”的城镇化。过去40年的快速城镇化是推动我国社会经济实现跨越式发展的根本动力之一。在这一过程中，数以亿计的农民从乡村进入城市。从本质上来说，城镇化的目标之一是实现乡村农民到城市居民的转变，并使之真正地融入城市生活。但是过去一段时期，我国的城镇化很多时候仅仅注重农民的进城谋生，或农民身份的转变(通过“撤县设区”“村改居”等)，而进城后的农民，同时还包括部分原有城市居民的生活并没有被放在优先位置，其居住、就业、养老、子女教育等在城市中均面临较多困难，也由此造成了严重的后果。例如，在城市周边的许多农田被征收用于城市的开发，产生了大量城中村和失地农民，严重影响社会稳定；另一方面，各种资源向城市地区的汇集，也造成了20世纪90年代中期以后我国乡村的进一步凋敝。人口流失、产业凋零、生态破坏等成为乡村地区面临的普遍问题。振兴乡村因此成了摆在党和国家面前的一道必须面对且亟待解决的议题。每年的中央一号文件，基本上都围绕着解决“三农”问题、实现乡村振兴和城乡融合发展等展开。但过去一段时间的实践表明，这一方面的进展并不顺利，问题的艰巨性和复杂性仍然存在，实现乡村振兴和城乡融合的目标还任重道远。

1.1.2　社会文明发展阶段的转变

人类经历了原始文明、农业文明和工业文明，现在正在逐步进入“生态文明”这一人类社会文明发展的新阶段。18世纪英国工业革命开启了近代工业文明的序幕。300年的工业文明以人类征服自然为主要特征，在社会化大生产模式下，人类改造自然的能力和范围不断扩大，但同时对生态系统的影响与威胁也不断扩大，普遍造成了严重的环境污染、物种灭绝、资源短缺、“城市病”等全球性的生态问题。人类越来越深刻地认识到，不能一味地向自然索取，而必须保护生态环境，这需要开创一种新的文明形态来延续人类的生存。

20世纪90年代初期，美国著名作家、评论家罗伊·莫里森根据自身经历，敏锐地洞察到生态问题日益突出并持续恶化，全球环境问题已经成为众多政治问题的一个突出方面后，提出了“生态文明”的概念。他认为这是继“工业文明”之后的一种新的文明形式，是人类发展的另一个更高层次的文明形态。生态文明是保持人与自然和谐，追求生态-经济-社会系统关系和谐共生、良性循环、全面发展、持续繁荣为基本宗旨的社会形态。人与自然的关系也从大规模改造自然造成协调困难、区域不和谐，演变发展为尊重自然、顺应自然、人与自然和谐发展的新阶段。而生态文明的概念在我国得到了进一步的完善，也成为指导我国下一步可持续发展的核心指导思想之一。

我国在改革开放40多年来的城市化过程中，年均经济增长率几乎为同期世界发达国家的3倍，实现了西方发达国家经历上百年才能取得的成就。但与此同时，粗放式的经济发展，靠的是高消耗、高投入，以付出巨大资源环境代价换取的经济高增长。因此，发达国家上百年工业化过程中分阶段出现的环境问题，在我国40多年里集中出现。资源约束趋紧，环境污染严重，生态系统退化，发展与人口资源环境之间的矛盾日益突出，已成为经济社会健康发展的重大制约。传统的以大量资源消耗为主的粗放快速的经济增长方式已经不可持续，下一步的发展必须转变到调整产业结构、提升增长质量、实现内涵式发展的道路上来，即发展模式从原来的强调速度转变到注重质量，实现高质量发展。

2003 年，中共中央、国务院明确“建设山川秀美的生态文明社会”，这是我国第一次把生态建设提升到了生态文明社会的高度。2007 年，中国共产党十七大报告把建设生态文明确定为全面建设小康社会的重要任务。2012 年党的十八大将生态文明建设提升到了国家战略高度，强调要将生态文明建设融入经济建设、政治建设、文化建设、社会建设各方面和全过程，推动形成人与自然和谐发展的现代化建设新格局；并进一步指出，推进生态文明建设首先需要转变思想观念，“树立尊重自然、顺应自然、保护自然的生态文明理念”，还要“坚持节约资源和保护环境的基本国策，坚持节约优先、保护优先、自然恢复为主的方针，着力推进绿色发展、循环发展、低碳发展，形成节约资源和保护环境的空间格局、产业结构、生产方式、生活方式。”

2015 年我国推出的《关于加快生态文明建设的意见》提出，生态文明建设水平要与全面建成小康社会的目标相适应，并做出国土空间开发格局进一步优化、资源利用更加高效、生态环境质量总体改善、生态文明重大制度基本确立的战略部署。同年，为加快建立系统完整的生态文明制度体系，制定了《生态文明体制改革总体方案》，初步完成了我国生态文明建设的顶层设计。

2017 年党的十九大不仅提出了解决生态文明问题的总体指导思想，还给出了一系列切实可行的生态文明建设举措，如加快建立绿色生产和消费的法律制度和政策导向；落实生态保护红线、永久基本农田、城镇开发边界三条控制线划定工作等。同时，向世界庄严承诺中国将积极参与全球环境治理，落实减排承诺，为全球生态安全作出贡献。随后又在第 75 届联合国大会上正式提出 2030 年实现“碳达峰”、2060 年实现“碳中和”的“双碳”目标。

2022 年党的二十大继续强调“必须牢固树立和践行绿水青山就是金山银山的理念”“加快发展方式绿色转型”。在生态系统保护方面，“坚持山水林田湖草沙一体化保护和系统治理”，提升生态系统多样性、稳定性和持续性；在环境污染治理方面，深入推进环境污染防治，持续深入打好蓝天、碧水、净土三大保卫战。

可以说，生态文明的概念是在我国新的历史发展时期，为适应高质量发展的诉求而不断完善形成的。通过发展模式的创新，高质量增长，实现青山绿水的生态文明，既是下一步我国发展的方向，也是实现我国可持续发展的必由之路。而国土空间规划正是适应生态文明这一新的社会发展形态，实现空间高质量利用和发展的现实选择与政策工具。

1.1.3　规划体制的转变

当前，我国在城乡发展和生态文明建设中面临的基本问题可以总结为开发与保护的矛盾，即在当前的发展阶段，如何处理好开发相关的发展速度、经济增长、城镇开发、增量发展与保护相关的发展质量、生态文明、城乡融合发展、存量发展等的关系。

在这一背景下，我国传统规划体制的弊端也日渐显现，尤其是在与物质规划(针对某一地区的土地、交通、设施等实体的规划，相对于经济规划、社会规划等)密切相关的空间规划方面。在我国的规划体制中，与空间规划相关的法定规划主要包括城乡规划(2007年《中华人民共和国城乡规划法》颁布之前称为城市规划或城镇规划，即以城镇地区为主的空间规划)、土地利用规划以及主体功能区规划三种。城乡规划由原来的住建部门主导，主要是安排城乡建设用地的布局；土地利用规划由原来的国土部门主导，主要是统筹区域国土空间的综合利用，其重点是保护农用地，尤其是作为我国发展底线的18亿亩耕地；主体功能区规划由原来的发改部门(发展和改革委员会，前身为发展计划委员会)主导，主要是在宏观层面确定适合开发或保护的空间区域。由于三者的出发点不一致，城乡规划主要基于城镇开发，土地利用主要基于耕地保护，而主体功能区规划主要基于生态保护，因此这三种规划所确定的空间管制范围往往是不一致的，由此也造成了一系列的矛盾。例如，三种规划按照各自空间管制的要求，都会形成所谓的“四区”，但它们关于“四区”的概念与内涵相差甚远，详见表1-1、表1-2、表1-3。

表1-1　主体功能区规划“四区”的概念与内涵

分区名称	概念	内　　涵
优化开发区	以优化调整为主，不再适合大规模开发建设的区域	指国土开发强度已经较高、资源环境承载能力开始减弱的区域。该区域的发展需要转变以往土地低效利用、资源大量消耗、污染严重的粗放发展模式，提高增长质量
重点开发区	适宜开发，是下一步重点开发的区域	指资源环境承载能力较强、产业和人口集聚条件较好的区域。该区域需要通过完善基础设施，构建产业集群，加快城镇化，成为支撑国家经济发展和人口聚集的主要载体
限制开发区	可以开发，但是受到一定限制的区域	指资源承载能力较弱、产业和人口集聚条件一般或较差，但关系到全国或区域生态安全的区域。该区域内应坚持保护优先、适度开发的原则，点状发展，根据自身条件，在资源环境可承载范围内发展特色产业，注重生态修复与环境保护，引导区内超载人口稳步合理转移

续表

分区名称	概念	内　　涵
禁止开发区	禁止进行开发建设的区域	指依据相关法律法规实行严格保护、严格控制人类活动和开发建设行为的区域。通常为依法设立的各级、各类自然、文化保护区域

表 1-2　土地利用规划“四区”的概念与内涵

分区名称	概念	内　　涵
允许建设区	允许进行开发建设的区域	适宜进行城镇、村庄和工矿建设的区域，也是土地利用总体规划确定的城乡建设用地规模指标在具体空间坐标上的落实，即规划期内的预期用地
有条件建设区	在允许建设边界外围、满足某些条件后可以开发建设的区域	在保证规划建设用地规模恒定的情况下，依法办理审批程序后，可以用于城镇、村庄或工矿建设的区域。为了满足规划建设布局调整需求，需要与允许建设区实行“占补平衡”
限制建设区	可以进行建设，但受到一定限制的区域	土地以农业生产为主导用途的区域，也是实行基本农田建设与土地整治的主要区域。对城镇、村庄及工矿建设、基础设施建设等有严格的限制
禁止建设区	禁止进行各种建设行为和活动的区域	具有重要资源、生态、环境和历史文化价值，必须禁止各类建设行为的区域

表 1-3　城市规划“四区”的概念与内涵

分区名称	概念	内　　涵
已建区	已开发建设的地区	现状为城、镇建成区和工矿建设用地的区域
适建区	适宜建设的地区	存在较少的限制条件，适宜进行城乡建设，并具备较大开发潜力的区域
限建区	可以开发，但受到一定限制的地区	存在较为严格的自然资源、生态环境、历史保护等城市建设限制性条件，特殊情况下通过技术经济改造等手段可以建设的区域。对城乡建设的用地规模、用地类型、建设强度以及有关的城市活动、行为等进行严格限制
禁建区	禁止进行城市建设的地区	存在非常严格的自然资源、生态环境、历史保护等城市建设限制性条件，禁止进行城市开发建设的地区。但某些无法避免的特殊建设行为，如区域重大交通、市政工程等，经法定程序批准，满足国家相关法律法规规定与要求的，允许建设

各类型规划“四区”定义的不同，导致空间范围的划定也不一致。例如，对于城市规划和土地利用规划来说，就存在较大差异。主体功能区规划主要是在国家及省级层次的空间管制，最小单位为区(县)级，多为定性的判断，无法直接在城镇内部的用地上反映出来，也因此无法与其他两种规划做类似对比。在城乡规划体系，适建区是指已建区、禁建区、限建区以外的区域，通常范围最广；而在土地利用规划体系，限建区是指允许建设区、有条件建设区以及禁建区以外的区域，通常范围最广；在城乡规划体系，限建区有比较明确的限定界限，而在土地利用规划体系，限建区则没有比较明确的限定界限；相反，在土地利用规划体系，有条件建设区基本上只能在允许建设区以外扩展，界定较为明确，等等。如图 1-3 所示。

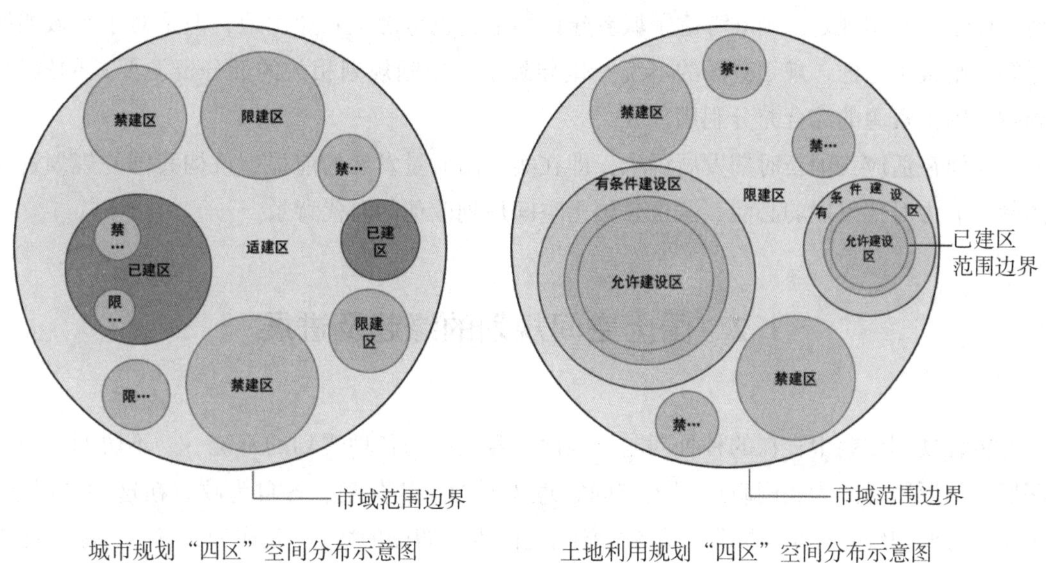

图 1-3 城市规划与土地利用规划的“四区”划定比较

划定范围的不一致导致在不同的规划体制下确定的城镇开发规模往往也不一致。城乡规划从发展角度考虑的居多，因此预测的城镇开发规模往往较大；而土地利用规划多从保护的角度入手，因此划定的城镇范围往往较小。对于地方政府来说，其发展最关注的是建设用地规模及用地指标的分配，而用地规模及范围的不确定也由此导致同一块用地，在各种空间规划中管控规则不明，管控混乱。

由于在空间管制范围和规则方面的不一致，也导致了传统规划体制在规划管理方面的一系列问题。例如，传统体制下，与地方发展直接相关的建设项目落地难一直被诟病。其根本原因在于，项目的立项及审批主要由发改部门决定。但是地方层次的发改部门基本不涉及空间规划的编制，而负责空间规划编制的地方城乡规划部门在组织编制规划时也不可能预见到具体的项目及用地需求(大小、区位等)，造成的结果往往是发改部门费尽心思引进的项目，却无法在城乡规划部门制定的用地规划中落地，严重影响地方的经济发展。另外，在传统的规划管理体制下，由于各个部门各司其职，条块分割，造成审批效率低下。建设项目从审批、立项、选址、规划、建设、监管等涉及多个部门，每个部门都有自己的审批程序，但是部门与部门之间却缺乏相互的衔接，浪费了大量的时间和财力物力。

各种规划之间的不协调还体现在其他方面。例如，规划年限的不一致：传统的土地利用总体规划年限为15年，而城乡总体规划年限为20年，由于两者的差异，造成在人口规模预测、建设用地指标分配等方面的不一致。规划范围的不一致：传统的城乡规划，尤其是城镇规划，基本上只局限在适合城镇建设的规划区范围内，不考虑规划区范围外的用地；而土地利用规划，则既考虑了城乡建设用地，也考虑了农业用地，但是对于水域如海洋等，则很少考虑。规划范围的不统一也导致了与空间规划相关的部分资源要素的缺失，影响了国土资源的综合充分利用。

如何在适应我国新时期发展诉求，即在实现高质量发展的前提下重构我国的规划管理体制，成为时代发展的必然，这也是国土空间规划改革的时代背景。

1.2 国土空间规划的缘起及进展

传统规划体制中存在的种种问题，表面上看是因为各种规划的不统一、不协调，但更深层次的原因是因为我国政府国土空间管理体制的条块分割、各自为政。在这种情况下，多规的协调与统一(其实本质上是各个部门之间管理职能的协调)就成为必然，国家由此出台了一些政策措施，首先尝试多规融合，进而实现资源要素与管理职责统一的国土空间规划，见表1-4。2012年11月，党的十八大提出大力推进生态文明建设，优化国土空间格局；2013年12月，中央城镇化工作会议提出积极推进市、县规划体制改革；2014年8月，国家发改委等四部委联合下发《关于开展市县“多规合一”试点工作的通知》，部署在全国28个市县开展“多规合一”试点；2016年12月，中共中央、国务院办公厅印发《省级空间规划试点方案》，形成吉林、浙江、福建等九个省级空间规划试点；2017年4月，原国土资源部下发《贯彻落实〈全国国土规划纲要(2016—2030年)〉实施方案》，要求各地开展省级国土规划编制；2018年3月，中共中央印发《深化党和国家机构改革方案》，在原国土资源部的基础上，整合国家发改委的组织编制主体功能区规划职责，住房和城乡建设部的城乡规划管理职责，以及水利部、农业部、国家林业局、国家海洋局等部门的相关职责，组建自然资源部，统一并明确了国土空间规划的职责；2019年1月，中央深改委通过

《关于建立国土空间规划体系并监督实施的若干意见》，提出建立“五级三类”的国土空间规划体系，多个省市启动国土空间规划编制工作。这一系列政策、措施的出台，说明国家已经认识到我国空间规划“多规”并存、体系庞杂、冲突矛盾等问题，强调“构建国家空间规划体系以统一国土空间用途管制、完善自然资源监管体制”是当前推进国家空间治理体系现代化的关键环节。其中，《关于建立国土空间规划体系并监督实施的若干意见》的出台，标志着全新类型的规划——国土空间规划正式拉开了序幕。随后出台的一系列政策文件，如2020年的“双评价”(“资源环境承载能力和国土空间开发适宜性评价”的简称)以及用地用海分类标准的确定，则是这一体系的不断完善。

表1-4　国土空间规划形成进程中的关键政策或文件

时间	部门（或会议）	文件名称	涉及国土空间规划的关键内容
2010年12月	国务院	《全国主体功能区规划(2011—2020年)》	立足区域资源禀赋，区分主导功能，逐步形成人口、经济、资源环境相协调的国土空间开发格局
2012年11月	党的十八大	《中国共产党第十八次全国代表大会上的报告》	大力推进生态文明建设，优化国土空间格局
2013年11月	党的十八届三中全会	《中共中央关于全面深化改革若干重大问题的决定》	建立空间规划体系，划定生产、生活、生态开发管制边界，落实用途管制，完善自然资源监管体制，统一行使国土空间用途管制职责
2014年8月	国家发改委等四部委	《关于开展市县“多规合一”试点工作的通知》	部署在全国28个市县开展“多规合一”试点
2015年9月	中共中央、国务院	《生态文明体制改革总体方案》	构建“以空间规划为基础，以用途管制为主要手段的国土空间开发保护制度”，和“以空间治理和空间结构优化为主要内容，全国统一、相互衔接、分级管理的空间规划体系”
2017年1月	中共中央办公厅、国务院办公厅	《省级空间规划试点方案》	选择海南、宁夏等9省区开展国土规划试点工作，进一步探索空间规划编制思路和方法
2017年2月	国务院	《全国国土规划纲要(2016—2030年)》	我国首个全国性国土开发与保护的战略性、综合性、基础性规划

续表

时间	部门（或会议）	文件名称	涉及国土空间规划的关键内容
2017年4月	原国土资源部	《贯彻落实〈全国国土规划纲要（2016—2030年）〉实施方案》	要求各地开展省级国土规划编制
2018年3月	中共中央	《深化党和国家机构改革方案》	组建自然资源部，统一行使全民所有自然资源资产所有者职责，统一行使所有国土空间用途管制和生态保护修复职责；强化国土空间规划对各专项规划的指导约束作用，推进多规合一
2019年5月	自然资源部	《中共中央　国务院关于建立国土空间规划体系并监督实施的若干意见》	国土空间规划是国家空间发展的指南、可持续发展的空间蓝图，是各类开发保护建设活动的基本依据；建立国家空间规划体系并监督实施
2019年8月	第十三届全国人大常委会第十二次会议	《中华人民共和国土地管理法》修正案，增加第十八条	国家建立国土空间规划体系。经依法批准的国土空间规划是各类开发、保护和建设活动的基本依据
2020年1月	自然资源部	《资源环境承载能力和国土空间开发适宜性评价指南（试行）》自然资办函〔2020〕127号	明确了资源环境承载能力和国土空间开发适宜性评价的概念、内容、原则和工作流程，针对生态保护、农业生产（种植、畜牧、渔业）、城镇建设三大核心功能开展本底评价，识别生态保护极重要区及重要区，农业生产适宜区和不适宜区，以及城镇建设不适宜区
2020年11月	自然资源部办公厅	《国土空间调查、规划、用途管制用地用海分类指南（试行）》	明确了国土空间调查、规划、用途管制用地用海分类应遵循的总体原则与基本要求，并提出了国土空间调查、规划、用途管制用地用海分类的总体框架及各类用途的名称、代码与含义
2021年9月	自然资源部 国家标准化管理委员会	《国土空间规划技术标准体系建设三年行动计划（2021—2023年）》	构建国土空间规划技术标准体系，研制一批国土空间规划标准，创新国土空间规划标准制定工作机制
2022年8月	自然资源部	《关于积极做好用地用海要素保障的通知》	强化国土空间规划引领约束，强化用地计划指标保障，简化建设项目规划用地审批，明确建设项目占用耕地和永久基本农田相关政策，落实节约集约用地

续表

时间	部门（或会议）	文件名称	涉及国土空间规划的关键内容
2023年11月	自然资源部	《国土空间调查、规划、用途管制用地用海分类指南》	采用三级分类体系，共设置24个一级类、113个二级类及140个三级类，详细解释了各类分类的含义

1.3 国土空间规划的含义

“空间规划”(spatial planning)的渊源可以有广义和狭义两种理解。广义的空间规划，可以说与现代城市规划的起源同步，大致从19世纪末开始。而狭义的空间规划则源于区域规划(regional planning)。20世纪20年代左右，德国的区域规划领域出台了“联邦国家空间规划”(federal state spatial planning)，这是空间规划这一概念首次出现。但与城市规划和区域规划不同，空间规划可以包括不同的空间层次，从建筑环境和住宅区到城区、整个城市、区域、国家甚至国际。当前的“空间规划”是一个根植于经济全球化、可持续发展理念、新自由主义市场经济深入发展背景下的规划理念。1999年欧盟正式出版的《欧洲空间发展展望(ESDP)》(*European Spatial Development Perspective*)再次掀起了“空间规划”理论研究与实践热潮。但不同国家、不同机构对“空间规划”的内涵有不同的理解。如欧洲理事会(Council of Europe，COE)从区域整体性的视角强调“空间规划”是一种跨领域融合经济、社会、文化和生态政策以实现区域发展平衡的综合性规划方法。而欧共体委员会(Commission of the European Communities，CEC)和英国首相办公室(Office of Deputy Prime Minister，ODPM)则从公共政策实施的视角强调“空间规划”是一种公共部门整合各种用地空间部署的政策以实现跨部门、跨区域合作的行政手段。尽管前者突出“空间规划”的技术属性，后者突出其政策属性，但两者有共通之处，即“空间规划”不局限于对一定行政界限内物质空间的理性安排，而更侧重于立足一个区域的中长期发展战略，整合和协调各级政府、各部门、各行业的政策，以对经济社会、环境体系、日常生活联系紧密的功能性空间的发展资源进行有效配置和利用来实现地区整体竞争力的提升和可持续发展。这是一个综合技术手段和政策方法的空间治理过程，也是当前“空间规划”内涵的国际主流思想。可以看出，这种理念和思想与20世纪80年代以后兴起的“新区域主义”等观念基本一致。

在我国，顺应国家空间治理体系的改革，有关空间规划的研究也不断深入。有学者认为空间规划的本质是对国土空间利用、行业政策协调和政府治理过程进行超前性的调配和安排，是对国土空间格局的综合优化；还有学者认为空间规划的实质是基于土地发展权的空间管制，是实施国土空间用途管制的基础，也是自然资源监管的源头。这些研究侧重于对空间规划的概念内涵和功能认知。还有学者从体制层面深入探讨空间规划改革，重构我国空间规划体系。例如从政府事权的视角分析我国现行空间规划体系存在的问题，提出优化空间规划体系的关键和途径；从空间治理能力提升的角度分析现阶段我国空间治理的特征，提出建构我国空间规划体系的对策与建议；立足生态文明体制改革，研究空间规划体系、国土空间用途管制和自然资源监管体制三者的关系，提出构建新时代空间规划体系的构想。总的来看，目前国内关于"空间规划"的研究主要聚焦于各种规划的技术统筹、协调机制以及国家空间规划体系建构等宏观层面。

综合国际上对于空间规划的理解以及国内学者对于我国特色国土空间规划的探索，国土空间规划可理解为：在一定时期对一定区域范围内的各种空间资源的开发、利用、保护和整治的综合安排。这一过程中，要协调各行业、各部门、各级政府的空间治理目标和政策，以构建国土空间秩序、分配空间发展权、提高空间利用效率来满足区域的可持续发展要求。可以说，它是我国传统各类规划的统一体。但相比传统的城乡规划，新的国土空间规划在注重城乡建设空间的同时，增加了对广大乡村区域的空间管制；相比传统的土地利用规划，新的国土空间规划在注重农用地保护，特别是耕地保护的同时，加强了对于城镇开发空间的重视；相比传统的国民经济与社会发展计划，新的国土空间规划充分考虑了各种产业及基础设施等项目的空间需求，也因此增加了其可实施性。

本章参考文献

1. 周一星. 城市地理学[M]. 北京：商务印书馆，1995.

2. 张媛媛，王国恩，黄经南，等. 空间规划背景下我国乡村规划的融合与发展——基于历史和现实的视角[J]. 现代城市研究，2021(5)：64-70.

3. 顾朝林. 论中国"多规"分立及其演化与融合问题[J]. 地理研究，2015(4)：601-613.

4. 钱慧，罗震东. 欧盟"空间规划"的兴起、理念及启示[J]. 国际城市规划，2011(3)：66-71.

5. 乔文怡，李玏，管卫华，王馨，王晓歌. 2016—2050年中国城镇化水平预测[J]. 经济地理，2018，38(2)：51-58.

6. 林坚，吴宇翔，等. 论空间规划体系的构建——兼析空间规划、国土空间用途管制与自然资源监管的关系[J]. 城市规划，2018(5)：9-17.

第2章　国土空间规划体系与内容

导言：本章首先详细介绍国土空间规划体系，包括“五级三类”的编制体系，也包括由规划编制审批、实施监督、法规政策和技术标准等四个体系构成的规划运行体系；接着介绍当前的国土空间规划体系的特点，包括上下联动、以项目为导向，以及“图文表库”等多种管控方式；然后介绍国土空间规划的内容，包括前期的准备工作和主要工作内容；再接下来介绍国土空间规划的编制路线；最后介绍国土空间规划的成果要求，包括文本、图集、说明书、专题研究报告、国土空间规划“一张图”等。

2.1　国土空间规划体系

空间规划体系是为协调和整合各级、各类空间规划的关系以实现区域乃至国家整体竞争力的提升和可持续发展而建立的空间规划系统。2019 年 5 月，中共中央、国务院通过《关于建立国土空间规划体系并监督实施的若干意见》，明确提出建立“五级三类”的国土空间规划体系。“五级”是从纵向看，对应我国当前的五级行政管理体系，分别是国家级、省级、市级、县级、乡镇级。这一分级延续了原来城乡规划和土地利用规划的分级体系。“三类”是指规划的类型，分为总体规划、详细规划、专项规划。

2.1.1　五级规划

新的国土空间规划体系明确了五个级别的国土空间规划，各级国土空间规划的出发点不同，因此内容也有一定的差异。

全国国土空间规划，是对全国国土空间做出的全局安排，是全国国土空间保护、开发、利用、修复的政策和总纲，侧重战略性。主要内容着眼于国家安全、重大基础设施布局、经济发展战略、自然资源利用、区域协调等。

省级国土空间规划是对全国国土空间规划纲要的落实和深化，是一定时期内省域国土空间保护、开发、利用、修复的政策和总纲，是编制省级相关专项规划、市县等下位国土空间规划的基本依据，在国土空间规划体系中发挥承上启下、综合协调的作用，侧重协调性。主要内容聚焦于省级的重点发展方向、产业结构调整、生态环境保护、基础设施建设等。

市级国土空间规划是对市(州)域国土空间保护、开发、利用和修复做出的总体安排，是编制县级、乡镇级国土空间总体规划、相关专项规划、详细规划和开展各类开发保护活动、实施国土空间用途管制的依据，侧重统筹性。主要内容以城镇化为主，包括城镇空间布局、土地利用、交通建设、产业发展等。

县级国土空间规划是对县域国土空间保护、开发、利用和修复做出的总体安排，是编制乡镇国土空间总体规划、相关专项规划、详细规划和开展各类开发保护活动、实施国土空间用途管制的依据，侧重布局性。主要包括县域内的土地利用、基础设施、产业布局、资源利用等内容。

乡镇级国土空间规划是对规划期内镇(乡)域国土空间开发、保护、利用和修复做出的具体安排，是编制乡镇详细规划和开展各类开发保护活动、实施国土空间用途管制的基本依据，侧重实施性。主要包括农村地区的土地利用、乡村振兴、农村居民点规划、基础设施建设等内容。

2.1.2　三类规划

总体规划强调的是规划的综合性，是对一定区域，如行政全域范围涉及的国土空间保护、开发、利用、修复所做的全局性安排。国家、省、市县编制国土空间总体规划，各地结合实际编制乡镇国土空间规划。其中的全国国土空间规划由自然资源部会同相关部门组织编制，由党中央、国务院审定后印发。省级国土空间规划由省级政府组织编制，经同级人大常委会审议后报国务院审批。市县和乡镇国土空间规划可因地制宜，将市县与乡镇国土空间规划合并编制；也可以几个乡镇为单元编制，由当地人民政府组织编制。

专项规划是在特定区域(流域)或特定领域，为体现特定功能，对空间利用和保护做出的专门安排。专项规划强调专门性，一般是由自然资源部门或者相关部门来组织编制，既可以涵盖国家级、省级和市县级三个级别，也可以包括不同层面，比如，区域层面的，如长三角地区战略规划；省级范围的特定区域，如武汉“1+8”都市圈规划。其中，海岸带、自然保护地等专项规划及跨行政区域或流域的国土空间规划，由所在区域或上一级自然资源主管部门牵头组织编制，报同级政府审批；涉及空间利用的某一领域专项规划，如交通、能源、水利、农业、信息、市政等基础设施、公共服务设施、军事设施，以及生态环境保护、文物保护、林业草原等专项规划，由相关主管部门组织编制。相关专项规划可在国家、省和市县层级编制，不同层级、不同地区的专项规划可结合实际选择编制的类型和深度。

详细规划是开展国土空间开发保护活动，包括实施国土空间用途管制、核发城乡建设项目规划许可，进行各项建设的法定依据。详细规划强调实施性，一般由市县以下组织编制，是对地块用途和开发强度等做出的具体安排。在这次的国土空间规划中，进一步规范了原来一直相对薄弱和忽视的村庄规划，并将其定位为在城镇开发边界外的详细规划。

在城镇开发边界内的详细规划，由市县自然资源主管部门组织编制，报同级政府审批；在城镇开发边界外的乡村地区，以一个或几个行政村为单元，由乡镇政府组织编制"多规合一"的实用性村庄规划，作为详细规划，报上一级政府审批。

"五级三类"国土空间规划体系详见表2-1。

表2-1 国土空间规划体系——"五级三类"

<table>
<tr><th rowspan="2">层级</th><th rowspan="2">总体规划</th><th rowspan="2" colspan="2">详细规划</th><th colspan="2">专项规划</th></tr>
<tr><th>自然资源部门相关</th><th>其他部门相关</th></tr>
<tr><td>国家</td><td>全国国土空间规划</td><td colspan="2">/</td><td>自然保护地体系、陆海统筹等重点领域专项规划；长江经济带、粤港澳大湾区等重要区域专项规划</td><td>国家铁路网、综合交通网、能源、水利等国家级重大基础设施建设等专项规划</td></tr>
<tr><td>省(自治区、直辖市)</td><td>省级国土空间规划</td><td colspan="2">/</td><td>海(河)岸带保护利用、土地整治、自然保护地、矿产资源等重点领域专项规划；城市群、都市圈等重要区域专项规划</td><td>省级公路、机场、高铁、内河港口、流域治理以及跨市域重大基础设施等专项规划</td></tr>
<tr><td>市(地级市)</td><td>市国土空间规划</td><td rowspan="3">详细规划(开发边界内)</td><td rowspan="3">村庄规划(开发边界外)</td><td rowspan="2">河湖水系(湿地)保护和修复、土地整治、公共开敞空间等专项规划</td><td rowspan="2">轨道交通线网等交通类；给排水、电力等市政设施类；中小学、医疗卫生、养老等公共设施类；消防、人防、防洪等安全类专项规划</td></tr>
<tr><td>县(县级市)</td><td>县国土空间规划</td></tr>
<tr><td>镇(乡)</td><td>镇(乡)国土空间规划</td><td colspan="2">土地整治等实施性专项规划</td></tr>
</table>

2.1.3 “四体系”

从规划运行方面来看，国土空间规划体系还可以分为四个体系，即规划编制审批体系、实施监督体系、法规政策体系和技术标准体系。

1. 规划编制审批体系

规划编制审批体系按照谁审批、谁监管的原则，分级建立国土空间规划审查备案制度。精简规划审批内容，管什么就批什么，大幅缩减审批时间。减少需报国务院审批的城市数量，直辖市、计划单列市、省会城市及国务院指定城市的国土空间总体规划由国务院审批。相关专项规划在编制和审查过程中应加强与有关国土空间规划的衔接及“一张图”的核对，批复后纳入同级国土空间基础信息平台，叠加到国土空间规划“一张图”上。见表 2-2。

表 2-2　国土空间规划的编制和审批体系

<table>
<tr><th colspan="3"></th><th>编　制</th><th>审　批</th></tr>
<tr><td rowspan="4">总体规划</td><td colspan="2">全国国土空间规划</td><td>自然资源部会同相关部门</td><td>国务院</td></tr>
<tr><td colspan="2">省级国土空间规划</td><td>省级人民政府</td><td>同级人大常委会审议后报国务院</td></tr>
<tr><td rowspan="2">市县乡镇</td><td>国务院审批的城市国土空间总体规划</td><td>城市人民政府</td><td>同级人大常委会审议后，由省级人民政府报国务院</td></tr>
<tr><td>其他市县和乡镇国土空间规划</td><td>本级人民政府</td><td>由省级人民政府明确内容和程序要求</td></tr>
<tr><td rowspan="2">专项规划</td><td colspan="2">海岸带、自然保护地等专项规划及跨行政区域或流域的国土空间规划</td><td>所在区域共同的上一级政府自然资源主管部门</td><td>所在区域共同的上一级人民政府</td></tr>
<tr><td colspan="2">以空间利用为主的某一领域专项规划</td><td>相关主管部门</td><td>国土空间规划“一张图”核对</td></tr>
<tr><td rowspan="2">详细规划</td><td colspan="2">城镇开发边界的集中建设区</td><td>市县国土空间规划主管部门</td><td>市县人民政府</td></tr>
<tr><td colspan="2">城镇开发边界外的乡村地区村庄规划</td><td>乡镇人民政府</td><td>市县人民政府</td></tr>
</table>

2. 规划实施监督体系

规划实施监督体系以国土空间规划为依据，对所有国土空间分区分类实施用途管制。在城镇开发边界内的建设，实行“详细规划+规划许可”的管制方式；在城镇开发边界外的建设，按照主导用途分区，实行“详细规划+规划许可”和“约束指标+分区准入”的管制方式。对以国家公园为主体的自然保护地、重要海域和海岛、重要水源地、文物等实行特殊保护制度。依托国土空间基础信息平台，建立健全国土空间规划动态监测评估预警和实施监管机制。上级自然资源主管部门要会同有关部门组织对下级国土空间规划中各类管控边界、约束性指标等管控要求的落实情况进行监督检查，将国土空间规划执行情况纳入自然资源执法督察内容。健全资源环境承载能力监测预警长效机制，建立国土空间规划定期评估制度，结合国民经济社会发展实际和规划定期评估结果，对国土空间规划进行动态调整和完善。

3. 法规政策体系

法规政策体系主要负责研究制定国土空间开发保护法，加快国土空间规划相关法律法规建设。梳理与国土空间规划相关的现行法律法规和部门规章，对“多规合一”改革涉及突破现行法律法规规定的内容和条款，按程序报批，取得授权后施行，并做好过渡时期的法律法规衔接。完善适应主体功能区要求的配套政策，保障国土空间规划有效实施。

4. 技术标准体系

按照“多规合一”要求，由自然资源部会同相关部门负责构建统一的国土空间规划技术标准体系，修订完善国土资源现状调查和国土空间规划用地分类标准，制定各级各类国土空间规划编制办法和技术规程。

2.2 国土空间规划编制的特点

新的国土空间规划既融合了传统的城乡规划、土地利用规划的内容，也体现了自身的一些特点。

2.2.1 国土空间规划工作机制：上下联动

新的国土空间规划编制最突出的特点就是“上下联动”，即在编制规划的过程中，上下级政府及各职能部门之间，要经过多次反复的沟通协调，确定规划的核心内容。例如，当前不管是城镇建设用地规模(体现为城镇开发边界)的确定，永久基本农田规模(体现为永久基本农田保护范围)、耕地规模等的确定，还是生态保护红线的确定，都经历了多轮的试划。这种试划既与对国土资源利用与保护的现状信息掌握不完全不准确有关，也与传统规划编制方式有一定关系。以当前国土空间规划中城镇用地规模确定为例，现行两种规划涉及的空间基于不同的出发点，预测方法、过程和结果也不尽相同，因此必须协调统一。城乡规划是从发展的角度预测城镇用地，目的是为城镇生产生活提供足够的发展空间，秉承的是“需求至上”的原则，本质上是从问题出发“自下而上”预测城市发展所需要的用地规模；而土地利用规划是从保护出发，坚持“以供定需”，在确保粮食和生态安全的前提下，合理配置建设用地，本质上是从目标出发“自上而下”分解上级规划下达的各控制性指标。两种不同的工作方式导致城乡规划中预测的城镇建设用地规模与土地利用规划中确定的建设用地规模不一致，并且往往是前者高于后者。此外，传统的城镇用地规模为单向预测，缺乏校正机制，也因此难以兼顾发展和保护的平衡。城乡规划和土地利用规划都涉及“以人定地”，借助人口规模和人均指标来预测建设用地规模，但仅从土地需求的角度考虑，由人口规模推测城镇用地规模，这属于单向控制。虽然土地利用规划会从建设用地供给方面对耕地保有量和基本农田保护面积预测的角度进行核对，但是城乡规划和土地利用规划的预测结果之间缺乏衔接，既无法准确预测建设用地规模，也不能满足新国土空间规划“全域全要素统筹规划”的要求。此外，城乡规划是“刚性不足，弹性较强”，而土地利用规划则刚好相反。例如，城乡规划中预测城镇用地的人口规模往往是根据历年基础数据预测的数值，为预期性指标，而人均城市建设用地指标为约束性指标；土地利用规划中，城乡建设用地规模、耕地保有量、永久基本农田保护面积、生态保护红线控制面积等均为约束性指标。原有的土规和城规的两套预测体系自成一家，难以同时兼顾以上的各种指标，尤其是约束性指标，也因此难以实现“刚弹结合”的规模预测。因此，考虑到以上情况，只有上下联动，经历多轮反复的试划，才能摸清家底，最终实现问题与目标相结合、地方发展与中央管控相结合。除此之外，随着国土空间规划改革的不断深入，其他职能部门横向的管理要求也在不断地纳入新的国土空间规划编制工作中。例如，除了原国土部门的耕地指标、永久基本农田指标要与城乡规划部门的城镇建设用地规模指标相协调外，当前的管控要素还涉及环保部门的生态红线、林业部门的林地指标(林地保有量、森林覆盖率等)、水利部门的河道管理数据等，这些新的管理要素也都要求增加与城镇开发边界以及永久基本农田保护线的相互协调内容，也因此需要自然资源部门与其他政府管理部门之间反复的横向协调工作。

2.2.2　建设用地规模的确定：以项目为导向

如前所述，传统规划体制中，一直存在这样一个怪圈：一方面，城乡规划编制工作中，规模的确定往往只从地方发展愿景出发，造成建设用地规模偏大，空间资源浪费。另一方面，发改部门立项的项目，往往又在城乡规划中没法找到合适的地块，最终无法落地，急需发展空间。有些地方政府，应对这一问题，就会预先批准出让一部分用地，以保证有足够的发展空间。但批准以后才发现由于与实际项目不匹配，这些用地并没有真正派上用场，出现了许多“批而未用”的状况——要不然闲置，要不然低效利用，造成了更大的土地资源浪费。产生这一问题的根本原因在于，在编制城乡规划时，缺乏实际的需求支撑，由此导致需求与目标的不匹配。新的国土空间规划正在从根本上扭转这一趋势。首先，在国土空间规划同国民经济和社会发展规划(简称“发展规划”)的关系定位上，国家明确，国土空间规划要在发展规划的指导下，与发展规划同步编制。也可以理解为，发展规划是国土空间规划的上位规划，各级国土空间规划的编制要依据相应的发展规划，国土空间规划要为发展规划实施提供空间保障，以发展规划确定的项目(库)为导向来确定建设用地的规模和布局。在实施保障上，自然资源部也明确，今后土地指标跟着项目走。新增的建设用地规模及增量部分，都要有具体的项目(论证)支撑，没有项目支撑的用地不纳入城镇开发边界。在指标的落实上，国家也再次强调，各省(区、市)审批批次用地时要明确具体项目，防止产生新的“批而未供”土地。以项目为导向的城镇开发规模划定一方面限制了城镇无序扩张的趋势，另一方面也保证了土地资源的有效利用。

2.2.3　规划内容的表达：多种管控方式

在新的国土空间规划中，其规划内容的表达也相比传统规划有了更多更高的要求。传统的城乡规划成果一般为图、文。图一般是指图件，包括法定规划的图纸，以及相关的示意图、表现图等。文即文字。法定规划的文主要是文本，非法定规划除了文本，还包括说明书、专题研究，以及基础资料汇编等文字资料。但是新的国土空间规划，成果可以概括为图、文、表、库，即除了上述的图、文之外，还包括表、库。表即表格，一般是指各种指标表。例如在新的国土空间规划中，明确定义了一系列的指标表。这些表既明确了各类规划指标的内容，同时也明确了各类指标的性质，如约束性、预期性等。其中，预期性指标是指按照经济社会发展预期，规划期内要努力实现或不突破的指标。约束性指标是为实现规划目标，在规划期内不得突破或必须实现的指标。对于约束性的指标，通过上下传导，指标的层层分解，保证在下级国土空间规划的实现。指标表的确定，从根本上改变了各级政府在编制规划时各自为政的局面，也从制度上约定了政府规划指标的实现。库即数据库，既包括规划基础数据"一张图"，即统一的工作底图，也包括各种规划成果的"一张图"，即完整的规划蓝图。这次国土空间规划中数据库的规定也是对传统规划的一种反思。传统的规划，尤其是城乡规划，其成果多用图片(JPG 格式等)的方式表达，没有坐标的匹配；即使使用匹配坐标 CAD 等软件形成的结果，也多为非地理坐标的地方平面坐标，很难与应用了地理坐标的其他地图要素(如地形图等)匹配，其结果是规划图上表达的内容很难在现实中落地。另外，由于新的国土空间规划需要整合各种规划类型和各种数据，而各种规划和多源数据的不统一，也造成了很多问题。这包括：①各种规划定义的数据不统一。各个部门都有自己的规划，各个规划对于空间管控的范围定义是不一致的，造成空间布局的冲突。②各种规划的分类标准不统一。例如，传统城乡规划有自己的用地分类标准，土地利用规划则有自己的用地分类标准，这两个用地分类标准是不一致的。实际上，即使在原来的土地管理部门内部，土地调查与土地规划的用地分类标准都不一致。分类标准的不统一，使得各种规划各说各的，无法达成表达上的统一。③各种数据标准不统一。各个行政主管部门采用的数据标准不统一，既有 1954 北京坐标系，也有 1980 西安坐标系，还有的城市规划用自己的地方坐标，各种坐标的不一致造成空间位置的不一致，也因此很难实现有效的管控。④规划尺度的不统一。即使在同一系统内部，由于比例尺的不一致，也导致了空间管控无法实现。例如，在传统的城乡规划中，城市(镇)总体规划的比例尺一般为 1∶5000～1∶10000，而真正用于用地管控的详细规划，特别是地块管控的控制性详细规划，其比例尺一般为 1∶1000～1∶2000。因此总规里面的线划只能是示意性的，总规尺度的各种界线(四线等)在控规尺度无法准确细化表达，在控规尺度无法落地，也因此造成很多城市的总体规划变成了在墙上挂挂的产物，实施率很低。针对以上数据表达不匹配的问题，此次的国土空间规划在数据的处理上，首先明确了基础数据的统一，即统一采用 2000 国家大地坐标系和 1985 国家高程基准作为定位基础。在当前的市县级国土空间规划编制中，也基本上统一采用 1∶2000 比例尺，从而衔接总体规划与详细规划的空间管制。其次，此次国土空间规划成果的提交，也统一采用基于数据库的矢量格式，并且有严格的数据汇交要求，避免了以前传统规划尤其是城乡规划最后仅以图片来上交成果的弊端。

新的国土空间规划成果表达中，"图文表库"的实施，从根本上保证了规划成果的准确表达，也保证了"全域全要素"的有效管控。具体的规划指标体系见表 2-3。

表 2-3 规划指标体系表(部分)

序号	指标类型	指标名称	单位	指标性质
1	开发利用	国土开发强度(%)	—	约束性
2		城乡建设用地规模	公顷	约束性
3		中心城区人均城镇建设用地面积	平方米/人	预期性
4		用水总量	亿立方米/年	约束性
5		单位地区生产总值(GDP)用水量	立方米/万元	约束性
6		新增建设用地占用耕地面积	亩	预期性
7		单位地区生产总值(GDP)建设用地面积	公顷/亿元	预期性

(来源:《市县国土总体空间规划编制指南》,自然资源部国土空间规划局,2019.6)

2.3 国土空间规划的内容

2.3.1 国土空间规划的前期工作

1. 现状调研

现状调研是在进行国土空间规划编制工作前,对规划范围内的地理、自然、经济、社会等方面的现实状况进行深入、全面的调查和分析的过程。

现状调研是规划工作的基础和前提,能够为规划的科学性、实效性提供坚实的支撑,具有重要作用:①现状调研可以直接观察、了解规划区域的地理环境、自然地貌、气候特点、生态资源等情况,对规划区域的宏观地理生态状况有基本的认识。②通过实地走访,可以直接接触到当地居民,了解他们的生产生活情况、社会经济发展水平、用地利用现状等信息,为规划编制提供实际依据。③实地调研能够帮助规划者发现区域内存在的问题,如环境污染、交通拥堵等,同时也能发现一些潜在的发展机遇,比如资源丰富区域的开发潜力。④通过现状调研可以直接了解规划方案在实施过程中可能面临的困难和挑战,为规划的可行性评估提供依据。⑤实地调研是与当地政府、居民、企业等利益相关方进行有效沟通和交流的重要手段,可以听取各方的意见和建议,提升规划的社会接受度和可持续性。⑥通过现状实地调研,规划者可以更具体地了解规划区域各方面的实际情况,有利于确保规划的实效性和可操作性。

国土空间规划现场调研的方式主要分为两种，一是对下辖县(市、区)、重点乡镇、产业园区、重要生态功能区、重大基础设施廊道、重要矿区、历史文化保护区等重点区域开展实地调研；二是对发展改革、经信、交通、农业农村、水利湖泊、住建、城管、教育、生态环保、医疗卫生、文化旅游、应急管理、民政、统计、电力电信等政府重要部门进行走访和座谈，系统收集基础资料，深入了解地方发展需求。

国土空间规划现场调研的内容主要涵盖以下十个方面，具体包括：①土地利用现状：规划区域内各种土地用途的分布情况，包括农田、林地、建设用地、工业区、自然保护区等，以及土地的使用强度和特点。②自然地理环境：研究区域的地形、气候、地质特征、土壤类型和水系，以及其他自然地理要素。③基础设施状况：交通基础设施(道路、铁路、港口、机场)、水利设施(水库、灌溉系统)、公共服务设施(医疗、教育、文化等)的分布和状况。④人口和社会经济情况：人口数量、分布、年龄结构、教育水平、就业情况等。⑤自然资源和环境情况：自然资源的分布和丰度，包括矿产资源、水资源、农业资源等，以及环境问题，如污染类型、污染源、生态破坏程度等。⑥文化历史遗产和风景名胜：文化遗产、历史建筑、旅游景点等的分布和特点。⑦生态环境状况：野生动植物物种多样性、森林覆盖、湿地保护等生态系统的健康状况。⑧土地所有权和土地使用权情况：土地的权属关系，包括公有土地、国有土地、农村集体土地等，以及土地使用权。⑨发展潜力：规划区域内的发展机会，包括经济发展、产业潜力、就业机会等。⑩社会参与和利益相关方调查：与当地政府、社区居民、利益相关方进行沟通，了解他们的需求、期望和顾虑等。

2. 底图底数处理

国土空间规划中的底图底数(也简称为“底数”)是指规划过程中所使用的基础地理信息数据，主要包括与规划相关的各种指标、统计数据以及地理信息数据。

国土空间规划中的底图底数处理是确保规划质量和有效性的关键步骤，必不可少。①统一的底图底数能够保证数据一致性。在规划中，使用不同来源和不同部门的数据时，往往存在数据格式、精度和内容不一致的情况。通过统一处理，可以标准化这些数据，确保它们在整个规划过程中一致，减少错误和冲突。②规划通常涉及多个部门和利益相关方，如城市规划、环境保护、土地管理等。统一底图底数可以促进各部门之间的协调合作，避免重复采集和管理数据，提高规划工作的效率。③统一的底图底数有助于确保规划的一体性，使规划区域内不同部分或不同规划要素之间协调一致。④统一的底图底数为规划决策提供了可靠的数据基础，使政府决策者和公众能够更准确地了解规划区域的现实情况，从而做出更明智的决策。⑤它还支持资源管理和监测工作，通过一致的数据进行资源评估和环境监测，有助于更好地维护和管理国土资源。

国土空间规划提出要实现“统一底图、统一标准、统一规划、统一平台”，而这四个“统一”的前提是底图底数的统一。底图底数处理包括基(基础)数(数据)转换和其他数据梳理。

根据《自然资源部关于全面开展国土空间规划工作的通知》(2019年5月)要求，本轮国土空间规划编制统一采用第三次全国国土调查(以下简称“三调”)成果作为规划现状底图底数基础。但是，“三调”工作分类(“三调”地类)与国土空间规划用途分类(国土地类)在类型、深度、范围及认定方式上均存在一定差异，因此在编制国土空间规划时，应首先进行转换，即在“三调”基础上形成国土空间规划的基期现状用地基础数据——这一过程就是所谓的基数转换。因此，基数转换就是以“三调”为基础，以地理国情普查、地质环境调查和林、草、矿产等专项自然资源调查成果以及遥感影像、地形数据为补充，统一采用2000国家大地坐标系和1985国家高程基准作为空间定位基础，按照《国土空间调查、规划、用途管制用地用海分类》、自然资源部办公厅《关于规范和统一市县国土空间规划现状基数的通知》等相关要求，将“三调”数据成果转换到国土空间规划用地用海分类，形成坐标一致、边界吻合、上下贯通的工作底图底数。(注：2020年变更调查数据是在“三调”的基础上进行的更新，因此最新一轮的国土空间规划实际上普遍使用2020年变更调查数据作为规划现状底图底数基础。)

为确保国土空间规划的系统性和兼容性，在基数转换成果的基础上，还需对其他各类管理数据进行系统的梳理，形成现状一张图。包括但不限于以下数据：已批建设用地、已审批未建设的用地、未审批已建设的用地、已拆除建筑物和构筑物的原建设用地、已审批未建设的用海、未确权用海、耕地与永久基本农田、河湖岸线、造林绿化等。某县底图底数处理前后的对比如图2-1所示。

3. 评价和评估

1)资源环境承载能力和国土空间开发适宜性评价

资源环境承载能力和国土空间开发适宜性评价简称“双评价”。资源环境承载能力评价，指的是基于特定发展阶段、经济技术水平、生产生活方式和生态保护目标，一定地域范围内资源环境要素能够支撑农业生产、城镇建设等人类活动的最大规模。国土空间开发适宜性评价，指的是在维系生态系统健康和国土安全的前提下，综合考虑资源环境等要素条件，特定国土空间进行农业生产、城镇建设等人类活动的适宜程度(详情见第3章的相

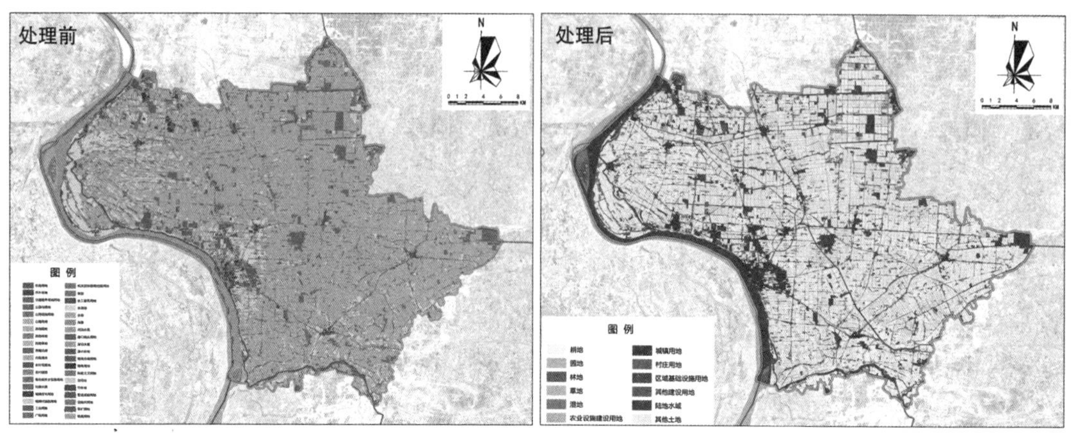

图 2-1　某县底图底数处理前后对比图(详见书末彩色插图)

关章节)。

按照《中共中央 国务院关于建立国土空间规划体系并监督实施的若干意见》要求，“双评价”是科学有序统筹布局生态、农业、城镇等功能空间的重要基础，是优化国土空间开发保护格局和完善区域主体功能定位的重要依据，是划定生态保护红线、永久基本农田、城镇开发边界等空间管控边界以及各类海域保护线的重要支撑。

2020 年 1 月，自然资源部正式下发《资源环境承载能力和国土空间开发适宜性评价指南(试行)》(以下简称“双评价指南”)。根据指南中的评价流程，首先应进行水资源、土地资源、气候等单项评价，在此基础上进行生态保护重要性、农业生产适宜性、城镇建设适宜性等集成评价；然后进行风险识别、潜力分析和情景分析等综合分析；最终的评价成果可用于支撑国土空间格局优化、完善主体功能分区、“三线”划定等工作。

在当前一轮的国土空间规划“双评价”实施过程中，通常采用省市级统一评价、县级校核的方式。即，在省市级“双评价”结果基础上，各(区)县根据更高精度数据和实地调查进行校核，分析区域资源环境禀赋条件，研判国土空间开发利用问题和风险，识别生态保护极重要区，明确农业生产、城镇建设的最大合理规模和适宜空间，为优化国土空间开发保护格局，划定三条控制线，实施国土综合整治与生态修复等提供依据。

2)规划实施和灾害风险评估

规划实施和灾害风险评估简称“双评估”。规划实施评估是对上一轮编制的规划进行全面审视，总结现行规划的实施效果，发现存在的问题和挑战。灾害风险评估是对国土空间开发保护中影响全域可持续发展的重大灾害风险因素进行评估。

规划实施评估主要评估上一版城市总体规划、土地利用总体规划、专项规划等规划，分析规划目标、主要社会经济发展指标、自然资源和历史文化保护、基础设施和公共服务设施、节约集约用地等规划实施情况。灾害风险评估主要结合自然地理本底特征和“双评价”结果，分析区域发展和城镇化趋势、人口与社会需求变化、科技进步和产业发展、气候变化等因素，识别国土空间开发保护中影响全域可持续发展的重大灾害风险。

4. 重大专题研究

国土空间规划覆盖面广、涉及部门多，既要有系统、全面的考虑，也要对于影响城市发展的重大问题深入地开展专题研究。

重大专题包括但不限于：①人口规模、结构、分布以及人口流动等对空间供需的影响和对策；②气候变化及水土资源、洪涝等自然灾害等因素对空间开发保护的影响和对策；③重大区域战略、新型城镇化、乡村振兴、产业发展等对区域空间发展的影响和对策；④交通运输体系和信息技术对区域空间发展的影响和对策；⑤公共服务、基础设施、公共安全、风险防控等支撑保障系统的问题和对策；⑥建设用地节约集约利用和城市更新、土地整治、生态修复的空间策略；⑦自然山水和人工环境的空间特色、空间形态和品质改善的空间对策；⑧资源枯竭、人口收缩城市振兴发展的空间策略；⑨规划实施保障机制和相关政策措施等。

2.3.2 国土空间规划的主要内容

各级国土空间规划由于其定位和作用不同，其内容也不一致。其中，市县级国土空间规划是落实各类规划指标和空间布局的关键环节，是落实规划用途管制制度和自然资源统一管理的重要节点，也是城乡融合发展的关键支撑。当前编制的国土空间规划主要是市县级国土空间规划，因此本书主要以县级国土空间规划为例介绍国土空间规划的主要内容。

1. 国土空间现状

基本特征分析：对城市的区位、自然资源、历史文化、人口经济等进行详细解读，厘清城市发展的优势和劣势。

国土空间开发保护分析：对城市的农业空间、生态空间和建设空间进行深入分析，识别国土空间存在的问题。

发展形势分析：主要围绕区域所处的发展环境，总结城市的发展机遇和面临的挑战。

2. 目标战略

确定目标定位：按照上级国土空间规划的相关要求，结合本地发展阶段和特征，合理确定目标定位、城市性质等。

制定空间战略：立足资源环境禀赋和经济社会发展需求，针对国土空间开发保护存在的突出问题和风险挑战，确定国土空间开发保护战略。

明确指标体系：落实上级国土空间规划下达的约束性指标要求，从空间底线、空间结构与效率、空间品质三大方面构建指标体系，确定国土空间开发保护的约束性、预期性指标。

3. 国土空间开发保护格局

落实国家、省的重大发展战略、主体功能定位，立足自然地理格局，统筹优化山水林田湖草等保护类要素，协调区域城乡、产业、交通等发展类要素布局，形成开放式、网络化、集约型、生态化的国土空间开发保护总体格局。

生态空间：明确市(县)在区域生态安全格局中的地位和作用，构建由重要生态功能区、自然保护地和生态廊道等组成的生态安全格局，形成健康、完整、连续的绿色空间网络。构建市(县)域自然保护地体系，建立自然保护地名录，明确各类保护地的保护范围、保护对象、保护目标、功能定位与总体布局，提出重点项目和保护指引。

农业空间：落实乡村振兴战略，优先保护耕地，维护粮食安全，结合本地粮食生产功能区和重要农产品生产保护区等农业空间的特点，引导农业发展向优势区聚集，因地制宜稳定和优化农业空间，明确农业生产格局。引导城乡融合发展，结合人口预测与城镇体系，优化村庄分类布局，按集聚提升、城郊融合、特色保护、搬迁撤并、其他等村庄类型，从村庄布点原则、建设用地标准等方面对各类村庄提出指引性要求。以建设美丽宜居村庄为目标，提出改善乡村人居环境的主要策略，制定基础设施、公共服务设施等的建设标准和要求。

城镇空间：根据城镇化发展阶段和人口分布及流动特征，综合考虑水资源、环境容量、建设用地后备资源等约束条件，合理预测市(县)域人口规模及城镇化水平。合理确定市(县)域城镇体系的规模等级、职能和空间结构。围绕国家及区域产业发展导向，基于现状产业基础与发展条件，确定主导产业发展方向，合理布局产业空间，提出产业用地规模控制目标，明确产业园区相关管控要求。

4. “三线”划定

坚持底线思维，“三区三线”是当前国土空间规划中，调整经济结构、规划产业发展、推进城镇化不可逾越的红线。按照耕地和永久基本农田、生态保护红线、城镇开发边界的顺序，在国土空间规划中统筹划定落实三条控制线，确保三条控制线不交叉不重叠不冲突。落实上级国土空间规划相关要求，提出下辖乡镇“三条控制线”划定规模和相关要求。

生态保护红线：生态保护红线应保持稳定，已上报国务院的生态保护红线方案原则上不再调整，因国家重大项目需要等确需调整的，要依据已有规则举证说明，结合“双评价”，对生态保护红线进行调整。

城镇开发边界：要充分尊重自然地理格局，统筹发展和安全，统筹农业、生态、城镇空间布局；坚持反向约束与正向约束相结合，避让资源环境底线、灾害风险、历史文化保护等限制性因素；设置扩展系数，严控新增建设用地，推动城镇紧凑发展和节约集约用地。

永久基本农田：考虑各地可长期稳定利用耕地与原永久基本农田保护目标的差异，分类确定各地永久基本农田划定规模。永久基本农田原则上应在纳入耕地保护目标的可长期稳定利用耕地上划定，原永久基本农田范围内的可长期稳定利用耕地布局保持总体稳定，难以或不宜长期稳定利用的耕地一般不划入永久基本农田。

5. 规划分区与国土空间功能结构

规划分区：落实上级国土空间规划的规划分区，城镇发展区应细化到城镇集中建设区、城镇弹性发展区、特别用途区；乡村发展区应细化到村庄建设区、一般农业区、林业发展区，并根据不同分区提出规划要点与发展指引。中心城区的城镇集中建设区划分居住生活区、综合服务区、商业商务区、工业发展区、物流仓储区、绿地休闲区、交通枢纽区和战略预留区等八类规划分区，各地可结合实际补充二级规划分区类型，并根据不同分区提出规划要点与发展指引。

国土空间功能结构：落实上级国土空间规划控制指标，统筹各类资源要素保护和开发利用，参照《国土空间调查、规划、用途管制用地用海分类指南》，明确国土空间用途结构调整和优化方向，制定县域国土空间功能结构调整表。

6. 中心城区布局规划

范围划定：根据实际和本地规划管理需求确定中心城区范围，一般包括城市建成区及规划扩展区域，如核心区、组团、县级重要产业园区等；一般不包括外围独立发展、零星散布的镇的建成区。

用地布局：综合考虑安全、绿色、集约发展和功能完善要求，优化用地布局，明确中心城区建设用地总量和用地结构调整方向，在规划分区的基础上，依据各分区内部主导功能用地、兼容功能用地的类型及用地面积占比，结合土地利用现状、资源禀赋、交通条件等，遵循空间结构的功能支撑需求，进行建设用地具体地块的划定。规划用地分类以一级类为主，其中工矿用地、重要的公共管理与公共服务用地、交通运输用地、公用设施用地、绿地与开敞空间用地可细分至二、三级类。制定中心城区国土空间功能结构调整表，合理确定各类用地比例，鼓励用地混合使用，为应对发展的不确定性，适当考虑留白用地。

绿地系统与开敞空间：建立绿地系统等级体系，明确城市结构性绿地、重要水体等控制范围。优化绿地系统与开敞空间布局，确定绿地与开敞空间用地的总量、人均用地面积和覆盖率指标。提出绿地与开敞空间的网络化均衡布局要求，提高公园的复合功能。提出通风廊道和绿道系统的布局和控制要求。

居住与住房保障：优化居住用地结构和布局，改善职住关系，完善社区生活圈。明确住宅用地中保障性租赁住房用地供应比例、人均居住用地面积和需增加的居住用地规模。

城市更新：明确城市更新的目标、重点区域和时序安排。结合城市功能特点，划分城市更新分区，提出不同城市更新分区的重点内容和具体措施。

地下空间利用：按照安全优先、集约高效、互联互通、平战结合的原则，统筹地上地下空间利用，提出地下空间开发目标、规模、利用方向、分层分区等管理要求。

城市"四线"划定与管控：根据国家有关规定，划定城市"四线"(绿线、紫线、蓝线、黄线)，将防护绿地、大型公共绿地等划定为绿线，按照《城市绿线管理办法》管控；将公布的历史文化街区和历史建筑的保护范围界线划定为紫线，按照《城市紫线管理办法》管控(由于紫线保护范围并没有涵盖所有的历史遗产类型，因此在当前一轮的国土空间规划编制中，实际上将各级文物保护单位、水下文物、地下文物、历史文化名镇名村等的保护范围等一并考虑，划定了历史文化保护线)；将江、河、湖、库、渠等城市地表水体保护和控制的地域界线划定为蓝线，按照《城市蓝线管理办法》管控；将对城市发展全局有影响的、必须控制的城市重大基础设施(交通、给水、排水、电力、燃气、环卫、电信、综合防灾等)用地范围划定为黄线，按照《城市黄线管理办法》管控。

城市设计指引：研究中心城区特色空间结构和景观风貌特征，明确城市形象定位，构建城市设计总体框架、景观风貌系统和公共空间系统，确定标志性节点、视线通廊、天际线、重要轴线和特色地段。对开发强度分区等控制指标以及高度、风貌等空间形态控制要求做出指引性安排，明确城市设计重点控制区。

7. 支撑体系

公共服务设施：根据常住人口的总量和结构，针对实际服务人口特征和需求，结合城镇体系布局，构建城乡生活圈。县域层面，提出构建城镇生活圈的目标和标准，明确县域公共服务设施体系，确定文化、教育、体育、医疗卫生、社会福利等各类公共服务设施的配置标准和布局原则。中心城区层面，提出构建社区生活圈的目标和标准，明确中心城区公共服务设施体系，确定中心城区公共服务设施的用地总量和比例，明确各级公共服务设施的配置标准和布局原则，明确 15 分钟社区生活圈层级以上重要文化、教育、体育、医疗卫生、社会福利等设施的边界、数量、标准和规模，明确社区级重要文化、教育、体育、医疗卫生、社会福利等设施的位置。

综合交通体系：县域层面，落实上级国土空间规划及相关专项规划布局要求，确定县级综合交通发展目标和战略，合理构建县域综合交通体系，落实各类重要交通廊道(公路、铁路、航运、轨道交通等)的走向和控制要求，以及各类重要交通枢纽(机场、港口、铁路站场等)的布局与用地控制要求。落实公交优先原则，明确县域公交覆盖范围，确定城乡公交发展模式、城乡公交(含客运站)设施等级及规模。中心城区层面，明确路网密度、人均道路用地面积、停车需求供给标准等指标；明确中心城区对外交通、城市轨道交通、客运枢纽、货运枢纽、物流系统等重大交通设施；确定城市主次干道系统，提出道路的等级、功能、走向；明确常规公交、快速公交(含轨道交通)发展目标、布局原则和客运通道；提出城市慢行系统规划原则和指引，构建连通城市与城郊的绿道系统。

市政基础设施：县域层面，落实上级国土空间规划及相关专项规划布局要求，确定县级各类市政基础设施的建设目标与规模，合理构建各类市政基础设施体系，提出各类重要管线廊道(能源、水利、信息通信等)的走向和控制要求，以及各类重要市政基础设施(变电站、自来水厂、污水处理厂、燃气门站、集中供热厂、电信局、垃圾处理场等)的选址与用地控制要求。中心城区层面，确定各类重大市政基础设施及重要工程管线的布局，明确重要设施的边界、数量、标准和规模。有条件的地区提出地下综合管廊建设要求，因地制宜推进海绵城市建设。确定智慧城市建设目标，明确 5G、新能源汽车充电桩等新型基础设施空间布局原则。

综合防灾：县域层面，基于灾害风险评估，明确地质灾害和洪涝灾害的高风险区域，确定防灾减灾目标和设防标准；明确县级各类重大防灾减灾救灾设施(防洪排涝、抗震、消防、人防、地质灾害防治、防疫等)的规划原则、布局要求及防灾减灾措施。中心城区层面，明确防灾减灾与应急避难设施用地布局，确定重要设施的边界、数量、标准和规模，划定洪涝风险控制线；合理布局大型危险品存储设施用地，并考虑安全防护范围。

8. 资源保护与利用

水资源：按照以水定城、以水定地、以水定人、以水定产原则，落实上级国土空间规划和相关专项规划指标和要求，确定用水总量，制定水资源供需平衡方案，优化用水结构，严格保障河湖水面面积不减少，控制每万元 GDP 水耗，建设节水型城市。确定水体保护等级和要求，严格落实地表水源保护区、地下水源涵养区等水生态保护区，明确省级以上湿地公园和水源地保护范围，提出保护要求。

林草资源：落实上级国土空间规划和相关专项规划指标和要求，确定下辖各乡镇林地保有量，优化布局，严格划定天然林、生态公益林等林地集中保护区以及草地集中保护区，提出保护要求。

矿产资源：落实上级国土空间规划和相关专项规划的保护利用要求，处理好地上与地下、矿产资源勘查开采与生态保护红线及永久基本农田等控制线的关系；按照防治矿山地质灾害，推动清洁能源、绿色矿山建设等转型升级，提高矿产资源利用效率的要求，明确重要矿产资源保护和开发的重点区块，并提出相应的保护和控制要求。

历史文化资源：梳理县域历史文化资源名录，统筹划定包括文物保护单位保护范围和建设控制地带、水下文物保护区、地下文物埋藏区、城市紫线等在内的历史文化保护线并提出管控要求。针对历史文化和自然景观资源富集、空间分布集中的地域和廊道，明确整体保护和促进活化利用的空间要求，提出文化旅游融合发展的目标和策略。明确中心城区历史文化街区、历史建筑和各级文物保护单位的保护范围和保护要求。提出整体保护各类遗产及其依存的历史环境和人文景观的要求和措施，提出历史文化资源活化利用的目标和策略。

9. 国土综合整治与生态修复

国土综合整治：按照山水林田湖草系统治理的理念，明确全域国土综合整治任务和农用地整治重点区、建设用地整治重点区，提出农用地综合整治、闲置低效建设用地整治、矿山地质环境整治、乡村国土绿化美化等重点工程的目标、区域、规模和时序。

生态修复：谋划全域生态保护修复空间总体布局，以生态、农业、城镇空间为对象，确定生态保护修复分区和分级管控要求，实施国土空间全域生态保护修复，守住自然生态安全边界，筑牢生态安全格局，增加生态碳汇。针对市(县)域水土流失治理重点区、森林生态修复重点区、湿地生态修复重点区、水环境和水生态修复重点区、矿山生态修复重点区等重点问题区域，提出水生态环境保护、矿山生态修复、森林质量改善、湿地生态修复、地质灾害隐患点修复等重点工程的目标、区域、规模和时序。

10. 规划实施

乡镇国土空间总体规划传导：对下辖乡镇提出规划指引，落实县级总规确定的城镇定位、规划目标、规划分区、底线管控、战略性资源空间、重大基础设施、要素配置等规划内容，制定各乡镇的约束性指标分解方案。

相关专项规划指引：明确需要编制的相关专项规划，同步编制专项规划。相关专项规划不得违背市级总规中的强制性内容，经批准后纳入市级国土空间基础信息平台，叠加到国土空间规划“一张图”。

详细规划指引：①中心城区详细规划指引，确定中心城区详细规划编制单元划分方案，明确需要向各编制单元传导的功能定位、核心指标、管控边界和要求。其中，对建设用地规模，结构性绿地、水体、通风廊道，城市绿线、蓝线、黄线、紫线、道路红线及重大公共服务设施等城市内部重要控制线等要素应提出控制引导要求。② 村庄规划指引，落实村庄布局分类要求，依据发展规模和服务半径，以推进城乡基本公共服务均等化为目标，按照国家有关技术规定，结合村庄实际，提出村民建房、基础设施、公共服务设施、农村产业用地的相关标准和建设要求。

近期安排：围绕总体定位和目标，衔接国民经济和社会发展五年规划，综合考虑现有基础、宏观调控政策和城乡发展需求态势，对近期国土空间开发保护做出统筹安排，提出近期实施目标、重点任务及重点项目安排。

11. 数据库

为保障国土空间总体规划成果数据纳入全国国土空间规划“一张图”实施监督信息系统，需按照《县级国土空间总体规划数据库规范(试行)》要求，将规划文本、栅格图件、规划表格、矢量数据(含要素图层、属性结构、约束条件等)等数据制作成标准数据库。

2.4 国土空间规划编制技术路线

截至目前，对于国土空间规划编制没有一个统一的流程规定，有些地方根据自己的实际情况又出台了一系列技术指南。基于自然资源部的各项要求，结合各地的实践经验，以当前国土空间规划编制重点的市县级国土空间总体规划为例，可将(市县级)国土空间规划的编制大致分为三大步骤，如图 2-2 所示。

第一步为基础工作。具体包括：①开展现状调研工作，全面了解规划区域的地理、自然、经济、社会等方面的现实状况和存在的问题。②进行底图底数处理，将各种数量指标、统计数据以及地理信息数据进行处理，形成坐标一致、边界吻合、上下贯通的工作底图底数。③开展“双评价”，确定支撑农业生产、城镇建设等人类活动的最大规模，分析农业生产、城镇建设等人类活动的适宜程度。④开展“双评估”，总结现行规划的实施效果，发现存在的问题和挑战，识别重大灾害风险。⑤对于影响城市发展的重大问题开展专题研究，为国土空间规划提供科学支撑。

第二步为空间规划，是对国土空间保护、开发、利用、修复和管控做出的总体安排，是国土空间规划的核心内容。具体包括：①分析国土空间现状，厘清特色、问题、潜力和方向。②提出发展目标和战略，确定未来的发展定位和实施策略。③基于现状和目标定位，构建科学的国土空间开发保护格局。④进一步划定“三线”，作为调整经济结构、规划产业发展、推进城镇化不可逾越的红线。⑤落实国土空间用途管制，明确规划分区，调整功能结构，优化建设用地。⑥中心城区规划，优化城市用地布局，引导地上地下空间高质量发展。⑦保障支撑体系，对公共服务设施、综合交通体系、市政基础设施和综合防灾设施进行统筹规划。⑧落实资源保护与利用，对水资源、林草资源、矿产资源和历史文化资

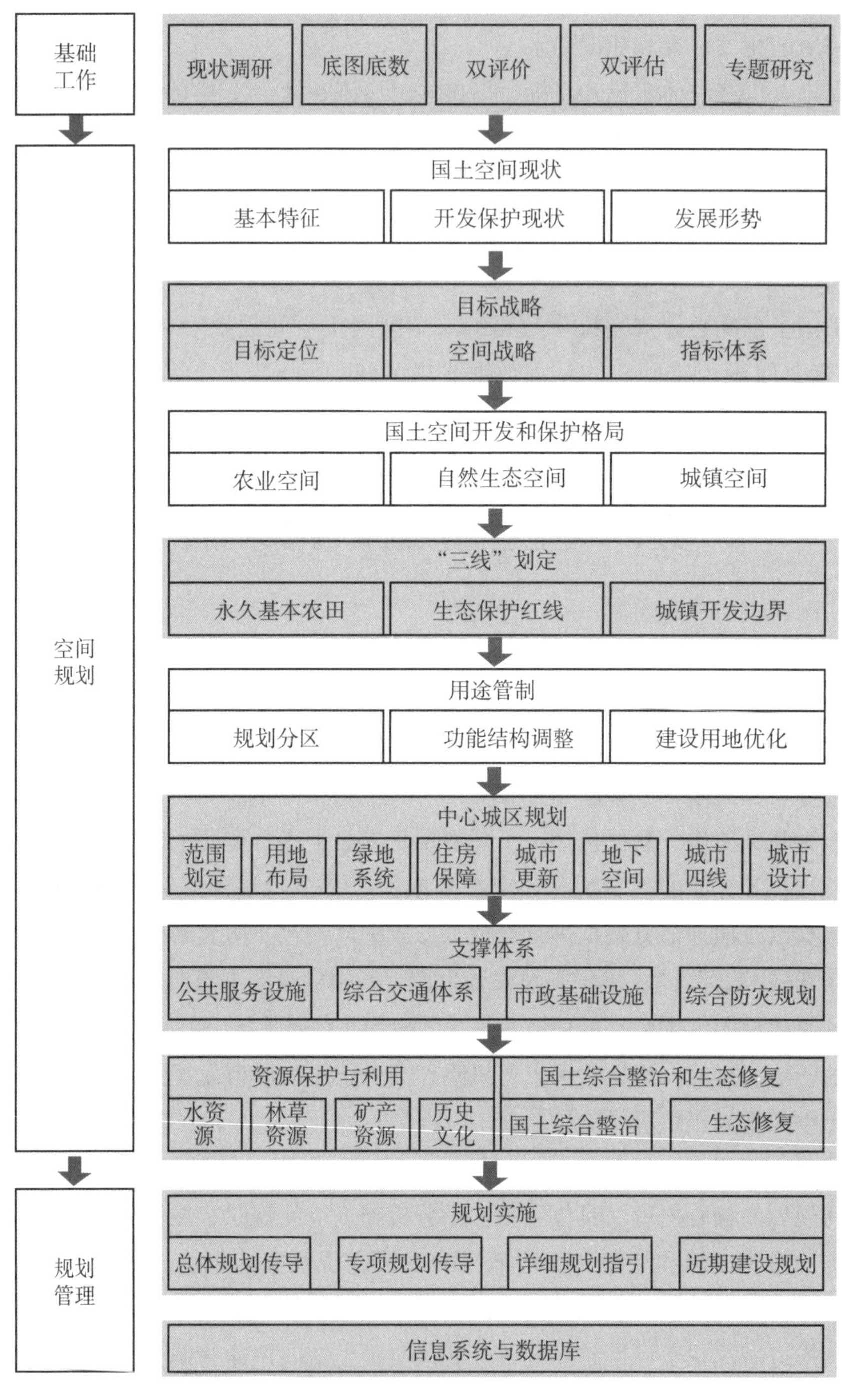

图 2-2　市县级国土空间规划编制技术路线

源进行专项规划。⑨明确国土综合整治与生态修复任务，保障国土空间更安全、更集约节约、更美丽。

第三步为规划实施与管理，包括：①提出规划实施方案，为国土空间规划的传导提供依据，为国土空间规划的实施提供建设指引。②建设信息系统，为国土空间规划的管理提供平台。

2.5　国土空间规划的成果要求

当前国土空间规划的成果一般包括规划文本、规划图集、规划说明、专题研究报告、国土空间规划"一张图"及其他材料等。但各部分具体内容尚没有统一的规定。下面同样以当前编制较多的市(县)级国土空间规划为例进行说明。

1. 规划文本

规划文本对规划内容提出的规定性要求，一般以条文形式存在，力求简明扼要。国土空间规划文本一般包括国土空间现状分析与风险识别、发展目标和战略、区域协调发展引导、国土空间开发保护总体格局、资源保护与利用、国土综合整治与生态修复、国土空间基础支撑体系、规划管控引导、中心城区规划、规划实施保障等。

2. 规划图集

规划图集大致可以分为以下三种类型：

(1)基础现状图，如区位图、行政区划图、国土空间用地现状图、自然保护地分布图、历史文化遗存分布图、自然灾害风险分布图、中心城区用地现状图等。

(2)规划成果图，如国土空间总体规划图(国土空间开发保护总体格局)、生态空间布局规划图、农业空间布局规划图、城镇空间布局规划图、历史文化保护规划图、综合交通规划图、基础设施规划图、国土空间规划分区图、生态修复和综合整治规划图、矿产资源规划图、海岸带保护利用规划图(沿海省份)、中心城区土地使用规划图、中心城区国土空间规划分区图、中心城区开发强度分区规划图、中心城区控制线规划图、中心城区绿地系统和开敞空间规划图、中心城区公共服务设施体系规划图、中心城区历史文化保护规划图、中心城区道路交通规划图、中心城区市政基础设施规划图、中心城区综合防灾减灾规划图、中心城区地下空间规划图等。

(3)分析评价图，如生态保护重要性等级评价图、农业生产适宜性等级评价图、城镇建设适宜性等级评价图、城镇体系规划图、城乡生活圈和公共服务设施规划图等。

3. 规划说明

规划说明是对文本的解释或对方案的详细说明。规划说明一般包括以下部分：

(1)规划编制基础，如编制背景、依据、工作过程等；

(2)现状自然资源、社会经济基础数据及分析；

(3)资源环境承载能力和国土空间开发适宜性评价结果；

(4)土地利用总体规划、城市(乡)总体规划等空间性规划的实施情况评估；

(5)规划目标定位，包括规划定位和发展战略的确定依据、规划目标确定和规划指标体系的构建、规划指标测算等；

(6)主体功能区划分，包括主体功能区划分的依据和分级分类管控的思路；

(7)国土空间开发保护格局，包括国土空间格局的确定依据、思路与方法；

(8)资源要素保护与利用，即提出资源保护目标的确定依据、测算思路，阐述空间分布情况和管控要求；

(9)基础支撑体系，即说明各项基础设施的空间布局和管控要求；

(10)生态修复和国土综合整治，包括各类国土空间生态保护修复和国土综合整治的重点区域、重点工程等；

(11)规划环境影响评价，指依据资源环境承载能力和国土空间开发适宜性评价成果，预测规划方案实施后可能产生的环境影响评价，提出拟采取的环境保护对策和措施；

(12)规划协调衔接，即分析与相关规划的目标定位、空间格局、主要任务的衔接情况，规划传导的有关情况说明；

(13)关于规划管控体系及实施保障措施的相关内容；

(14)其他需要具体说明的重要问题，包括社会公示意见、专家评审意见、部门和地方意见采纳情况等。

4. 专题研究报告

国土空间规划专题研究报告是根据每个地区规划编制面临的实际需求，以问题为导向，开展的支撑性研究，一般包括人口、产业、交通、生态保护、农田保护、发展战略等专题。

5. 国土空间规划“一张图”

除纸质形式外，规划成果应按照国家数据库标准、制图规范的有关要求，形成相关电子数据。以数据库形式形成的国土空间规划成果数据包括各类文字报告、图件及各类栅格和矢量数据。

此外，根据需要，还有其他一些附件材料，包括规划编制过程中形成的工作报告、基础资料汇编、会议纪要、部门意见、本级人大常委会审议意见、省级政府审查意见、专家评审意见、社会公示意见，等等。

本章参考文献

1.《中共中央 国务院关于建立国土空间规划体系并监督实施的若干意见》(中发〔2019〕18号)

2.《自然资源部办公厅关于开展国土空间规划“一张图”建设和现状评估工作的通知》(自然资办发〔2019〕38号)

3.《自然资源部关于全面开展国土空间规划工作的通知》(自然资发〔2019〕87号)

4.《自然资源部办公厅关于印发〈省级国土空间规划编制指南(试行)〉的通知》(自然资办发〔2020〕5号)

5.《自然资源部办公厅关于加强国土空间规划监督管理的通知》(自然资办发〔2020〕27号)

6.《资源环境承载能力和国土空间开发适宜性评价指南(试行)》(自然资办函〔2020〕127号)

7.《自然资源部办公厅关于印发〈市级国土空间总体规划编制指南(试行)〉的通知》(自然资办发〔2020〕46号)

8.《自然资源部办公厅关于印发〈国土空间调查、规划、用途管制用地用海分类指南(试行)〉的通知》(自然资办发〔2020〕51号)

9.《自然资源部办公厅关于规范和统一市县国土空间规划现状基数的通知》(自然资办函〔2021〕907号)

10.《自然资源部关于在全国开展“三区三线”划定工作的函》(自然资函〔2022〕47号)

11.《自然资源部办公厅关于印发〈县级和乡镇级国土空间规划数据库规范〉的函》(自然资办函〔2023〕1003号)

第3章 国土空间基础与形势

导言：本章介绍的国土空间基础与形势分析，在以往的规划工作中，也常被称为“现状分析”。国土空间基础包括了地域基本特征、空间开发保护现状以及“双评价”，其分析围绕城市的发展底数、发展问题与短板展开。形势主要指区域所处的发展环境，其分析聚焦于城市发展机遇与挑战，尤其是聚焦于城市发展的优势潜力。此外，相关规划尤其是上位规划，可视为区域发展形势的一部分。

3.1 基本特征分析

3.1.1 区位特征

在国土空间规划中，区位指城市在区域中所处的位置，由城市与区位要素(指区域中其他城市或地理要素)的邻近关系(空间距离与方位关系)定义。基于这种邻近关系所能获取的发展资源则是区位的本质特征。区位分析以空间距离、空间方位分析为基础，同时还关注城市与区位要素之间的交通联系、信息联系、产业联系。区位分析须判断区位要素可能给城市发展带来的影响作用。通过区位分析，可把握城市在区域中具备的发展资源和发展潜力，进而寻找城市在区域发展中可扮演的角色，为城市发展定位、发展目标和发展战略的确定提供支撑。

3.1.2 自然资源禀赋与生态环境

自然资源禀赋指城市具备的自然条件和自然资源。自然条件包括地理位置、地形和气候特征等方面。自然资源一般包括土地要素、水要素、动植物要素及矿产资源等。摸清自然资源底数是国土空间规划的基础工作，尤其是明确城市所具备的优势资源、特色资源，如自然景观、特色野生动植物群落、优势矿种等，能够发掘出城市发展的潜力，为城市产业发展、国土空间开发保护提供依据。自然资源禀赋可从类型、数量、质量和空间分布等多个维度进行评估。城市生态环境指城市生态系统在数量、质量方面的状况。生态环境分析聚焦生态环境问题，评判生态系统服务的能力，是制定生态保护相关目标、优化国土空间布局、开展生态修复的基础工作。

3.1.3　历史文化资源

历史文化资源是在城市发展历史中由居民所创造的文化遗存，既包括有形的遗存，如古建筑、古村落，又包括无形的文化遗存，如坊间技艺、风俗习惯、地方节日；且城市本身承载的历史内容也是基本的历史文化资源。人类具有感知历史、寻找文化认同和接触不同文化的精神需求。一个地区的历史文化资源，可转化为历史文化产品，为人类提供精神价值、知识价值，并凭借旅游观光等活动得以实现，从而催生文化产业、旅游业等。因此，历史文化资源也是城市发展潜力的重要依托，历史文化保护与开发是城市发展的必然要求。分析城市的发展历史、文化特色和历史文化资源，盘点城市历史文化价值及其载体，挖掘城市旅游业、文化产业发展潜力，能为城市发展定位、发展战略制定，以及后续的历史文化保护、文化产业发展和城市风貌控制策略制定奠定基础。

3.1.4　人口特征

城市的人口特征，包括人口总量、结构、空间分布和增长流动趋势等。人口又可分为常住人口和户籍人口。前者指实际经常居住在某地区半年以上的人口，也是实际上占用、使用当地国土空间资源的人口，当前的国土空间规划中的人口规模一般以此为准。后者指按照我国户籍管理制度登记在册的人口。由于部分户籍人口具有流动性，特别是在城镇就业的部分农村户口居民，其随季节在城镇和农村都有居住和工作的需求，因此在国土空间规划中，对于这类人口的特殊需求也应有所考虑。

国土空间开发保护须围绕人的发展需求进行谋划，城市人口特征及其变化趋势，较大程度决定着城市未来国土空间资源的配置。因此，人口(常住人口)特征分析是国土空间规划的基础工作。基于人口特征分析，可预测城市未来人口规模、结构和分布，从而为城市发展目标制定、国土空间资源总量及结构配置提供依据。

3.1.5　经济发展状况

经济发展状况主要包括经济发展的体量、结构、速度和效率。前三者常用地区生产总值(GDP)、产业结构、同比增长率等指标来分别衡量，经济发展的效率则常通过人均产值、地均产值和单位产值水资源消耗等指标来衡量。具体而言，产业结构指的是城市产业的构成及各类产业的规模占比，反映城市的主导产业、核心产业。从产业体系的视角来看，产业结构的内涵还包括城市优势产业、弱势产业和特色产业的构成，并需要在更大区域层面通过横向比较进行评判。国土空间规划服务于经济发展需求，研判城市经济发展现状和趋势，是制定城市经济发展目标和战略，最终指导国土空间资源开发保护的重要前置工作之一。例如，通过产业结构、产业体系分析，找出产业体系发育的问题，可为后续产业体系优化策略制定提供参考。而通过地均产值等指标的测度，掌握城镇建设用地的开发利用效率和提升潜力，可指导后续优化土地利用，优化产业空间布局。

3.2　国土空间开发与保护现状分析

3.2.1　城镇体系

城镇体系，是指具有一定时空地域结构的城镇网络。通常情况下，有一个主要的较大城市居中心地位，其他各城镇则规模不等、职能不同、层次各异(图3-1)。各城镇在诸多方面互有联系、互为依存，而又互有制约。

在我国的规划体制中，以城市行政区域划定的规划范围实际上属于一种城乡区域，既包括中心城区以及下辖的其他城镇，也包括广大乡村地区，因此其内部往往存在着城镇体系，其中的中心城区常居中心地位。

在国土空间规划中，城镇体系发育状况包括城市所辖范围内城镇网络结构的整体特征，以及城镇之间交通联系、产业分工合作水平等方面的内容。城镇网络结构特征方面，主要分析城镇之间的层级结构，评判城镇体系中心化、分散化发展程度。过于中心化，指中心城市集聚过多资源，造成发展不平衡、不可持续；而过于分散化，指各城镇节点将资源均等分散，缺少引领发展的驱动核心。过于中心化或分散化，都将造成区域发展效益不高的局面。城镇之间的交通联系、产业分工合作等是城镇网络结构的内在支撑。在明确城镇网络结构特征的基础上，分析城镇交通联系、分工合作状况，摸清城镇体系内部软(分工合作策略)、硬(道路交通建设)支撑短板，可以为后续优化城镇体系的发展策略和空间布局提供依据。

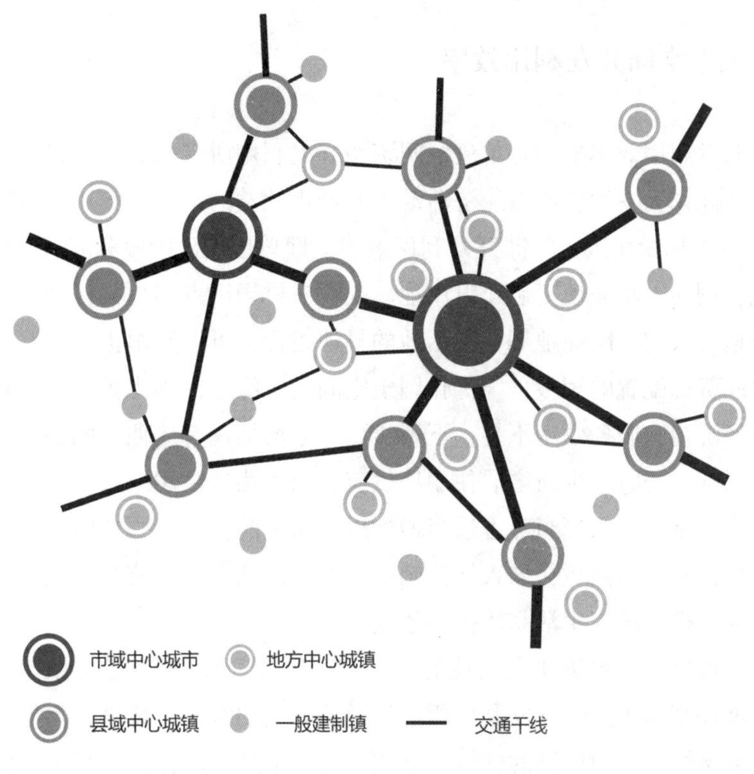

图 3-1 市域城镇体系示意图

3.2.2 国土空间开发利用的总量和结构

与经济社会发展现状分析类似，国土空间开发利用现状分析亦从总量、结构与效率等方面展开。

对于国土空间开发利用的总量和结构，通过分析耕地、森林植被、河流湖泊等各类用地的变化，可掌握区域内耕地和生态保护的状况。通过分析城乡建设用地总量变化趋势，则可掌握城镇建设的速率。进一步，统计各类建设用地的规模和占比，结合相关规范和当地的经济社会发展特征，可评判出各类用地占比大小的合理性。例如对于工业强市，一般来说，其工业用地占比相比其他类型的城市更大，则属于正常情形。通常情况下，某种用地占比过大，表明该类用地的开发利用效率可能有待提升，占比过小，则表明该类用地可能供给不足。总的来说，用地开发结构现状的分析，能够反映国土空间资源配置、国土空间资源开发保护方面存在的问题。

3.2.3 国土空间开发利用效率

国土空间开发利用效率指的是单位空间资源开发利用所带来的社会经济效益，本质上反映的是国土空间作为一种资产在经济活动中所产生效益的水平高低。可通过“人均用地”和“地均产出”等指标量化国土空间开发利用效率，即单位用地的服务人口和经济产出。

人均用地，例如人均城镇工矿建设用地、人均农村居民点用地，以及还可进一步细分的人均居住用地、人均公园绿地等各类用地的具体指标，可评判国土空间开发利用的紧凑度以及国土空间资源配置的短板，为优化国土空间资源配置提供支撑。如人均居住用地过大，表明用地经济社会服务效率不足，下一步可考虑增加现有居住空间的人口密度，提升居住用地开发强度，同时减少新增居住用地供应；而人均居住用地过小，则表明空间过于拥挤、空间供应不足，未来应当考虑适当增加居住用地的供给，并疏解建成区人口。须重点关注的是人均公共空间面积，如人均公园绿地面积，从而找准公共空间供应短板，为优化国土空间布局、提升城市生活品质提供依据。

地均产出，可以通过单位建设用地的 GDP 或二三产产值来衡量。相比人均用地，该指标能更直接地评判国土空间开发利用所产生经济效益的水平。将以上指标测度结果与国家标准、规范或该城市周边区域的整体水平或平均水平进行对比，可判定该城市用地开发的紧凑度、效益水平，为优化城市功能提供参照。比如，单位工业用地的工业产值过低，则可能表明该城市的工业属于粗放型工业，工业生产效益不佳，未来可以考虑调整产业结构，或进行产业升级改造。

3.2.4 城乡建设用地分布格局

城乡建设用地分布格局，指城乡建设用地的整体分布状况以及各类用地的空间分布关系。相比“结构”对数量特征的反映，“格局”则主要是对空间方位特征的反映。首先，城乡建设用地分布格局体现在城乡建设用地整体分布的集聚度或者破碎度。经验表明，城乡建设用地分布破碎将降低城市各功能的运转效率，而紧凑、集聚的土地利用能提升土地效益。因此，集聚度、破碎度是评判城乡建设用地整体分布合理性的重要因子。这两项指标可据经验进行判读或者通过相关指标进行测算，例如用地图斑平均面积等。城乡建设用地分布格局还体现为各类用地的空间分布和组合关系，而不同类型用地的分布格局，则与不同的社会经济功能组织效益密切相关。例如，公共服务设施、公园绿地等公共空间的分布及其与居住用地的耦合水平(图 3-2)，与城市生活品质密切相关；商业、服务业以及工业等产业空间的区位选择和集聚程度，与产业发展效益相关；产业用地与居住用地分布的关系，与城市职住关系和居民通勤成本等相关；道路交通用地、物流仓储用地以及市政基础设施用地等的分布以及与生产生活空间的衔接状况，则与各项城市功能的运行效率息息相关。通过对城乡建设用地分布格局上述内容的分析，一方面可以识别出规划区域国土空间开发利用的现状格局，掌握空间资源配置的现状基础；另一方面可以找出空间设施配套不足、空间组织不协调等问题，从而明确制约空间开发利用效率的症结所在，为下一步优化城市建设用地空间布局提供方向。

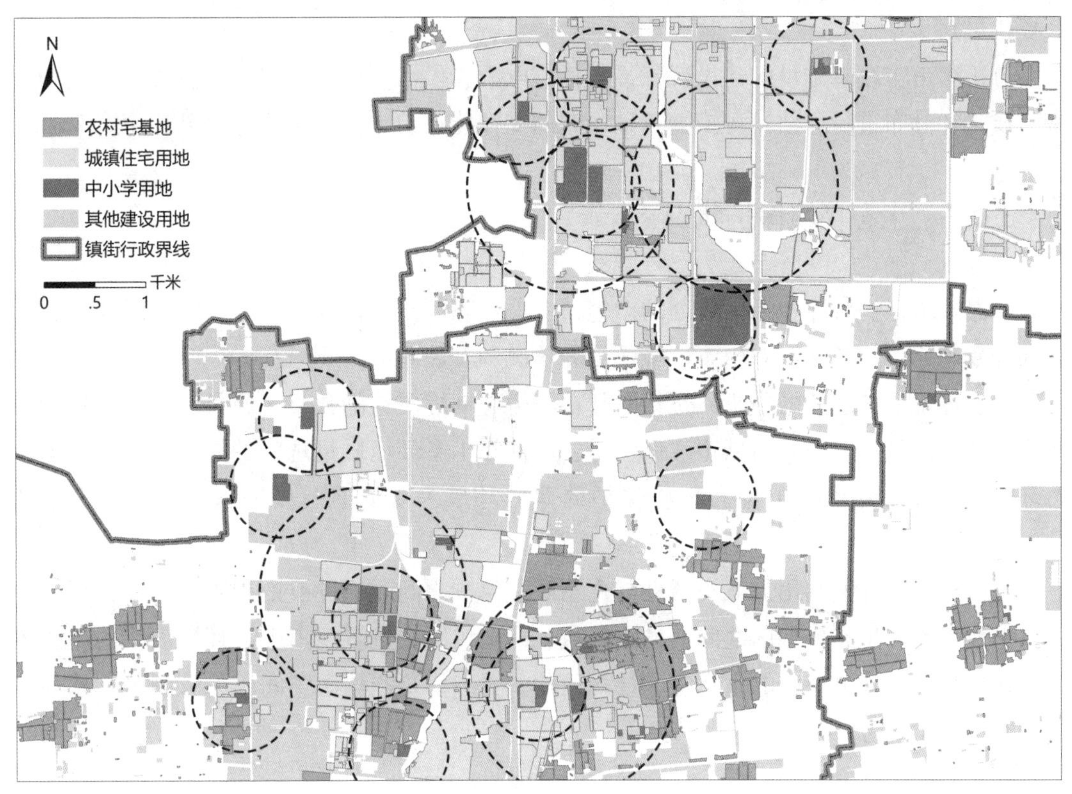

图 3-2　教育设施与居住用地的服务耦合分析示意图

3.2.5　基础设施建设状况

基础设施包括道路交通设施和市政基础设施，其建设状况指的是设施数量、质量以及空间分布等方面的内容，反映的是城市对外交通联系、内部生产生活交通以及支撑体系的服务水平。

分析城镇对外交通建设状况，包括高速公路、国道、省道等公路系统以及铁路、航空、海运等非公路系统对外连通的状况，可研判城市对外交通条件，为制定对外交通发展战略、优化发展环境提供支撑。

分析内部道路交通网络建设状况，包括内部道路网络的数量、密度、形态、等级结构体系以及交通运营状况，可评判城市生产生活的交通服务支撑水平，为优化道路交通网络布局提供参考。更进一步还可按细分道路交通功能展开分析，例如旅游客运体系、货运体系和普通客运体系建设状况。

分析现状公共交通设施的数量和分布，可研判公共交通服务水平，为优化公共交通体系提供思路。

分析城市市政基础设施建设现状，包括对电力、供水、燃气、热力、防灾等设施的数量、质量和分布进行评估，可摸清基础设施的支撑能力，为下一步的优化提升提供基础。

3. 2. 6　生态环境保护状况

生态环境保护状况包括两方面的内容，一是生态环境保护现状，二是一段时期内国土空间开发利用、人类活动对生态环境的破坏情况和发展趋势。

生态环境保护现状的分析，包括对林地等生态环境要素的数量、质量、分布和保护目标完成情况的盘点，以及对城市气候、空气质量等生态环境质量现状的评估，可评判出生态环境保护成效并识别出生态环境保护的薄弱环节，便于下一步生态环境保护目标的制定。

对国土空间开发利用、人类活动与生态环境保护之间矛盾冲突的识别，例如，弄清楚城乡建设用地与生态保护区之间的冲突区域、冲突机制，可呈现出生态环境面临的主要风险和保护难点，为下一步的生态空间格局优化、生态修复和国土空间用途管制等一系列策略的制定提供参考。

3. 2. 7　耕地保护状况

耕地保护状况分析，一方面需要对现状耕地的数量、质量和分布进行盘点，另一方面需要评判过去一段时期内耕地保护目标的完成情况以及影响因素，从而为下一轮国土空间规划中耕地保护目标的设定、耕地保护策略的制定提供支持。其中，上一轮规划确定的永久基本农田保护目标的完成情况，涉及永久基本农田保护缺口状况、空间分布(图 3-3)以及永久基本农田的侵占原因，或者永久基本农田保护和非农业活动的冲突过程等，需重点研判。耕地的空间分布方面，可通过耕地的连片度、破碎度等进行现状分布格局评判，为耕地整治规划的编制提供基础支撑。

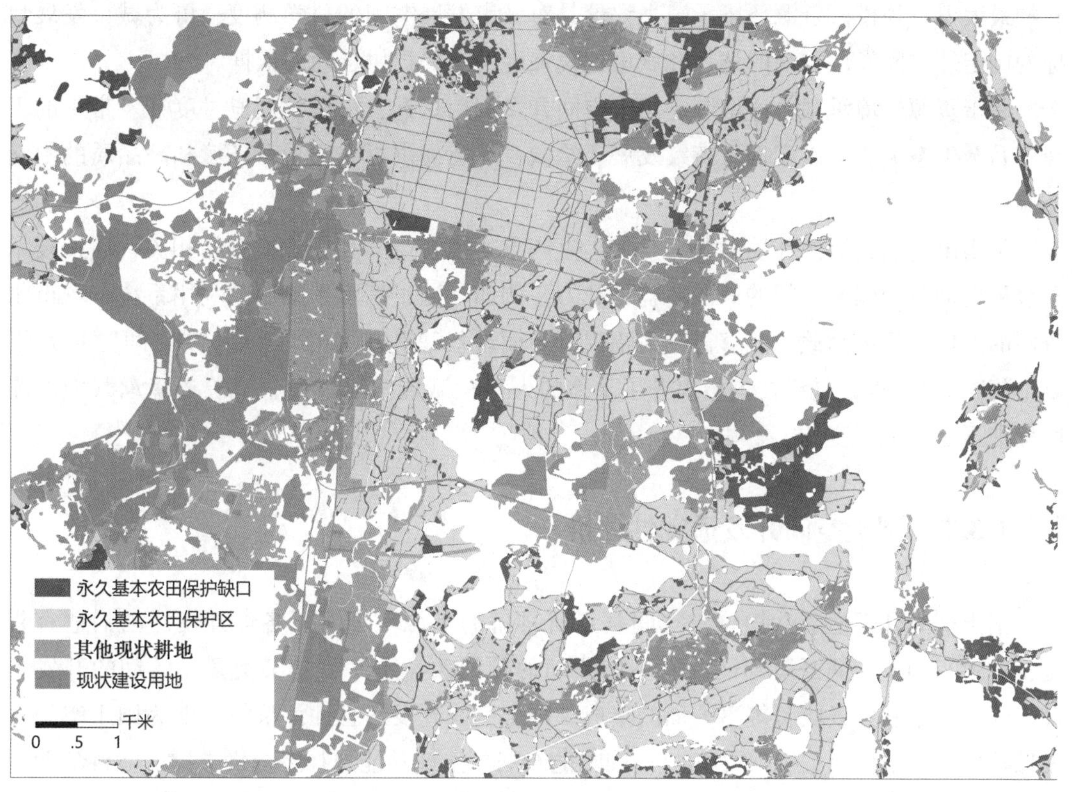

图 3-3 某地上一轮永久基本农田保护区实施状况(详见书末彩色插图)

3.3 双 评 价

双评价，即资源环境承载力评价以及国土空间开发适宜性评价，是摸清国土空间资源底数的一项重要工作，是国土空间开发保护格局谋划的基础。双评价须基于国土空间资源环境本底和土地利用现状相关数据，通过一系列评价指标的测算和综合得以实现。国土空间资源环境本底，包括土地资源、水资源、生态资源、环境、气候、灾害和区位等资源环境相关要素。

3.3.1 资源环境承载力评价

资源环境承载力指国土空间可承载开发利用活动的规模或强度的上限，是一种资源约束状况的科学评估结果，例如通过土地资源、水资源承载力评价可分别得出规划区域可承载的最大人口规模。资源环境承载力评价是对城市发展空间的科学测度，可为城市发展目标的制定、空间发展方向的选择和城市建设强度的布局提供合理的依据。

基于资源环境承载力评估制定国土空间开发利用目标，可科学规避过度开发带来的不经济乃至生态灾难，以实现可持续发展，给城乡居民提供可靠的生存环境和高品质的生活体验。

须指出的是，资源环境承载力与人类生产方式或者空间利用方式密切相关，通过技术升级可主动改变国土空间的资源环境承载力。例如，通过高水平的回收利用系统，城市水资源的人口与经济承载力能够得到大幅提升。而现代建造技术的“向天空要空间”“向地下要空间”，也可以说是科技进步提升了土地的人口承载能力。因此，资源环境承载力的测度标准不是一成不变的。

3.3.2　国土空间开发适宜性评价

国土空间开发适宜性指国土空间基于所具备的资源环境对于各类开发活动的适宜程度，反映了国土空间开展不同开发利用活动的预期效益水平，是某类开发活动的开发难度、开发成本和开发收益等多方面的集成。国土空间开发适宜性评价结果能为国土空间开发保护决策，如“三区三线”划定、空间功能布局、土地功能选择等提供支撑，能科学助力优化国土空间开发保护格局，扬长避短，最大限度地发挥国土空间的开发利用效益。国土空间开发适宜性评价包括生态保护重要性评价、农业生产适宜性评价和城镇建设适宜性评价三大内容。在沿海地区还包括海洋开发适宜性评价等。

1. 生态保护重要性评价

生态保护重要性评价指识别国土空间本底中具有重要生态保护意义的区域，或者说是通过有效的保护或合理的开发能够提供重要生态系统服务的区域。当下我国的双评价实践工作中，生态保护重要性评价一般涉及两类共五个评价指标，分别为生态敏感性包含的石漠化敏感性和水土流失敏感性，以及生态系统服务功能重要性包含的生物多样性维护重要性、水土保持重要性和水源涵养重要性。各类指标测度结果可分为 5 级，最终通过一定方式集成为生态保护重要性评价结果(图 3-4)。各项指标的集成方式则多种多样，常采用的有基于“短板理论”的取最大值，以及基于专家打分法(如德尔菲法或层次分析法)设计的加权集成。此外，当前已有较多学者注意到，不同地域的双评价标准应“因地制宜”。例如，同样质量的林地在南方水乡和北方荒漠地区，其生态系统服务意义是不同的，应考虑赋予不同的生态保护重要性。通过各类指标的测算和集成，可形成每一块土地的生态保护重要性评价结果(图 3-5)，为后续国土空间规划划定生态保护红线、生态保护区以及优化国土空间开发保护格局提供科学依据。

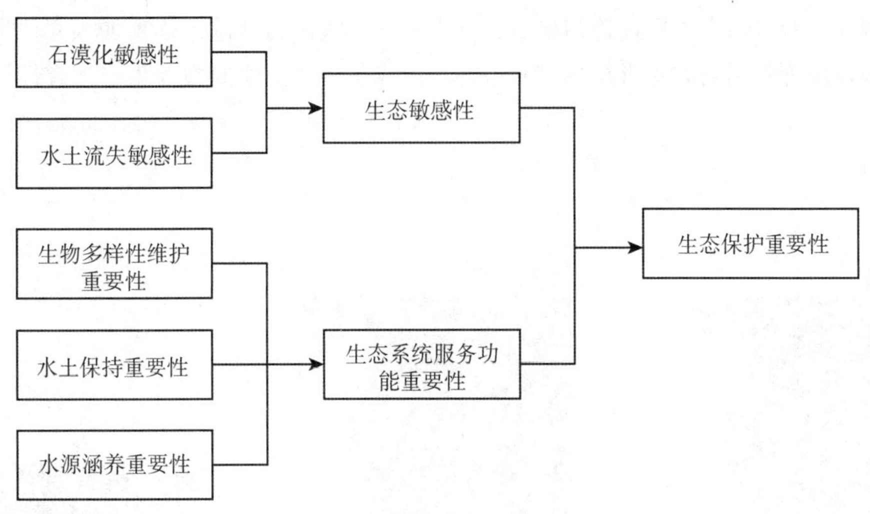

图 3-4　生态保护重要性评价指标体系

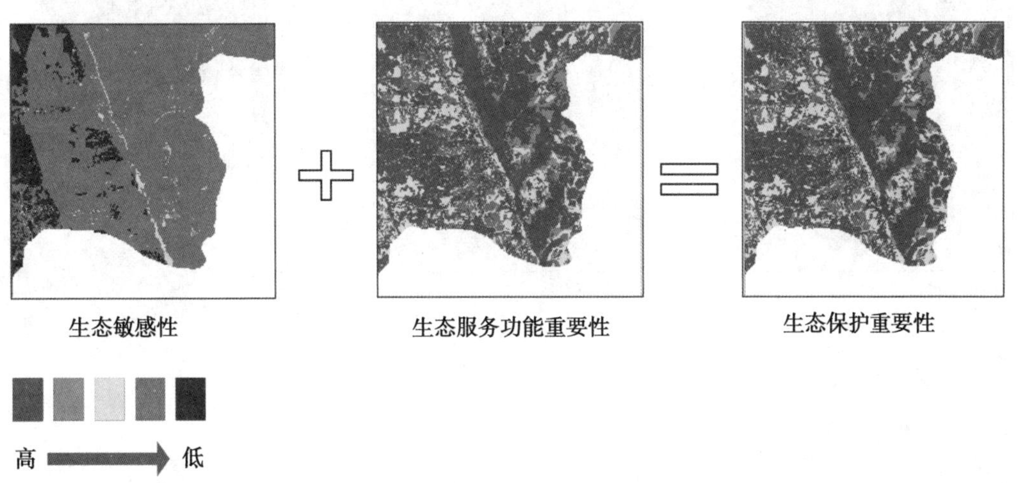

图 3-5　生态保护重要性评价示意图

2. 农业生产适宜性评价

农业生产适宜性评价测度国土空间从事农业生产活动的适宜程度或者预期效益水平，从而识别适宜开展农业活动的空间。当下我国的农业生产适宜性评价一般涉及土地资源条件、水资源条件、气候条件、农业基础条件等 4 类指标。其中，土地资源条件包含地形坡度和土壤质地 2 个具体指标；水资源条件主要指农业供水条件，包括可承载灌溉面积和雨养耕地面积 2 个细分指标；气候条件主要指光温条件；农业基础条件指现状土地开展农业活动的状况。获得各类指标评价结果后，以土地资源条件为基础，逐项加入其他指标评价结果，按照矩阵判别的方式进行集成，最终可形成每一块土地的农业生产适宜性评价结果（图 3-6），为后续国土空间规划划定永久基本农田保护范围、优化农业空间布局提供科学依据。

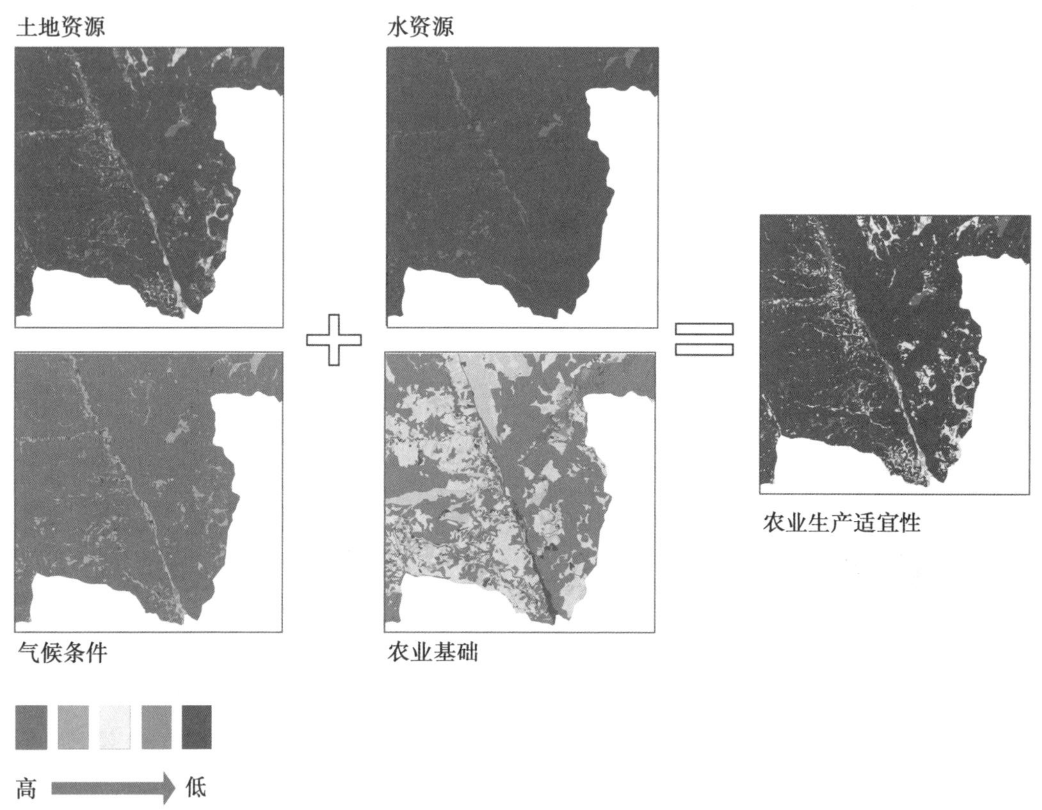

图 3-6　农业生产适宜性评价示意图

3. 城镇建设适宜性评价

城镇建设适宜性评价测度国土空间从事城镇建设活动的适宜程度或者预期效益水平，从而识别适宜开展城镇建设的空间。当下我国的城镇建设适宜性评价一般涉及土地资源条件、水资源条件、地质风险、区位条件等 4 类指标。其中，土地资源条件包含地形坡度和地形起伏度 2 个具体指标；水资源条件包括降水量和水资源总量 2 个具体指标；地质风险包括地震危险性和地质灾害易发性 2 个具体指标；区位条件包括交通区位、地理区位、经济区位等 3 个具体指标。各类指标集成后可形成每一块土地的城镇开发适宜性评价结果（图 3-7），为后续国土空间规划划定城镇开发边界、优化城镇空间布局提供科学依据。

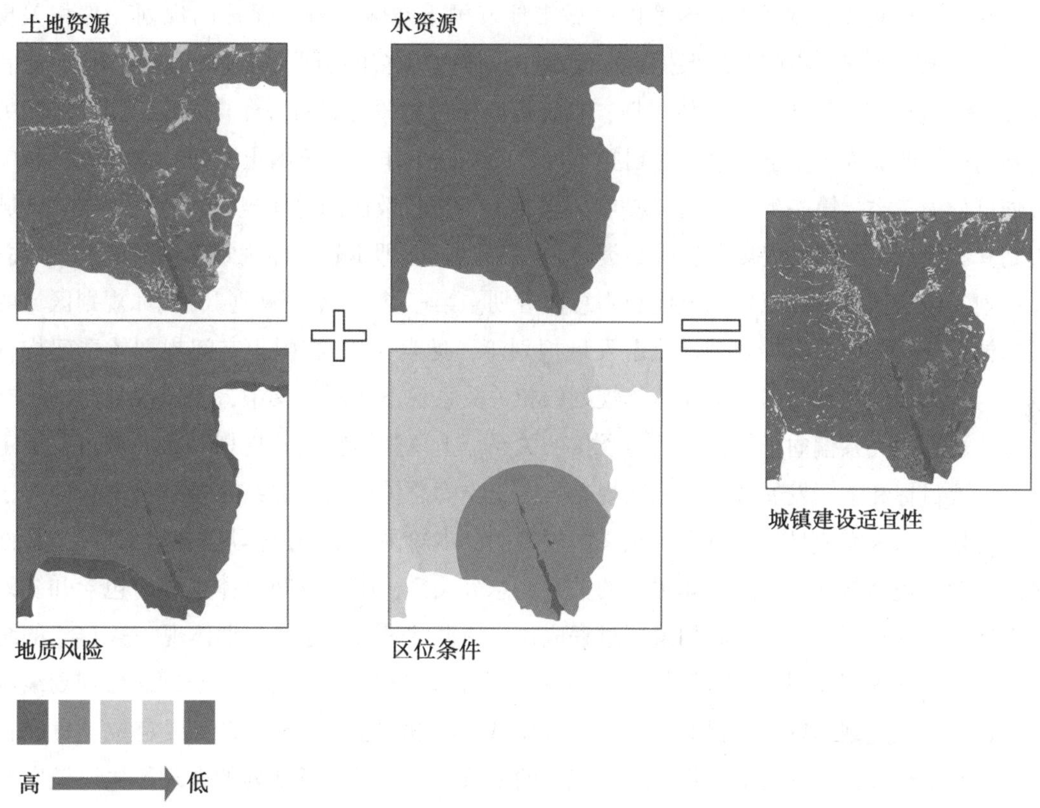

图 3-7　城镇建设适宜性评价示意图

总体而言，国土空间资源环境承载力显示了国土空间开发利用强度的上限，而国土空间开发适宜性则显示了不同空间对于某项开发活动的适宜性和优先度。如同可以经过技术升级主动改变国土空间的资源环境承载力，同样也可通过技术升级、空间利用方式升级提升国土空间对农业生产活动、城镇建设活动的适宜程度。简言之，国土空间开发适宜性评价标准也不会是一成不变的。因此，准确来说，国土空间开发适宜性评价的作用是在既定的人类生产技术水平下，识别规划区域内不同空间条件对于某种开发利用（保护）活动的适宜程度或效益水平，并呈现不同空间的异质性，从而帮助规划研究者识别可优先开发利用（保护）的优势区域，为优化国土空间功能布局提供科学依据。

3.4　相关规划解读

在国土空间规划体系中，涉及同一城市地域国土空间开发与保护的规划互为相关规划，它们承载的国土空间开发保护目标侧重与具体内容各不相同。行使“一张蓝图”职能和落实“多规合一”的国土空间总体规划，须统筹或衔接相关规划的目标与内容，因此对相关规划的解读便成为国土空间总体规划必不可少的基础工作。对于国土空间总体规划，相关规划可分为三类。第一类是“上位规划”，包括上一级行政区的总体规划、专项规划、区域规划和本级社会经济发展规划，第二类是“上版规划”，即本轮总体规划编制前的上一版总体规划，包括城乡总体规划和土地利用总体规划。第三类是“专项规划”，例如规划区域的城镇体系规划、生态保护规划、旅游发展规划等，见表 3-1。在国土空间规划体系建构背景下，三类相关规划与国土空间总体规划的相关关系各不相同。其中，上位规划与国土空间总体规划的关系偏向于目标下发与承接的关系。上位规划影响着规划对象的城市发展定位、发展目标和空间发展方向。上版规划与国土空间总体规划的关系是延续关系，即对于上版规划中尚未完成且仍具有现实意义的规划图，本轮国土空间总体规划应当进行选择性延续。专项规划与国土空间总体规划的关系是总分关系，国土空间总体规划应包含和统筹各专项规划的规划意图，二者的编制过程应该是协调并进的，总体规划体现“总而全”的统筹意义，专项规划体现“专而深”的实施意义。因此，在进行新一轮国土空间总体规划编制时，进行相关规划的解读，提炼相关规划对规划区域的规划意图，如发展定位、发展目标、空间策略等，是落实上位规划对本规划的要求、完成对上版规划的合理衔接以及实现与专项规划互动对接的基础工作。

表 3-1　相关规划及其对国土空间总体规划制定的影响

对规划制定的影响	上位规则				上版规划	专项规划
	总体规划	专项规划	区域规划	社会经济发展规划	总体规划	本级专项规划
发展定位	○	—	○	○	○	—
发展目标	○	○	○	○	○	—
空间策略	—	○	—	—	○	○

在《中共中央　国务院关于建立国土空间规划体系并监督实施的若干意见(2019 年)》

发布之前，即国土空间规划体系尚未形成时，国土空间总体规划包括土地利用总体规划和城市总体规划，二者都对国土空间开发与保护做了全域性的安排，但常常呈现出规划意图的矛盾。此外，在这之前上位规划的指导作用尚缺乏有效机制予以保证，而专项规划也与总体规划编制时序不统一、内容不协调，规划体系呈现为一种各自为政、实施率不高的状况，阻碍了国土空间开发保护工作的高效实施，“多规合一”也因此成为业界和学界长期关注的问题和努力实现的目标。经过不断的理论探索和实践，当下国土空间规划体系中不同规划之间的内在统一性得到了极大保障，尤其是上位规划与总体规划的同步编制，把过去的静态式服从关系转变为一种互动式的协调关系。

3.5 机遇与挑战研判

3.5.1 发展机遇

城市发展机遇分为很多类型，主要指某城市在一定时期内因上级重大战略支持、偶然的媒体曝光等，从而获得的相对周边或者过往更加优良的发展条件，这种发展条件能够帮助城市吸引投资、拓宽市场。在我国，当下重大国家战略包括“一带一路”建设、城市更新、乡村振兴、西部大开发等，重大区域战略包括“长江经济带”建设、“大湾区”建设、各类城市群建设等。各种战略都会给实施范围内的城市发展带来重大影响。

机遇的特征之一是时效性。例如，国家或上级政府所制定战略、政策给予某个城市发展的扶持可能仅处于某个时段，若该城市没能及时把握好这种时机，那么扶持可能中断或者永久丧失。较为偶然的发展时机或曝光机会，如重大体育赛事、大型会议和宣传活动等，能为一个城市带来吸引投资和开拓市场的机会。而在这个过程中，通过有效的策略，能够带来持续的投资并不断拓展和稳固市场。在 2023 年上半年，淄博烧烤的爆火及其对淄博经济社会发展带来的贡献，就是一个典型例子。

机遇的第二个特征是竞争性。国家或省区等层面制定的区域发展战略和配套政策，其对象往往不仅仅是一个城市，而是由多个城市构成的区域。而这种扶持力量是有限的，对于区域内部的城市，可能因为各自对于上层战略的响应能力的不同，从而获得不同份额的支持，即存在竞争性。最先响应发展战略且取得成绩的城市可能形成先发优势，并因此获得最多的发展支持。

通过对发展机遇的分析，可明确城市未来发展的优势条件及其时效性、竞争性。毫无疑问，城市发展应积极主动地把握发展机遇，在国土空间总体规划编制过程中，则应当在城市发展定位、发展战略、空间布局谋划等各个环节，充分考虑对发展机遇的呼应。

3.5.2　发展挑战

发展挑战主要指具有较大难度同时亟待解决的现实问题或应当实现的发展目标。后者可能是城市基于自身发展潜力所设定，也可能是上级行政单位以任务要求的形式所下发。基于这样的认知，发展挑战可按问题解决、潜力发挥和任务实现三种导向进行分类。问题解决导向下的挑战，例如环境污染、基础设施缺乏、交通不便或拥堵、自然灾害冲击，以及各种公共空间供给的不充足、不均衡问题，要求城市通过优化空间供给和空间布局进行应对。而当这些问题的应对因各种限制条件变得具有难度时，便成为挑战。潜力发挥导向下的挑战，例如土地的低效利用、管理粗放以及产业生产效益低下，要求城市优化资源配置、提升土地开发效益。任务实现导向下的挑战，例如国家战略、区域发展战略对地方提出的要求和给地方下发的任务，典型的比如耕地保护、生态保护、开发限制以及区域协调，须由城市作出相应的承接安排。当这些任务、要求对于实施主体而言具有难度时，亦成为挑战。

通过对发展挑战的分析，可明确城市发展问题解决、发展潜力发挥、发展任务实现中存在的难点。毫无疑问，城市发展应积极主动应对发展挑战。在国土空间总体规划编制过程中，则应当在城市发展定位、发展战略、空间布局谋划等各个环节予以充分考虑。

本章参考文献

1. 周军．中国城镇体系研究：综述与展望[J]．城市问题，1995(4)：2-6.

2. 王凯．全国城镇体系规划的历史与现实[J]．城市规划，2007(10)：9-15.

3. 张晓瑞，宗跃光．京津地区空间开发效率研究[J]．地理与地理信息科学，2009，25(6)：64-67.

4. 韩会然，杨成凤，宋金平．北京市土地利用空间格局演化模拟及预测[J]．地理科学进展，2015，34(8)：976-986.

5. 朱凤武，彭补拙，丁建中，等．温州市土地利用空间格局研究[J]．经济地理，2001(1)：101-104.

6. 岳文泽，吴桐，王田雨，等．面向国土空间规划的“双评价”：挑战与应对[J]．自然资源学报，2020，35(10)：2299-2310.

7. 田川，刘广奇，李宁，等．国土空间规划体系下“双评价”的实践与思考[J]．规划师，2020，36(5)：15-20.

8. 张京祥，吴缚龙，崔功豪．城市发展战略规划：透视激烈竞争环境中的地方政府管治[J]．人文地理，2004(3)：1-5.

9. 罗震东，赵民．试论城市发展的战略研究及战略规划的形成[J]．城市规划，2003(1)：19-23.

10. 吴志强，于泓，姜楠．论城市发展战略规划研究的整体方法——沈阳实例中的理性思维的导入[J]．城市规划，2003(1)：38-42，99.

第4章 国土空间发展定位与总体格局

导言： 国土空间格局，是自然资源、生态环境、人为活动等多种要素相互作用的结果，既包括自然生态格局，也包括人类生产生活活动所形成的城镇空间格局和农业空间格局。国土空间规划，要在把握城市发展规律和趋势的基础上，凝聚战略共识，明确城市发展定位及发展目标，形成国土空间开发与保护相协调的总体空间格局。本章在简单介绍国土空间规划"三区三线"及"规划分区"等基本概念和相关原则的基础上，梳理了城市发展定位、城市性质、城市职能等理论知识，对国土空间规划指标体系的建立及其传导路径进行说明。最后，就市、县两级的国土空间格局编制内容进行阐述。

4.1 城市发展定位、城市性质、城市职能

4.1.1 发展定位

《辞海》中，对于"定位"一词的解释有两种。其一，经测量后的位置；其二，把事物放在适当的地位并做出某种评价。从本源上理解，"定位"是客观和主观的结合，即在"测量"(评估)的基础上认识客观事物，进而在主观上将事物放在"适当的地位"。而发展定位指确定一个实体(如国家、地区、城市、企业等)在特定时期的发展目标和方向。

国土空间规划中的城市发展定位，是指在充分认识城市发展客观规律、全面深刻分析有关城市发展的重大影响因素及其作用机理的基础上，根据自身条件、竞争环境、需求趋势等及其动态变化，科学地筛选城市发展的基本组成要素(如区位特征、资源禀赋、主导产业、自然属性、城市属性、发展侧重点等)，合理地确定城市发展的基调、特色和策略的过程。简单地说，城市发展定位是指在区域社会经济发展坐标系中综合确定该城市地位的过程。在目前的规划编制中，确定城市发展定位的方法主要是通过对城市产业结构的分析，确定城市职能的类别、强度和规模，创新个性化的城市形象，抓住城市最基本的特征，从而确定城市在区域乃至国家发展中所扮演的角色和竞争的位置。

4.1.2 城市性质

在汉语词典中，“性质”的意思是事物本身所具有的、区别于其他事物的特征。城市性质则是城市在一定地区、国家以至更大范围内的政治、经济、社会发展中所处的地位和所担负的主要职能(《城市规划基本术语标准》)。一般而言，城市性质由城市主要职能所决定，是对城市职能的概括，代表了城市的个性、特点和发展方向。城市性质对城市规模的大小、用地结构布局以及各项公用设施的配置水平起着重要指导作用。例如，省会城市、区域中心城市，往往反映出城市规模的不同；而工业城市、旅游城市等则更多地体现出用地结构的差异。

确定城市性质，可以从两个方面入手，即城市在国民经济中所承担的职能和城市形成与发展的主导因素。在规划编制的过程中，城市性质的确定一般采用“定性分析”与“定量分析”相结合且以定性分析为主的方法。定性分析就是全面分析城市在政治、经济、文化生活中的作用和地位。定量分析就是在定性分析的基础上对城市职能尤其是经济职能用一定的技术指标，从量化手段去分析自然资源、劳力资源、能源交通及其主导的经济产业部门优势。例如，《杭州市国土空间总体规划(2021—2035)》将杭州的城市性质描述为“浙江省省会、长江三角洲区域中心城市、国家历史文化名城、国家中心城市和国家综合性科学中心、全国数字经济第一城、国际文化旅游休闲中心、世界一流的社会主义现代化国际大都市”。在这个城市性质中，“省会”对应的是杭州市在浙江省的地位，“长江三角洲区域中心城市”既表明杭州在长江三角洲区域的地位，也反映出杭州直接对接服务长江三角洲广大地区；历史文化名城、综合性科学中心、数字经济第一城、文化旅游休闲中心等，则充分表明杭州的城市职能和特色。

4.1.3 城市职能

城市职能是指城市在一定地域内的经济、社会发展中所发挥的作用和承担的分工(《城市规划基本术语标准》)，是城市对城市本身以外的区域在经济、政治、文化等方面所起的作用。但也有一些学者认为城市职能也应包括为城市本身服务的活动，即城市中进行的各种生产、服务活动也应属于城市职能范畴。

确定城市职能，一般利用城市的现状资料进行综合分析和概括。与城市性质相比，城市职能是客观存在的，体现城市的作用和区域分工。

当前，国土空间规划中对城市发展定位、城市性质和城市职能三个相关概念比较容易混淆。城市发展定位是指城市追求的发展目标和发展方向，其通常用于指导城市的长期发展，综合考虑了城市经济、社会、环境等方面要素的特点。城市性质指的是城市的本质特征和基本属性，涵盖城市的地理位置、历史文化特色、人口密度和结构、经济结构、自然环境等方面，其反映了城市整体特征，尤其是在更大的区域网络中，城市在国家经济和社会发展中所处的地位和所起的作用。而城市职能则包括经济中心、文化中心、政治中心、教育中心、交通枢纽等一系列职能。城市职能一般指的是城市现状职能，而且城市职能未来的发展方向可以在基于现状的基础上有多个方向，而城市性质更关注的是城市职能中最主要的职能。例如，深圳市国土空间总体规划（2020—2035）明确深圳市的城市性质为：卓越的国家经济特区、国家对外开放门户枢纽、国际科技创新中心、中国特色社会主义先行示范区、粤港澳大湾区核心引擎、全球海洋中心城市。可以看出，为充分把握、抓住国家“一带一路”和海上丝绸之路的战略机遇，依托丰富的陆海资源和雄厚的经济实力，将深圳定位为全球海洋中心城市，就是要承担世界城市功能，对世界经济、社会、文化产生直接影响。

4.2　国土空间发展目标及指标体系

4.2.1　发展目标

城市发展目标，就是在城市发展战略制定过程中所拟定的一定时期内城市经济、社会、环境的发展所应达到的水平或高度或指标。一般而言，目标的确定，应该结合城市现状及其所面临的问题，综合考虑当地的资源禀赋与开发状况、支撑产业的布局与科技水平等，制定可操作、包含不同方案的多元目标。城市定位、规划目标不一样，会对后面方案的用地布局、用地规模结构等产生影响，比如旅游城市所配套的公共设施规模必然高于普通城市。

2020 年 9 月由自然资源部组织编制的《市级国土空间总体规划编制指南（试行）》（以下简称《市级指南》）提出，国土空间发展目标应该融合城乡规划、土地利用规划、主体功能区规划的目标，凝聚国土空间规划共识。可以看出，这个发展目标的表述是对原有主体功能区规划、城乡规划、土地利用规划在目标层面的融合，不仅保留了城市总体规划中作为承载政府意图、公众共识和技术纲领综合载体的城市发展目标内容，还延续了土地利用总体规划中对于土地用途管制和土地资源保护的内容，并且融合了主体功能区规划中对于空间结构和效率的内涵。发展目标必须与当地特色相结合，突出文化特色（如建筑特色、人文历史等）、生态特色（如景观节点、自然保护区等）和产业特色等发展优势，深挖发展潜力。例如深圳市国土空间总体规划(2020—2035)中明确提出深圳的规划目标：建设中国特色社会主义先行示范区，创建社会主义现代化强国的城市范例，成为竞争力、创新力、影响力卓著的全球标杆城市。并依据发展阶段，提出三个具体的发展目标，即到2025年，建成现代化国际化创新型城市，基本实现社会主义现代化；到2035年，建成有全球影响力的创新创业、创意之都和全民共享的和美宜居幸福家园，成为我国建设社会主义现代化强国的城市范例；到2050年，将以更加昂扬的姿态屹立于世界先进城市之林，成为竞争力、创新力、影响力卓著的全球标杆城市。

4.2.2 指标体系

国土空间规划指标体系是指为支撑各级政府对国土空间规划的规划、管理和监督工作而制定的一套指标体系。这个体系包括了一系列的指标，比如土地利用类型、土地利用强度、水资源、森林资源、生物多样性等。这些指标可以用来描述国土空间的各种特征，并为国土空间规划的编制提供参考。作为国土空间规划的重要组成部分，指标体系贯穿“现状评估、目标传导、空间管控、实施监督”的规划全环节，既体现了规划的核心思路，也是规划实施和监督预警的重要抓手。

2019年，全新的规划体系明确了“五级三类”的国土空间规划体系。《市级国土空间总体规划编制指南(试行)》围绕底线管控、结构效率、生活品质三个维度，选取了35个指标构建了指标体系，并按性质分为约束性指标、预期性指标和建议性指标。约束性指标是为实现规划目标，在规划期内不得突破或必须实现的指标；预期性指标是指按照经济社会发展预期，规划期内努力实现或不突破的指标；建议性指标是指可根据地方实际选取的规划指标。见表4-1。

表4-1 规划指标体系表

编号	指 标 项	指标属性	指标层级
一、空间底线			
1	生态保护红线面积(平方公里)	约束性	市域
2	用水总量(亿立方米)	约束性	市域
3	永久基本农田保护面积(平方公里)	约束性	市域
4	耕地保有量(平方公里)	约束性	市域
5	建设用地总面积(平方公里)	约束性	市域
6	城乡建设用地面积(平方公里)	约束性	市域

续表

编号	指　标　项	指标属性	指标层级
7	林地保有量(平方公里)	约束性	市域
8	基本草原面积(平方公里)	约束性	市域
9	湿地面积(平方公里)	约束性	市域
10	大陆自然海岸线保有率(%)	约束性	市域
11	自然和文化遗产(处)	预期性	市域
12	地下水水位(米)	建议性	市域
13	新能源和可再生能源比例(%)	建议性	市域
14	本地指示性物种种类(种)	建议性	市域
二、空间结构与效率			
15	常住人口规模(万人)	预期性	市域、中心城区
16	常住人口城镇化率(%)	预期性	市域
17	人均城镇建设用地面积(平方米)	约束性	市域、中心城区
18	人均应急避难场所面积(平方米)	预期性	中心城区
19	道路网密度(千米/平方公里)	约束性	中心城区
20	轨道交通站点 800 米半径服务覆盖率(%)	建议性	中心城区
21	都市圈 1 小时人口覆盖率(%)	建议性	市域
22	每万元 GDP 水耗(立方米)	预期性	市域
23	每万元 GDP 地耗(平方米)	预期性	市域
三、空间品质			
24	公园绿地、广场步行 5 分钟覆盖率(%)	约束性	中心城区
25	卫生、养老、教育、文化、体育等社区公共服务设施步行 15 分钟覆盖率(%)	预期性	中心城区
26	城镇人均住房面积(平方米)	预期性	市域
27	每千名老年人养老床位数(张)	预期性	市域
28	每千人口医疗卫生机构床位数(张)	预期性	市域
29	人均体育用地面积(平方米)	预期性	中心城区
30	人均公园绿地面积(平方米)	预期性	中心城区
31	绿色交通出行比例(%)	预期性	中心城区
32	工作日平均通勤时间(分钟)	建议性	中心城区
33	降雨就地消纳率(%)	预期性	中心城区

续表

编号	指　标　项	指标属性	指标层级
34	城镇生活垃圾回收利用率(%)	预期性	中心城区
35	农村生活垃圾处理率(%)	预期性	市域

（注：各地可因地制宜增加相应指标）

国土空间规划指标的传导包括纵向、横向和自我循环三个维度。纵向上，落实上级规划明确的约束性指标，将耕地保有量、永久基本农田保护面积、生态保护红线控制面积等指标分解下达至下一级政府，基于各区现状基础及目标定位，制定差异化的考核指标，下级对上级下发的指标体系进行校核反馈，即采取“上下联动”的工作方式，同时将用地管控等要求向管理单元进行传导。横向上，为各职权部门提供事权清晰、便于操作的指标体系，指导约束各类专项规划的编制。同时，规划动态评估和监测预警结果是对指标体系的重要反馈，对指标值和指标项进行修正和更新，以实现指标体系的实时性和动态性，形成“规划—监测—评估—优化—规划”的良性内部循环系统，如图4-1所示。

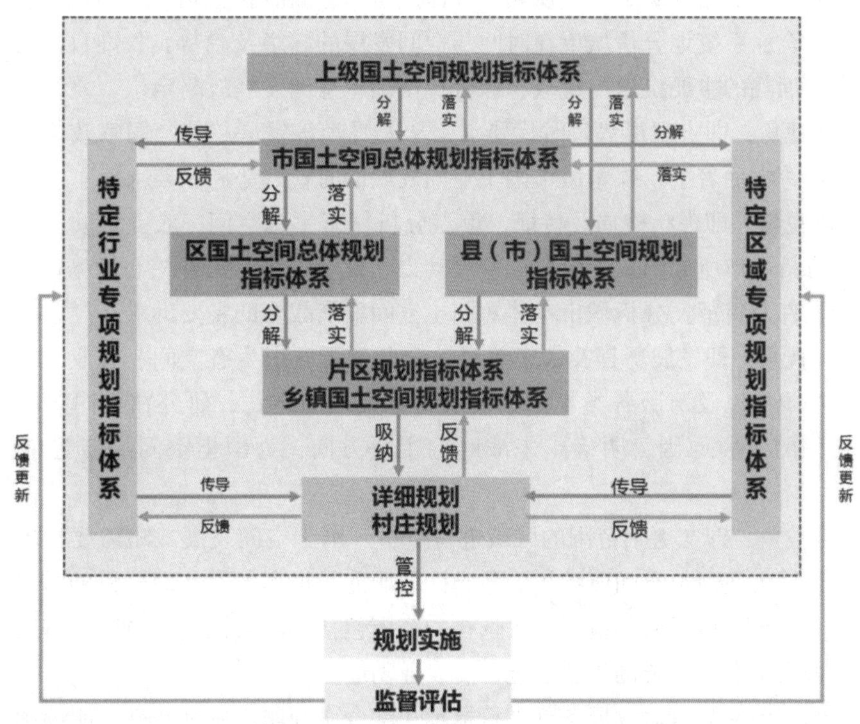

图4-1　国土空间规划指标体系传导的一般路径

（图片来源：宁波市自然资源和规划局）

4.3　空间发展战略和总体格局

4.3.1　空间发展战略

战略，往往是指一种着眼于长远未来的高层次综合研究，具有很强的宏观性和策略性。在国土空间规划中，空间发展战略是在考虑国土资源的分布、经济发展需求、环境保护、人口分布、区域协调等因素的基础上，对空间布局和发展方向进行规划和指导的战略性计划，旨在指导市县的整体发展定位和资源利用。

城市应在资源环境承载力和国土空间开发适宜性评价的基础上，结合对现有各类规划实施的评估，依据国土空间发展目标、国家和省域发展战略要求，结合自身发展条件和趋势，合理确定国土空间发展战略，充分体现在区域中的地位与作用、最主要的职能、核心竞争力和区域特色。

国土空间发展战略的确定主要从四个方面进行，包括时代视角、本体视角、时间视角和区域视角，全面系统地分析城市在时间与空间发展的脉络及趋势，找准自身的特色与优势，总结发展面临的主要机遇与挑战，综合提出国土空间发展战略定位。

(1)时代视角，即宏观形势及时代要求，从宏观经济发展趋势、国家政策方针趋势及地方政策导向等方面着手，探索城市国土空间发展的时代趋势和新要求。

(2)本体视角，即现状格局及特征，重点分析城市生态空间、农业空间及城镇空间的总体格局，分析城市所处的发展阶段、发展动力和发展趋势，梳理核心优势资源，分析评估自身发展条件及特征，分析城市本体对国土空间发展战略的主要诉求。

(3)时间视角，即发展历程及未来趋势。全面分析城市生态空间、农业空间、城镇空间历史演变的规律以及历版各类规划的发展目标及战略定位，研究在不同阶段的变化情况，分析变化的主要原因，明确未来战略的主要方向，为国土空间战略定位提供方向选择。

(4)区域视角，即在更大范围的区域进行分析。国土空间发展战略需要在更大的区域范围内审视该城市在国土空间所承担的各类区域职能，根据各类空间分析的需要，结合区域自身影响力确定分析区域的范围，可选择的范围包括国际、国内、省际、省内、重要的功能区域，如城市群、重要的生态功能区、农业功能区等。

最后，结合前文分析对发展条件进行梳理，综合研判城市发展条件，明确国土空间发展战略定位及主要区域职能。核心结论的表述可采用战略总体定位和分项功能定位等多种形式，从而形成规划图纸若干。在《海口市国土空间总体规划(2020—2021 年)(公众版)》

中，为落实国家和海南省区域发展战略、主体功能区战略，以自然地理格局为基础，提出了“东进、西提、南育、北联、中优”的空间发展战略，从而统筹全域空间资源配置，力求扭转海口现状单中心的空间格局，向多组团、网络化的空间结构转变(图 4-2)。

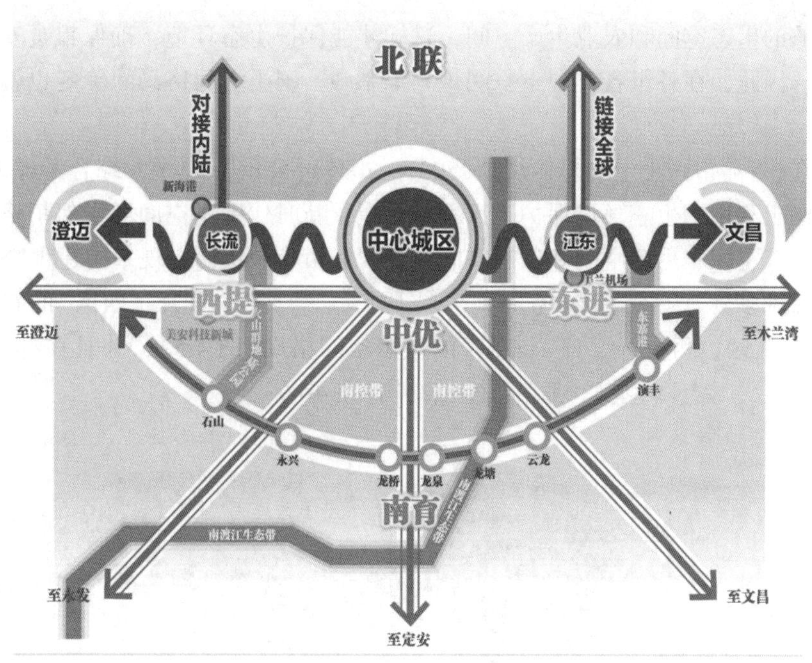

图 4-2　海口市国土空间发展战略规划图
(图片来源：海口市国土空间总体规划(2020—2035)(公众版))

4.3.2　国土空间格局

空间格局是指生态或地理要素的空间分布与配置。它往往受到区域位置、自然地理环境、社会经济等各种因素的影响，且各种影响因素具有随时间变化的特性。国土空间，是建设美丽家园的载体。国土空间格局，则是自然资源、生态环境、人为活动等多种要素相互作用的结果，既包括自然生态空间格局，也包括人类生产生活活动所形成的城镇空间格局和农业空间格局。

一般而言，自然生态空间格局是指提供生态服务或生态产品的空间布局形式和形态特征；城镇空间格局指的是城市和城镇的空间组织形式和特征，可以根据城镇空间格局的不同特征对其进行描述，如形态特征、等级结构、功能特征、内外关系等；农业空间格局则是指农村居民生产生活空间的形态、组织方式、结构特征等。

在以往的城乡规划编制中，涉及空间格局往往都是指城市(镇)空间格局，对生态空间、农业空间的格局关注较少，且往往将空间格局与空间结构视为同义语。在全国大部分市、县的总体规划中，从生态、社会、经济、文化、全球化、区域协调发展等多个角度对城市(镇)空间格局进行了较为全面的分析和构建。由于自然和人文条件的差异，并不是所有的国土空间都适宜搞城市建设、发展现代工商业，必须在推动新型城镇化、工业化的同时，保有足够的生态空间和农业生产空间，这样才能保护生态环境，确保粮食安全，实现可持续发展。因此，在各级各类国土空间规划编制中，国土空间格局的确定也就成为重中之重。

例如，在《青岛市国土空间总体规划(2021—2035)(公示版)》中，综合考虑人口分布、经济布局、国土利用、生态环境保护等因素，构建了新时代国土空间开发保护格局，科学统筹、布局生产空间、生活空间和生态空间。在青岛市市域层面，规划构建了“一湾两翼，三山一原，一轴多廊”的全域生态空间格局(图 4-3)、“一带、三片、四区”的农业空间格局(图 4-4)和“一区、两极、五轴、多点”的城镇空间格局(图 4-5)，并且在都市区层面，提出构建“一主、三副、两城”的都市区空间结构(图 4-6)。

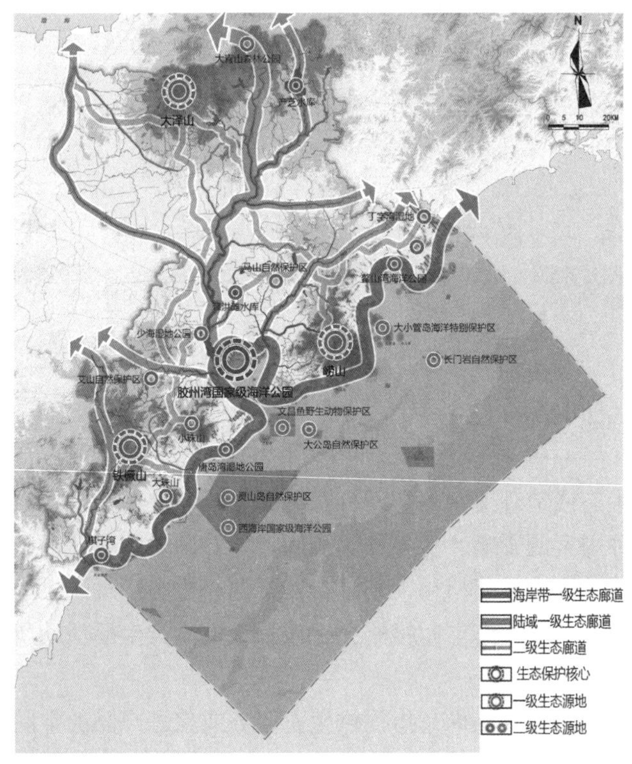

图 4-3　青岛市生态空间保护格局图

(图片来源：《青岛市国土空间总体规划(2021—2035)(公示版)》)

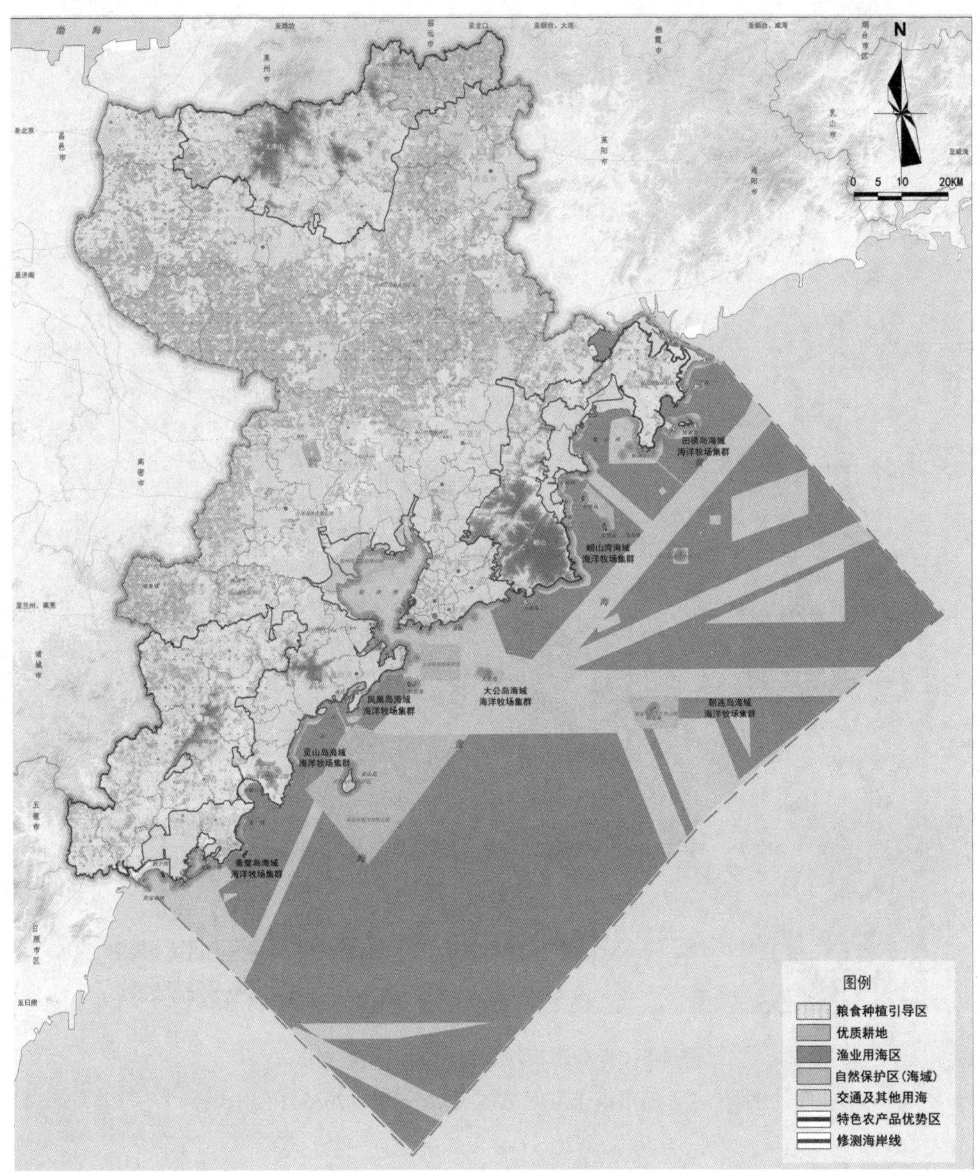

图 4-4　青岛市农业空间格局图

（图片来源：《青岛市国土空间总体规划（2021—2035）（公示版）》）

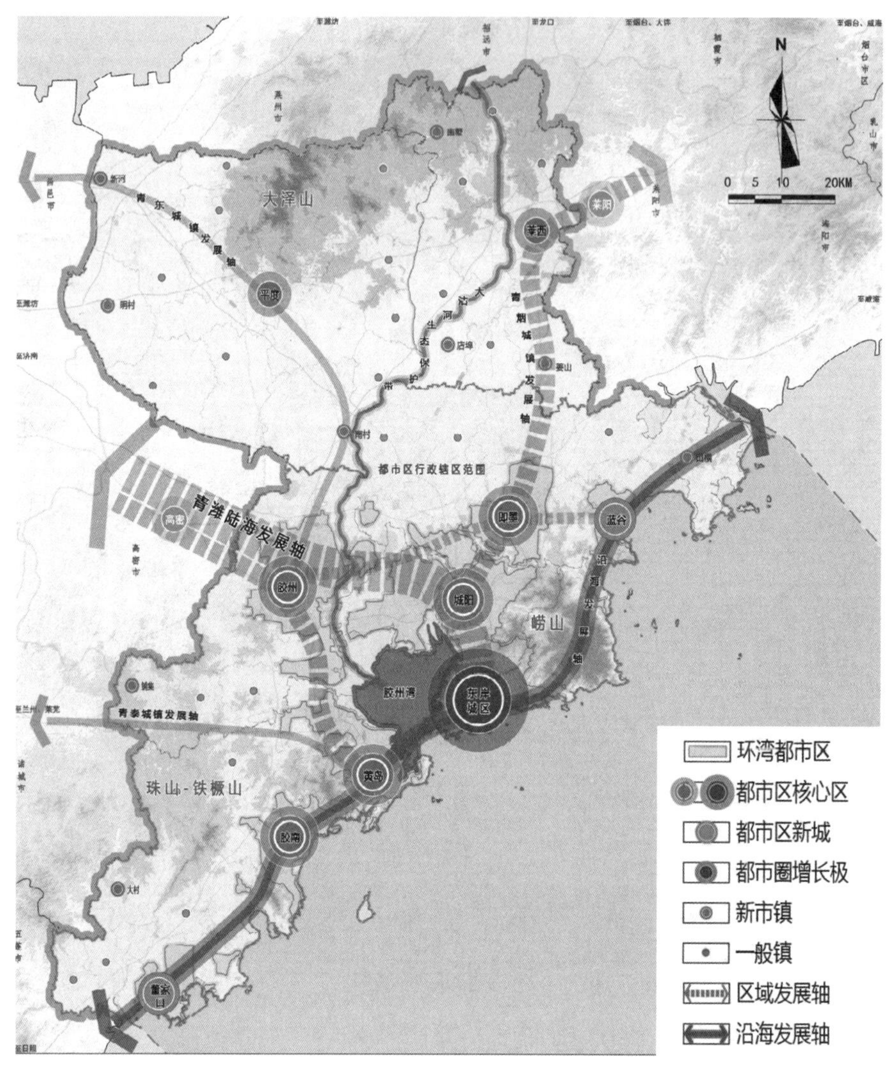

图 4-5　青岛市市域城镇空间格局规划图

（图片来源：《青岛市国土空间总体规划（2021—2035）（公示版）》）

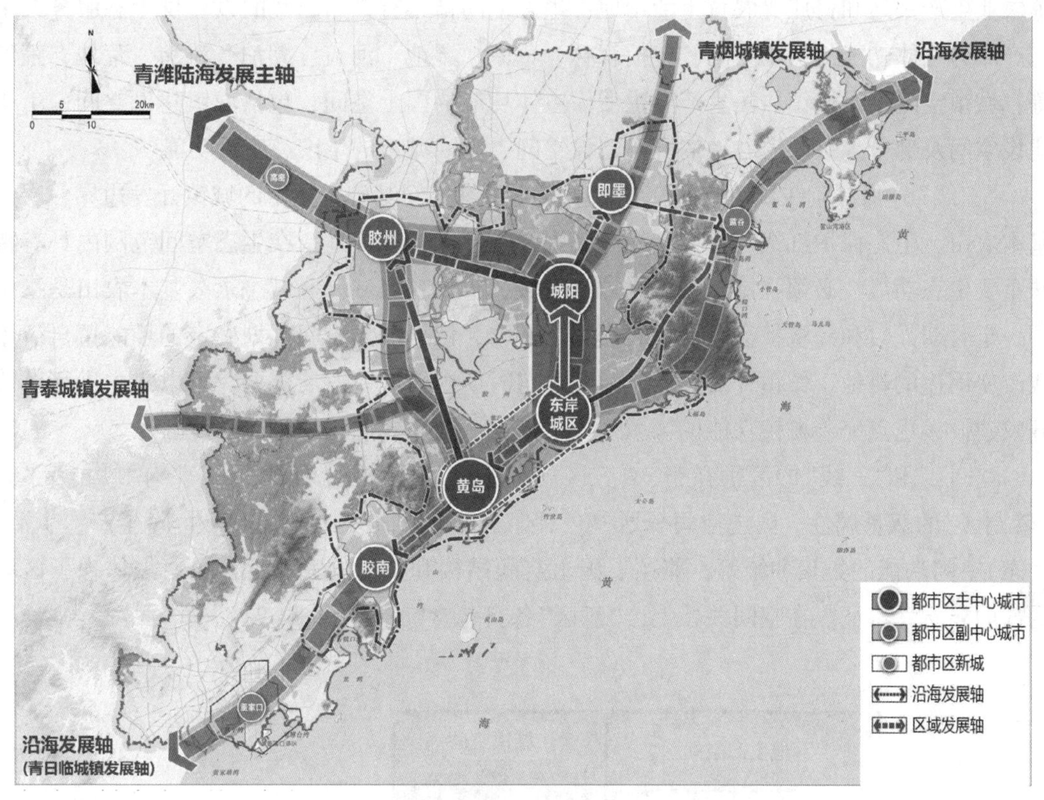

图 4-6 青岛市都市区城市空间格局规划图

（图片来源：《青岛市国土空间总体规划(2021—2035)(公示版)》）

4.4 “三区三线”

划定“三区三线”是当前国土空间规划编制工作的核心任务。党的十八届三中全会明确提出“通过建立空间规划体系，划定生产、生活、生态空间开发管制界限，落实用途管制”。党的十九大报告再次强调“完成生态保护红线、永久基本农田、城镇开发边界三条控制线划定工作”。

4.4.1 基本概念

“三区”是指三种类型的国土空间。其中，农业空间指以农业生产和农村居民生活为主体功能，承担农产品生产和农村生活功能的国土空间，主要包括永久基本农田、一般农田等农业生产用地和村庄等农村生活用地；生态空间指具有自然属性的以提供生态服务或生态产品为主体功能的国土空间，包括森林、草原、湿地、河流、湖泊、滩涂、荒地、荒漠等；城镇空间指以城镇居民生产、生活为主体功能的国土空间，包括城镇建设空间、工矿建设空间及部分乡级政府驻地的开发建设空间，反映城市的生产、生活功能。

“三线”分别对应在城镇空间、农业空间、生态空间基础上划定的城镇开发边界、永久基本农田、生态保护红线三条控制线。其中，生态保护红线是指在生态空间范围内具有特殊重要生态功能，必须强制性严格保护的陆域、水域、海域等区域。永久基本农田是指按照一定时期人口和经济社会发展对农产品的需求，依据国土空间规划确定的不能擅自占用或改变用途的耕地。城镇开发边界是指在一定时期内因城镇发展需要，可以集中进行城镇开发建设，重点完善城镇功能的区域边界，涉及城市、建制镇和各类开发区等。

“三区”和“三线”的区别在于，“三区”侧重于“功能区”，而“三线”兼有“功能区”和“管制区”的双重属性。国土空间规划中“三区三线”的划分，是为了“三生”(生产、生活、生态)空间功能的集聚和统筹，兼顾了国土空间结构和功能的完整性，也更加体现了区域内部的异质性特征。在空间关系上，“三区”各自包含“三线”(图 4-7)。

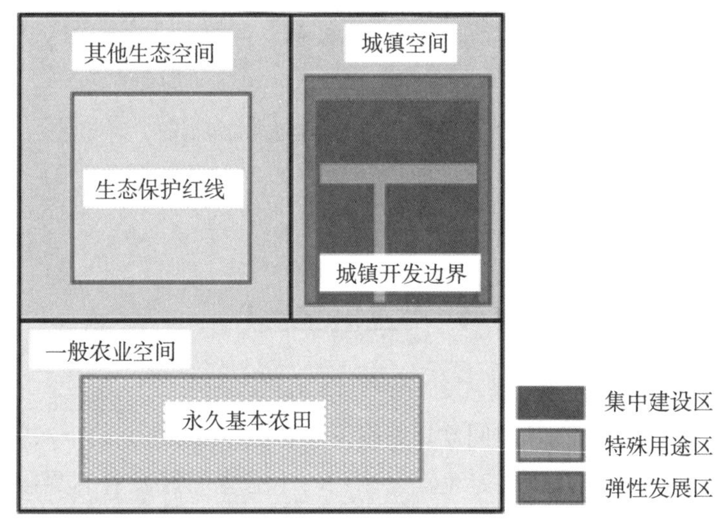

图 4-7 “三区三线”的定义及范围划定示意图

4.4.2 “三区三线”的划定

2019 年 11 月，中共中央办公厅、国务院办公厅发布《关于在国土空间规划中统筹划定落实三条控制线的指导意见》，强调在国土空间规划中统筹划定“三区三线”的三条基本原则。一是底线思维、保护优先，即以资源环境承载能力和国土空间开发适宜性评价为基础，科学有序统筹布局生态、农业、城镇等功能空间，强化底线约束，优先保障生态安全、粮食安全、国土安全。二是多规合一、协调落实，即按照统一底图、统一标准、统一规划、统一平台要求，科学划定落实三条控制线，做到不交叉不重叠不冲突。三是统筹推进、分类管控，即坚持陆海统筹、上下联动、区域协调，根据各地不同的自然资源禀赋和经济社会发展实际，针对三条控制线不同功能，建立健全分类管控机制。这一系列划定要求充分体现了空间规划的发展理念由扩张型向内涵式转变，突出生态优先、底线思维和绿色发展的价值取向。同时，将三条控制线作为调整经济结构、规划产业发展、推进城镇化不可逾越的红线，落实最严格的生态环境保护制度、耕地保护制度和节约用地制度，夯实中华民族永续发展基础。

1. 按照保质保量要求划定永久基本农田

依据耕地现状分布，根据耕地质量、粮食作物种植情况、土壤污染状况，在严守耕地红线的基础上，按照一定比例，将达到质量要求的耕地依法划入。已经划定的永久基本农田中存在划定不实、违法占用、严重污染等问题的要全面梳理整改，确保永久基本农田面积不减、质量提升、布局稳定。

2. 按照生态功能划定生态保护红线

优先将具有重要水源涵养、生物多样性维护、水土保持、防风固沙、海岸防护等功能的生态功能极重要区域，以及生态极敏感脆弱的水土流失、沙漠化、石漠化、海岸侵蚀等区域划入生态保护红线。其他经评估目前虽然不能确定但具有潜在重要生态价值的区域也划入生态保护红线。对自然保护地进行调整优化，评估调整后的自然保护地应划入生态保护红线；自然保护地发生调整的，生态保护红线应相应调整。生态保护红线内，自然保护地核心保护区原则上禁止人为活动，其他区域严格禁止开发性、生产性建设活动，在符合现行法律法规前提下，除国家重大战略项目外，仅允许对生态功能不造成破坏的有限人为活动，主要包括：零星的原居民在不扩大现有建设用地和耕地规模前提下，修缮生产生活设施，保留生活必需的少量种植、放牧、捕捞、养殖；因国家重大能源资源安全需要开展的战略性能源资源勘查以及公益性自然资源调查和地质勘查；自然资源、生态环境监测和执法包括水文水资源监测及涉水违法事件的查处等，灾害防治和应急抢险；经依法批准进行的非破坏性科学研究观测、标本采集；经依法批准的考古调查发掘和文物保护；不破坏生态功能的适度参观旅游和相关的必要公共设施建设；必须且无法避让、符合县级以上国土空间规划的线性基础设施建设、防洪和供水设施建设与运行维护；重要生态修复工程。

3. 按照集约适度、绿色发展要求划定城镇开发边界

城镇开发边界划定以城镇开发建设现状为基础，综合考虑资源承载能力、人口分布、经济布局、城乡统筹、城镇发展阶段和发展潜力，框定总量，限定容量，防止城镇无序蔓延。科学预留一定比例的留白区，为未来发展留有开发空间。城镇建设和发展不得违法违规侵占河道、湖面、滩地。

4.4.3　冲突解决规则

当三条控制线发生冲突时，生态保护红线要保证生态功能的系统性和完整性，确保生态功能不降低、面积不减少、性质不改变；永久基本农田要保证适度合理的规模和稳定性，确保数量不减少、质量不降低；城镇开发边界要避让重要生态功能，不占或少占永久基本农田。目前已划入自然保护地核心保护区的永久基本农田、镇村、矿业权逐步有序退出；已划入自然保护地一般控制区的，根据对生态功能造成的影响确定是否退出，其中，造成明显影响的逐步有序退出，不造成明显影响的可采取依法依规相应调整一般控制区范围等措施妥善处理。协调过程中退出的永久基本农田在县级行政区域内同步补划，确实无法补划的在市级行政区域内补划。

4.5　国土空间规划分区

4.5.1　规划分区

国土空间规划分区是在对生态底线安全、经济人口布局、国土综合利用等因素充分分析的基础上，以全域覆盖、不交叉、不重叠为基本原则，以国土空间的保护保留、开发利用两大功能属性为基本取向，划分出的一系列不同类型主导功能特征的空间单元，是地域功能管控分区的一种。科学划定实施层级国土空间规划分区，是落实宏观区域发展战略，承接上位规划意图，落实和传导本级规划诉求，推进环境保护和资源合理利用，促进国土空间格局优化和功能布局优化的重要举措。

根据《市级指南》，规划分区分为一级规划分区和二级规划分区。一级规划分区包括以下 7 类，即生态保护区、生态控制区、农田保护区，以及城镇发展区、乡村发展区、海洋发展区、矿产能源发展区。在城镇发展区、乡村发展区、海洋发展区分别细分二级规划分区，各地可结合实际补充二级规划分区类型。规划分区类型和具体含义见表4-2。

表4-2　规划分区建议

<table>
<tr><th>一级规划分区</th><th colspan="2">二级规划分区</th><th>含　义</th></tr>
<tr><td>生态保护区</td><td colspan="2"></td><td>具有特殊重要生态功能或生态敏感脆弱、必须强制性严格保护的陆地和海洋自然区域，包括陆域生态保护红线、海洋生态保护红线集中划定的区域</td></tr>
<tr><td>生态控制区</td><td colspan="2"></td><td>生态保护红线外，需要予以保留原貌、强化生态保育和生态建设、限制开发建设的陆地和海洋自然区域</td></tr>
<tr><td>农田保护区</td><td colspan="2"></td><td>永久基本农田相对集中需严格保护的区域</td></tr>
<tr><td rowspan="11">城镇发展区</td><td colspan="2"></td><td>城镇开发边界围合的范围，是城镇集中开发建设并可满足城镇生产、生活需要的区域</td></tr>
<tr><td rowspan="8">城镇集中建设区</td><td>居住生活区</td><td>以住宅建筑和居住配套设施为主要功能导向的区域</td></tr>
<tr><td>综合服务区</td><td>以提供行政办公、文化、教育、医疗以及综合商业等服务为主要功能导向的区域</td></tr>
<tr><td>商业服务区</td><td>以提供商业、商务办公等就业岗位为主要功能导向的区域</td></tr>
<tr><td>工业发展区</td><td>以工业及其配套产业为主要功能导向的区域</td></tr>
<tr><td>物流仓储区</td><td>以物流仓储及其配套产业为主要功能导向的区域</td></tr>
<tr><td>绿地休闲区</td><td>以公园绿地、广场用地、滨水开敞空间、防护绿地等为主要功能导向的区域</td></tr>
<tr><td>交通枢纽区</td><td>以机场、港口、铁路客货运站等大型交通设施为主要功能导向的区域</td></tr>
<tr><td>战略预留区</td><td>在城镇集中建设区中，为城镇重大战略性功能控制的留白区域</td></tr>
<tr><td colspan="2">城镇弹性发展区</td><td>为应对城镇发展的不确定性，在满足特定条件下方可进行城镇开发和集中建设的区域</td></tr>
<tr><td colspan="2">特别用途区</td><td>为完善城镇功能，提升人居环境品质，保持城镇开发边界的完整性，根据规划管理需划入开发边界内的重点地区，主要包括与城镇关联密切的生态涵养、休闲游憩、防护隔离、自然和历史文化保护等区域</td></tr>
</table>

续表

一级规划分区	二级规划分区	含　义
乡村发展区		在农田保护区外，为满足农林牧渔等农业发展以及以农民集中生活和生产配套为主的区域
	村庄建设区	在城镇开发边界外，规划重点发展的村庄用地区域
	一般农业区	以农业生产发展为主要利用功能导向划定的区域
	林业发展区	以规模化林业生产为主要利用功能导向划定的区域
	牧业发展区	以草原畜牧业发展为主要利用功能导向划定的区域
海洋发展区		允许集中开展开发利用活动的海域，以及允许适度开展开发利用活动的无居民海岛
	渔业用海区	以渔业基础设施建设、养殖和捕捞生产等渔业利用为主要功能导向的海域和无居民海岛
	交通运输用海区	以港口建设、路桥建设、航运等为主要功能导向的海域和无居民海岛
	工矿通信用海区	以临海工业利用、矿产能源开发和海底工程建设为主要功能导向的海域和无居民海岛
	游憩用海区	以开发利用旅游资源为主要功能导向的海域和无居民海岛
	特殊用海区	以污水达标排放、倾倒、军事等特殊利用为主要功能导向的海域和无居民海岛
	海洋预留区	规划期内为重大项目用海用岛预留的控制性后备发展区域
矿产能源发展区		为适应国家能源安全与矿业发展而划定的重要陆域采矿区、战略性矿产储量区等区域

4.5.2　规划分区的划定

规划分区体现了国土空间开发与保护的两种基本导向，应强化底线管控作用。规划分区的划定，要衔接“三线”、双评价等各类要素成果及管控要求，落实生态文明及粮食安全理念，以生态及农业的保护作为前提，合理布局生产生活空间，从而实现城市的可持续发展。所以，一般程序为：优先划定生态保护空间(生态保护区、生态控制区)，严格保护农业生产空间(农田保护区)，最后划定生产生活空间(城镇发展区、矿产资源发展区、海洋发展区、乡村发展区），完成一级规划分区的划定。城镇发展区内以控规街坊作为基本划分尺度，乡村发展区内以自然地理边界作为划分依据，综合考虑现状用地类型及未来主导功能属性等因素判断分区类型，海洋发展区以自然地理边界或权属范围作为划分依据。

例如江苏省常州市综合考虑本市的实际建设情况，在全市市域层面，将国土空间划分为生态保护红线区、永久基本农田保护区、城镇发展区、乡村发展区和战略意图预留区等五个一级分区(图 4-8)。

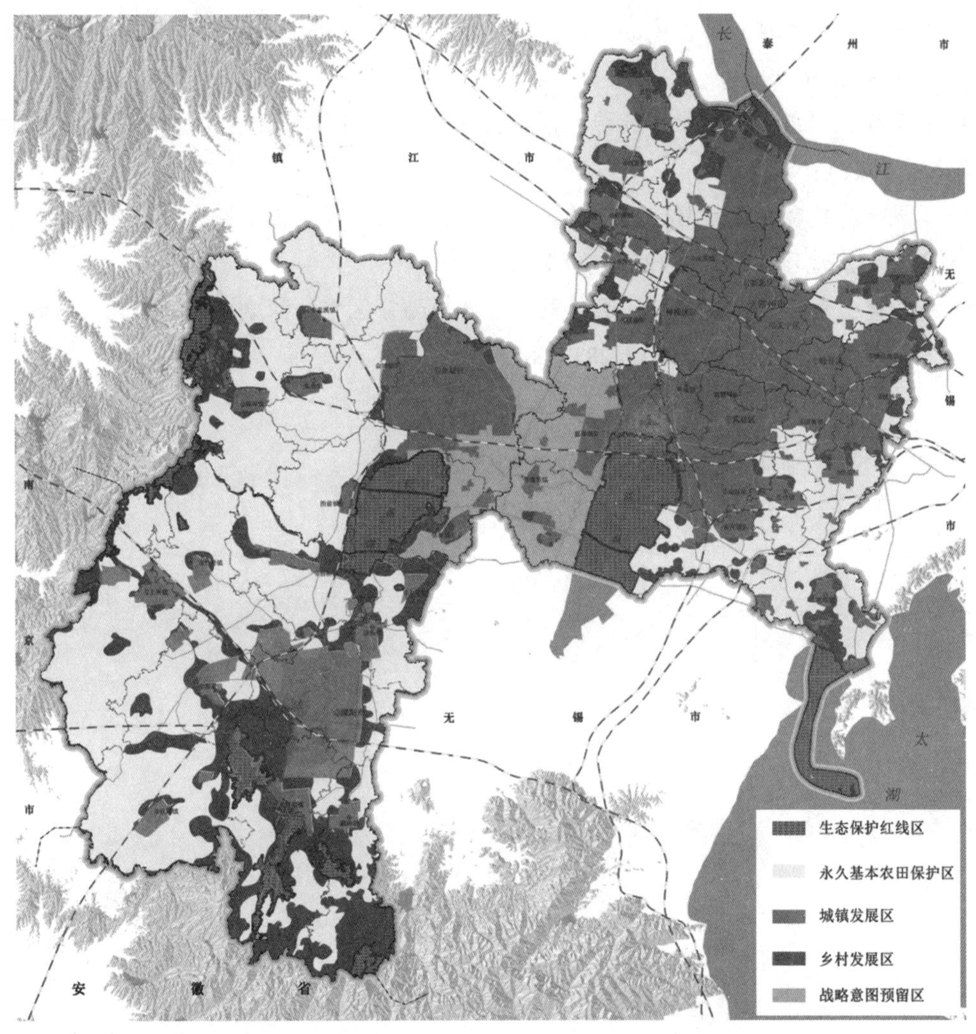

图 4-8 常州市市域国土空间规划分区(详见书末彩色插图)

(图片来源:《常州市国土空间总体规划(2020—2035 年)(征求意见稿)》)

本章参考文献

1. 张尚武，刘振宇，王昱菲．“三区三线”统筹划定与国土空间布局优化：难点与思考[J]．城市规划学刊，2022(2)：12-19.

2. 孙雪东．国土空间规划体系中“三区三线”的基本考虑[J]．城市规划，2023，47(6)：51-56.

3. 刘翠霞，梁宇哲，李俊亭．空间治理背景下“三区三线”的管控优化探讨[J]．中国土地，2023(9)：36-39.

4. 戚冬瑾，周剑云，李贤，陈浩．国土空间详细规划分区用途管制研究[J]．城市规划，2022，46(7)：87-95.

5. 王凤娟，魏晓，苏昌贵，刘玉桥，卢召艳，易浪．我国国土空间规划分区研究热点及展望[J]．经济地理，2022，42(2)：84-92.

6. 王子健，黄亚平，谢来荣．县级国土空间规划分区方法探索——以湖北省黄梅县为例[J]．自然学报，2022，37(11)：2837-2855.

第5章　农业空间与永久基本农田

导言：粮食安全是"国之大者"，耕地是粮食生产的命根子，我国一贯坚持奉行最严格的耕地保护制度。在国土空间总体规划中，应通过优化农业空间布局、制定耕地保护任务、划定永久基本农田、开展农村土地综合整治等举措，为实现乡村振兴和保障粮食安全保驾护航。本章主要梳理农业空间的概念、农业空间规划分区、村庄建设用地布局，介绍耕地保护相关知识及任务划分，总结永久基本农田划定与管控要求。最后，阐述农村土地综合整治的概念，介绍全域土地综合整治规划相关内容。

5.1　农业空间

5.1.1　概念内涵及规划任务

农业经历了内涵和外延不断丰富扩展的过程，作为农业发展载体的农业空间也随之变化。在农业仅指粮食种植时，农业空间仅限于耕地；当农业拓展到包含农林牧副渔的大农业时，农业空间相应拓展到耕地、园地、林地、牧草地、养殖水面等农用地；当农业拓展到全产业链和多功能时，农业空间不仅包括农用地，还会涉及一些承担农产品产前产后处理功能、农业生产辅助功能的城镇建设用地和具有景观功能的生态用地。随着主体功能区战略实施和国土空间规划体系的逐步推出，"农业空间"成为具有特定内涵的国土空间类别。在此基础上，《省级国土空间规划编制指南(试行)》明确界定了农业空间的内涵——以农业生产、农村生活为主的功能空间。农业空间主要包括永久基本农田、一般农田等农业生产用地和村庄等农村生活用地。相对于城市空间，农业空间中的人口较少，居住分散，开发强度不大，产业结构以农业为主，居民点形态多为人口相对密集但空间上分散的小城镇和村庄。农业空间可划分为农业生产空间、农业生活空间两大类型。

农业空间的高质量发展对整个国土空间的高质量发展意义重大，因此对农业空间开发、保护和利用的科学统筹安排也是国土空间规划的重要任务。农业空间规划的目标是保障农业空间的粮食生产能力，提升农业空间的质量和效率，为农业和农村的现代化发展提供空间支撑。农业空间规划的任务是要在合理判断城镇化和发展阶段的背景下，识别农业空间内部农业、农村和农民发展的关键问题及其在空间上的体现，以及农业空间与生态空间、城镇空间的矛盾，在规划期内寻找面向一定发展目标的科学合理且可行的农业空间内部人口、产业和土地等要素的匹配关系和空间组织模式，并提出实现这种模式的空间策略。

在规划过程中应协调好农业生产与乡村生活的关系，明确乡村生产、生活、服务的空间功能定位。综合考虑不同种植结构水资源需求和现代农业发展方向，结合本地粮食生产和重要农产品生产等特点，因地制宜，优化农业生产结构，明确农业生产布局。按照乡村振兴战略和城乡融合要求，合理安排产业振兴的空间格局，优化乡村村庄分类布局，对各类村庄提出指引性要求，实施差别化国土空间利用政策。统筹乡村生活空间建设，衔接农村土地综合整治、美丽乡村建设、传统村落保护等重点项目，落实乡村振兴及现代化建设的政策措施，提出实施乡村振兴的空间战略与推进路径。不同层级规划侧重有所不同，依据各级政府事权，市域规划应突出“结构管控、奠定格局”，县域规划应强调“用途管控、协调布局”，实现管控内容分级统筹。

农业空间规划应综合分析地形地貌、水土光热特征和农田水利设施条件，结合本地粮食生产功能区和重要农产品生产保护区等农业空间的特点，因地制宜规划农业空间布局。立足目标导向、问题导向、需求导向，明确规划目标及策略，形成全域设施农业布局方案，引领现代农业高质量发展。在符合上位规划、衔接相关规划的前提下，立足区域农业特点，结合资源禀赋、产业基础，统筹区域协调、产业协同和市场需求，因地制宜探索区域农业发展方向，打造优势突出的特色农业空间布局。宾阳县农业空间规划示意图如图5-1所示。

5.1.2　农业空间规划分区

1. 分区介绍

国土空间总体规划在区分农业、生态、城镇三大空间的基础上，又划分了规划分区，规划分区是国土空间分级管制的基础。规划分区在市、县级国土总体空间规划中划定，其“管制”主要是通过正负面清单、约束指标等对各类开发保护活动实行准入管理，运用审批和监管等手段实现规划意图，进一步落实主体功能区战略。农业空间一级规划分区包括农田保护区、乡村发展区，乡村发展区内可包括二级分区村庄建设区、一般农业区、林业发展区、牧业发展区。市级规划分区既可包括一级分区，也可包括二级分区；县级规划分区主要包括二级分区。

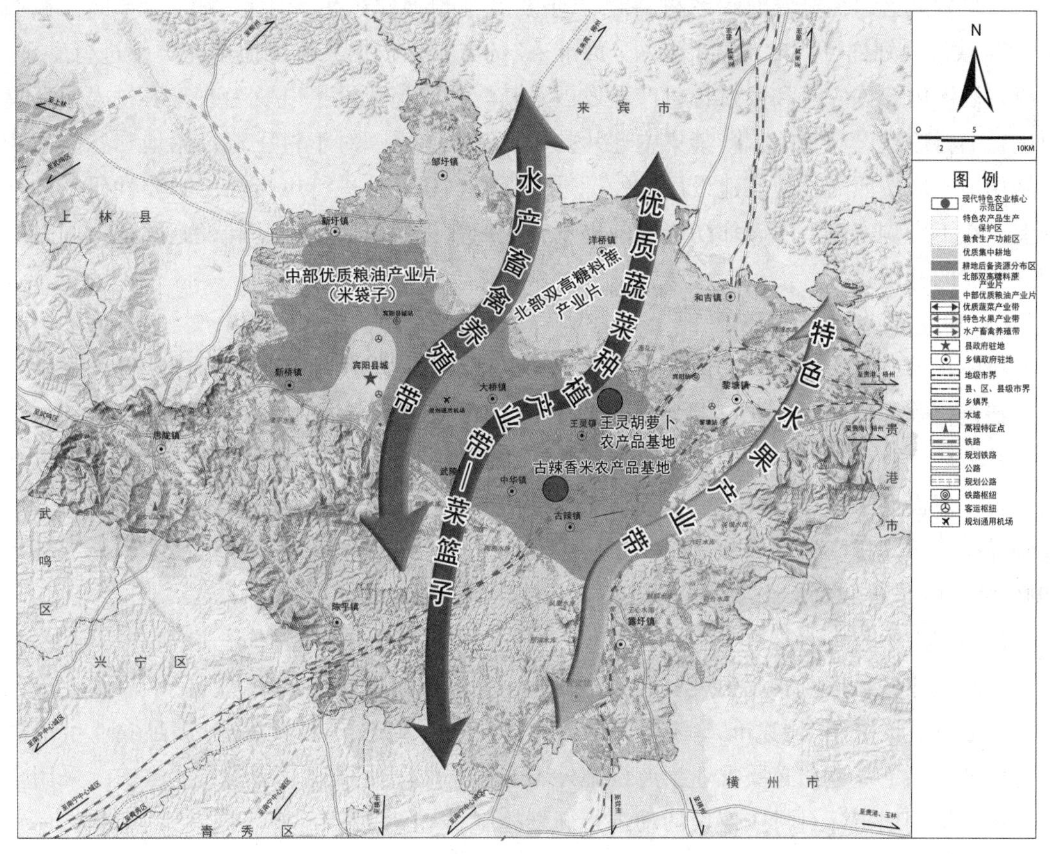

图 5-1　宾阳县农业空间规划示意图

（图片来源：宾阳县国土空间总体规划(2021—2035 年)）

1) 农田保护区

农田保护区是为了维护国家粮食安全，切实保护耕地，促进农业生产和社会经济的可持续发展，划定的需实行特殊保护和管理的区域。该分区是永久基本农田相对集中形成的区域。

农田保护区按照《中华人民共和国土地管理法》《基本农田保护条例》《基本农田划定技术规程》等相关规定进行管理，从严管控非农建设占用永久基本农田，鼓励开展高标准农田建设和土地整治，提高永久基本农田质量。

2) 乡村发展区

乡村发展区是农田保护区外，为满足农林牧渔等农业发展以及农民集中生活和生产配套为主的区域。为推动农业全面升级、农村全面进步、农民全面发展，实现乡村全面振兴而划定该区，包括农田保护区以外的耕地、园地、林地、草地等农用地，农业和乡村特色产业发展所需的各类配套设施用地，以及现状和规划的村庄建设用地。

乡村发展区以促进农业和乡村特色产业发展、改善农民生产生活条件为导向，按照“详细规划+规划许可”和“约束指标+分区准入”的方式，根据具体土地用途类型进行管理。乡村发展区内允许农业和乡村特色产业发展及其配套设施建设，以及为改善农村人居环境而进行的村庄建设与整治，严禁集中连片的城镇开发建设。对于村庄建设用地和各类配套设施用地，应按照人均村庄建设用地指标进行管控。在充分进行可行性、必要性研究的基础上，在不影响安全、不破坏功能的前提下，区内允许建设区域性基础设施廊道，同时应做好相应的补偿措施。

(1)村庄建设区：

村庄建设区是指城镇开发边界外，规划重点发展的村庄用地区域。村庄建设区是中心村、特色村等面积较大、人口较多的重点村庄，或规划有产业建设的村庄建设区域，小村、零散居民点及规划拆迁的村庄不划入村庄建设区。

村庄建设区采用“用途准入+指标控制”的方式进行管理。村庄建设区对村庄布局发展起到导向作用，村庄建设用地需限制在村庄建设区内，村庄建设区外的村庄除农民宅基地和必要农业(农林牧渔)生产设施用地外不安排其他产业用地。

(2)一般农业区：

一般农业区是指以农业生产发展为主要利用功能导向划定的区域。

一般农业区采用“用途准入+指标控制”的方式进行管理。区内以充分满足农业生产需要为原则，除宅基地和必要农业生产设施外不安排其他产业用地。一般农业区内，采用全域村庄建设用地指标对村庄建设活动进行规划控制。

(3)林业发展区：

林业发展区是指除自然保护、保留的林地外，以规模化林业发展为主要功能导向划定的区域。

林业发展区采用“用途准入+指标控制”的方式进行管理。区内按照林业生产规范和发展规划进行管理，采用适当的封育和采伐措施，发展林下经济和生态旅游，兼顾生态功能和经济效益。

(4)牧业发展区：

牧业发展区是指除自然保护、保留的草地外，以发展规模化畜牧业为主要利用功能导向划定的区域。

牧业发展区采用“用途准入+指标控制”的方式进行管理。区内按照畜牧业生产规范和发展规划进行管理，确定适当的载畜量，兼顾生态功能和经济效益，确保草地的可持续利用。

2. 分区思路

规划分区应落实上位国土空间规划要求，为本行政区域国土空间保护开发做出综合部署和总体安排，应充分考虑生态环境保护、经济布局、人口分布、国土利用等因素。规划分区应坚持陆海统筹、城乡统筹、地上地下空间统筹的原则，以国土空间的保护与保留、开发与利用两大功能属性作为规划分区的基本取向。

规划分区划定应科学、简明、可操作，遵循全域全覆盖、不交叉、不重叠，并应符合下列基本规定：①以主体功能定位为基础，体现规划意图，配套管控要求；②当出现多重使用功能时，应突出主导功能，选择更有利于实现规划意图的规划分区类型；③如行政区域内存在未列出的特殊政策管控要求，可在规划分区建议的基础上，叠加历史文化保护、灾害风险防控等管控区域，形成复合控制区(图 5-2)。

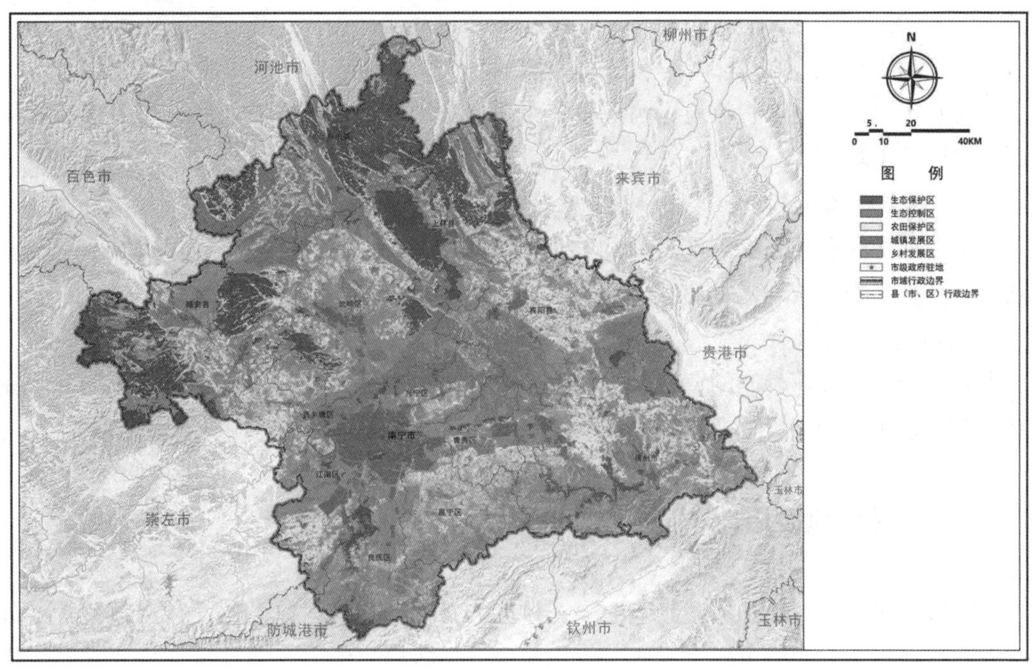

图 5-2 南宁市国土空间规划分区示意图(详见书末彩色插图)

(图片来源：南宁市国土空间总体规划(2021—2035))

1)农田保护区

结合永久基本农田核实整改工作，以“大稳定小调整”为原则，按照“数量不减少、质量不降低、生态有改善”要求，统筹划定农田保护区。划定的永久基本农田原则上应纳入农田保护区，确零散分布的永久基本农田，可分散于其他分区内，并依据永久基本农田保护规定管理。农田保护区需以永久基本农田保护红线为基础，通过聚合手段划定其中相对集中需严格保护的区域。

2)乡村发展区

乡村发展区内应按照一定规模的要求，将中心村、重点村等较为集中连片的村庄地区划定为村庄建设区，并在其中预留一定比例的村庄用地拓展区域。其他地区则按照生产类型，将以农业生产为主的地区划定为一般农业区，将规模化林业生产的地区划定为林业发展区，将以草原畜牧业发展为主的地区划定为牧业发展区。

(1)村庄建设区：

将规划期内集聚提升类村庄和特色保护类村庄的建设范围划入村庄建设区；城郊融合类村庄中保留的村庄建设范围划入村庄建设区，规划拆除的村庄不得划入村庄建设区；搬迁撤并类村庄中位于生态保护区、生态控制区内的规划期不新建和扩建的保留村庄，不建议划为村庄建设区；已明确进行大规模建设用地整理腾挪的村庄范围，不得划为村庄建设区。

(2)一般农业区：

永久基本农田外的现状耕地、园地等农用地集中区域划入一般农业区，也可包括坑塘水面、沟渠、田坎等。

(3)林业发展区：

除生态保护区和生态控制区之外的林地集中分布区域，主要将人工商品林地、树圃、苗圃、经济林集中区域划入林业发展区。

(4)牧业发展区：

主要将用于畜牧业生产的草地、畜牧业生产和牧民生活的基本设施用地、小型畜牧业产品加工产业用地划入为牧业发展区。

5.1.3 村庄建设用地布局

为顺应村庄发展规律和演变趋势，根据村庄的发展现状、区位条件、资源禀赋等，分类推进乡村振兴，引导城乡融合发展，优化村庄分类布局。依据有关政策文件要求，村庄主要可以分为集聚提升类、城郊融合类、特色保护类、搬迁撤并类以及其他一般类五种类型。各省结合区域特点发布村庄规划编制指南，分类大多包含以上类别，同时也包含具有当地特点的村庄类型。在分类的基础上，国土空间总体规划对下位规划(如村庄规划等)提出规划指引、规划要求，指引村庄未来发展方向，引导村庄建设用地布局。

1. 集聚提升类村庄

集聚提升类村庄往往具有良好的经济基础和发展条件，且适宜居住，主要为中心村和建设较为集中且具有一定规模的村庄。集聚提升类村庄人口规模相对较大，区位交通条件相对较好，配套设施相对齐全，产业发展有一定基础，对周边村庄能够起到一定辐射带动作用，具有较大发展潜力。

集聚提升类村庄的改造提升是在原有规模之上有序推进的，因此在规划中应明确该类村庄的发展定位，注重考虑村庄内部结构，优化空间布局，提升村庄品质、激活村庄产业、优化居住环境、配套基础设施、控制乡村风貌。结合村庄既有发展情况和所占优势，发挥自身比较优势，强化主导产业支撑，支持农业、工贸、休闲服务等专业化村庄发展，从产业、生态、人居环境等多方面实现村庄的振兴发展。在规划时应考虑将附近规模较小、基础设施匮乏或者因其他因素而不适宜居住的村庄并入，扩大规模，将村庄进行改建和扩建，同时增加相对应于人口数量的公共设施和基础服务设施，将其打造成为具有一定规模且能够满足自我服务要求的村庄。但也应考虑村庄发展承载力，避免过度发育导致的生态环境破坏。

2. 城郊融合类村庄

城郊融合类村庄指城市近郊区、县城城关镇及中心镇所在地村庄，区位优势明显，是城乡融合发展重点区域。村庄能够承接城镇外溢功能，居住建筑已经或即将呈现城市聚落形态，村庄能够共享使用城镇基础设施，基本具备成为城市后花园的发展基础，具备向城镇地区转型的潜在条件。

在规划中应明确这类村庄调整要实现城乡联动发展，结合城镇的发展需求与村庄基础设施和公共服务设施的衔接，加快城乡产业融合发展、基础设施互联互通、公共服务共建共享，在形态上保留乡村风貌，在治理上体现城市水平，逐步强化服务城市发展、承接城市功能外溢、满足城市消费需求的能力。

3. 特色保护类村庄

特色保护类村庄主要指具有良好的自然景观和优秀的人文景观等，需要保护的村庄，主要是历史文化名村、传统型村落、少数民族地区特色村寨和特色旅游名村。此类村庄一般具有以下一个或多个特征：文物古迹丰富、传统建筑集中成片、传统格局完整、非物质文化遗产资源丰富，具有历史文化和自然山水特色景观、地方特色产业等。

基于该类村庄的发展特点和现状，在规划中应明确这类村庄发展要注重统筹保护、发展和利用相结合，努力保持村庄的完整性、真实性和延续性，切实尊重村庄的传统选址、格局、风貌以及自然和田园景观等整体空间形态与环境，全面保护文物古迹、历史建筑、传统民居等传统建筑；尊重原居民生活形态和传统习惯，加快改善村庄基础设施和公共环境，合理利用村庄特色资源，发展乡村旅游和特色产业，形成特色资源保护与村庄发展的良性互促机制。

4. 搬迁撤并类村庄

搬迁撤并类村庄主要指位于生存条件恶劣、生态环境脆弱、自然灾害频发和存在重大安全隐患等地区的村庄，或因重大项目建设需要搬迁的村庄。主要可以分为两类：一类是完全不适宜居住、不适宜发展生产的地区，如果继续发展生产就会破坏生态，对这些地区，通过易地扶贫搬迁、生态宜居搬迁、农村集聚发展搬迁等方式，实施村庄搬迁撤并，统筹解决村民生计、生态保护等问题；另一类是农村人口大量流失，已经出现空心化的村落，这类村落相对来说土地条件不是特别好，但生产功能可以保留，土地可以进一步集中，发展现代农业，人口可往集聚提升类村庄集中。

在规划中应明确该类村庄发展应坚持村庄搬迁撤并与新型城镇化、农业现代化相结合，依托适宜区域进行安置，避免新建孤立的村落式移民社区。搬迁撤并后的村庄原址，应因地制宜复垦或还绿，增加乡村生产生态空间。

5. 其他一般类村庄

其他一般类村庄一般指上述四种类型以外，发展方向和前景暂时难以判断的村庄。这些村庄一般位于偏远地区或经济发展相对滞后的地区，缺乏明显的产业和人口优势。

在规划中应明确该类村庄应主要以保障基本生活需求为主导，加强基础设施建设和社会福利保障，促进当地经济发展和社会进步。

以江陵县国土空间规划为例的村庄布局规划示意图如图 5-3 所示。

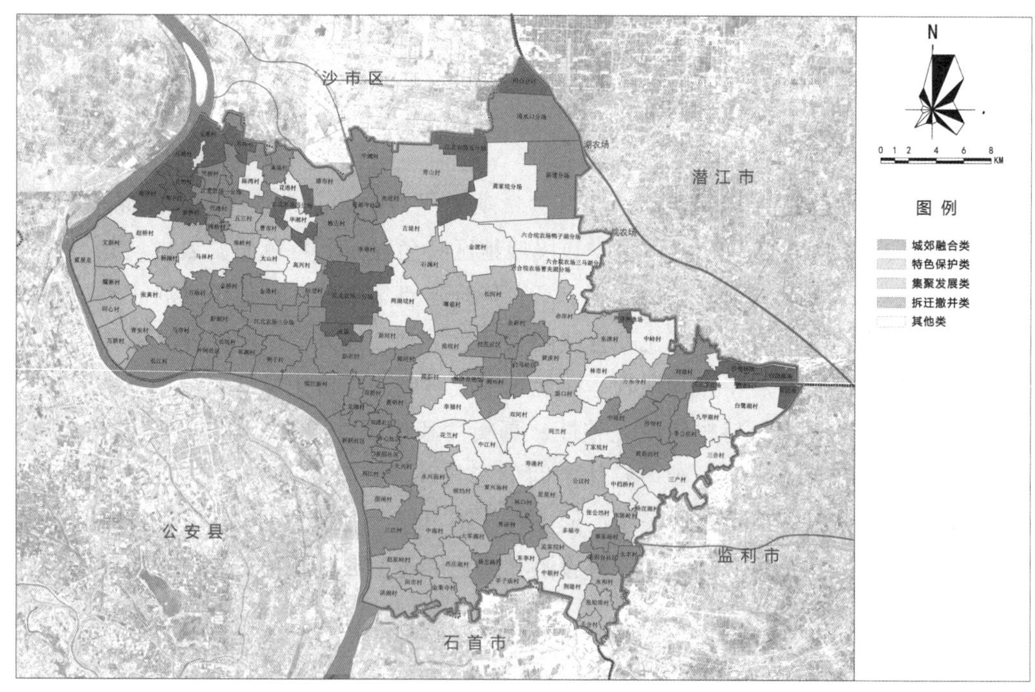

图 5-3　江陵县村庄布局规划示意图

（图片来源：江陵县国土空间总体规划(2021—2035)）

5.2 耕 地 保 护

5.2.1 “三位一体”的耕地保护

耕地是粮食生产的命根子，是农民的生存之本、发展之基，是农业现代化的关键，保护耕地就是保障粮食安全，就是助力乡村振兴。要着力加强耕地数量、质量、生态“三位一体”保护。耕地数量保护、质量保护和生态保护是相互联系、相互影响的三个维度。

耕地“三位一体”保护是一个具有层次性和系统性的概念，是指依据可持续发展原则和人地和谐共生原则，各级政府相关部门运用法律法规、政策制度、经济奖励、管理技术等手段，在耕地数量保证基础上，监督、鼓励和引导耕地使用者集约化、绿色化利用耕地资源，使农田生态系统中耕地要素特性(耕性、抗水势性、障碍特性、人工特性等)稳定且生态环境保持一个良好状态，最终保障区域和国家粮食安全、生态安全和社会稳定的一系列活动。

从偏重数量保护转向数量、质量、生态保护并重，是适应经济发展新常态的必然要求，也是土地可持续利用的基本前提。落实最严格的耕地保护制度，坚决防止耕地占补平衡中补充耕地数量不到位、质量不到位的问题，坚决防止占多补少、占优补劣、占水田补旱地的现象，切实做到已经确定的耕地红线绝不随意突破，已经划定的永久基本农田绝不随便占用。

5.2.2 耕地保护实现路径

1. 耕地非农化及占补平衡

耕地“占补平衡”是指非农建设经批准占用耕地要按照“占一补一、占优补优、占水田补水田”的原则，补充数量和质量相当的耕地。非农业建设占用耕地的，要占多少补多少，做到耕地数量不减少，质量不降低。耕地占补平衡针对的是“非农化”，即农用地转为建设用地，实行的严格管控，关注的是农用地与建设用地之间的用途转变，其核心是“占一补一”。

耕地占补平衡的基本要求包括：任何建设占用耕地必须履行开垦耕地的义务；开垦耕地的责任者是占用耕地的单位；开垦耕地资金必须落实；开垦耕地地块应当落实；没有条

件开垦，或者开垦出的耕地不符合要求的，建设单位可以按照有关规定缴纳耕地开垦费，由地方政府土地管理部门履行造地义务。

补充耕地的来源包括：①其他草地、裸土地等宜耕未利用地；②工矿废弃地、废弃的农村宅基地等建设用地；③通过农业结构调整将符合条件的非耕地逐步恢复为耕地，新增耕地可用于占补平衡。受自然条件等因素影响，补充耕地等级无法达到被占用耕地等级的，须按等级折算增加补充耕地面积，补充耕地数量质量实行按等级折算。按照农业综合生产能力不降低的原则，利用农用地分等成果和方法，将补充耕地数量、质量与被占用耕地等级挂钩并进行折算，实现耕地占补数量和质量平衡。

2. 耕地非粮化及进出平衡

耕地“进出平衡”是指对一般耕地转为林地、草地、园地等其他农用地及农业设施建设用地的区域，按照年度耕地“进一出一”“先进后出”的方式，通过统筹开展林地、草地、园地等其他农用地及农业设施建设用地整治，补足同等数量、质量的可以长期稳定利用的耕地，实现区域范围内可以长期稳定利用的耕地不减少的活动。耕地“进出平衡”是对耕地转为林地、草地、园地等其他农用地或者农业设施建设用地等“非粮化”行为实行的严格管控，管控的是农用地内部用途之间的用途转变，其核心是“转一补一”。

耕地“进出平衡”的“进”是指将林地、草地、园地等其他农用地及农业设施建设用地，通过土地综合整治手段整治为耕地，可分为两种情形：一是主动调入，先立项再实施工程整治变更为耕地；二是被动调入，已整治为耕地但还未纳入耕地图斑的，需要变更用地类型，将图斑调入耕地。“出”是指将耕地转为林地、草地、园地等其他农用地及农业设施建设用地，也可分为两种情形，一是主动调出，先审批后变更，如规划做公园、农业设施用地、果园等；二是被动调出，已变更后补审批，如卫星影像图上发现当前为公园、农业设施建设用地或者是防护林等，为非耕地图斑的，需补办审批，变更用地类型，将图斑调出耕地。

耕地的“进出平衡”仅适用于一般耕地(即永久基本农田以外的耕地)确需转为林地、草地、园地等其他农用地及农业设施建设用地的情况，而永久基本农田则不得用于耕地“进出平衡”，即不得将永久基本农田转为林地、草地、园地等其他农用地及农业设施建设用地。

“进出平衡”的耕地来源理论上可以是适合整治恢复为耕地的所有非耕地，即上一年度变更调查成果中为非耕地的农用地或农业设施建设用地。但在实践中，应当优先将即可恢复、工程可恢复地类作为耕地“进出平衡”的耕地最大潜力来源，其中，对于林地、草地整治为耕地的，需经依法依规核定后纳入方案。

3. 农用地转用审批

农用地转用是指现状农用地按照国土空间规划和国家规定的批准权限，经过审查批准后转为建设用地的行为，又被称为农用地转为建设用地。农用地转用是土地用途管制制度的关键环节，是控制农用地转为建设用地的重要措施。2019年修订的《中华人民共和国土地管理法》对农用地转用制度进行了详细规定，更加强调对耕地特别是永久基本农田的保护。

有审批权的自然资源主管部门根据国土空间规划、土地利用年度计划和落实耕地占补平衡责任等方面的情况，对农用地转用申请进行审查，并提出意见。因此，农用地转用必须满足以下基本条件：

(1)符合国土空间规划。土地用途管制的依据是国土空间规划，通过规划，划分每一块土地的具体用途，确定土地使用的条件，向社会公告。农用地是否能转为建设用地，首先要看这块土地是否符合规划，农用地转用的主要依据是市县及以下的详细规划，如果符合规划确定的用途，即在规划的建设用地范围内，则可以转为建设用地，否则原则上不能转为建设用地。国土空间规划一经制定，必须严格执行，但一些大型或者重要的能源、交通、水利等基础设施用地，特别是涉及线性工程或者对选址有特殊要求的项目很难提前确定具体的建设位置时，必须在农用地转用审批前先对规划进行修改。

(2)符合土地利用年度计划。土地利用年度计划也是国家对建设用地实行的管控措施，其中包括农用地转为建设用地的计划指标，目的是控制建设用地总量和建设占用农用地，避免耕地特别是永久基本农田大幅度减少，维护我国粮食安全和生态安全。除符合土地利用年度计划外，目前还有建设用地置换、土地增减挂钩两种方式可以取得建设用地指标。

(3)拟订补充耕地方案，落实耕地占补平衡责任。非农业建设经批准占用耕地的，按照耕地占补平衡要求，补充耕地数量和质量相当的耕地。在申请办理农用地转用审批时，应制订补充耕地方案。

5.2.3　耕地保护目标

耕地保护目标指实现耕地的总量动态平衡，它是指在一定区域内，通过耕地保护措施，实现耕地的数量平衡和质量平衡，以保障粮食安全和保护生态环境。在国土空间规划中，耕地保护目标以耕地保有量指标作为数值上的表示，耕地保有量是规划期内必须保有的耕地数量，为下限指标，当实际耕地保有量大于该耕地保有量指标值，就是完成该耕地保护目标。在国土空间规划中，耕地保有量是一个约束性规划指标。耕地保有量的分解以水土平衡为基础，综合考虑农业发展现代化、规模化、特色化要求，结合乡村振兴，确定各地耕地保护任务，实现耕地面积基本稳定。

以南宁市国土空间总体规划中的耕地保有量分解见表 5-1。

表 5-1　南宁市耕地保有量分解表(市到各区县)

行政区	耕地面积(万亩)	耕地保有量(万亩)	
	2020 年	2025 年	2035 年
兴宁区	15.72	15.49	15.49
青秀区	26.44	26.08	26.08
江南区	45.33	44.49	44.49
西乡塘区	44.76	44.27	44.27
良庆区	31.05	30.48	30.48
邕宁区	49.09	48.51	48.51
武鸣区	94.30	93.16	93.16
隆安县	66.80	66.08	66.08
马山县	54.72	54.36	54.36
上林县	52.43	51.88	51.88
宾阳县	108.41	107.71	107.71
横州市(县)	125.07	124.54	124.54
南宁市(市)	714.12	707.05	70705

(来源：南宁市国土空间总体规划(2021—2035))

2022 年自然资源部发布的《全国“三区三线”划定规则》中，将耕地和永久基本农田并列，纳入耕地保护目标的耕地带位置逐级分解下达，要严格落实上级分解下达的耕地、永久基本农田等国土空间规划约束性指标。

耕地保护目标划定要求如下：

(1)纳入耕地保护目标的必须是现状耕地。

(2)下列现状耕地可以不纳入耕地保护目标，但要说明理由并提供举证材料：①在自然资源部监管系统备案，已依法批准且落实占补平衡即将建设的；②根据已下达退耕还林还草计划和要求，在耕地上实施退耕还林还草，但尚未成林、成草的；③在自然资源部监管系统备案的农业设施建设占用的；④自然保护地核心保护区内的；⑤饮用水水源一级保护区内的；⑥河湖范围内根据淹没频次经认定需退出的。

(3)在不妨碍行洪安全和供水安全的前提下，对河湖范围内不同情形耕地，依法依规分类处理。①“二调”为耕地、“三调”仍然为耕地的，原则上应纳入耕地保护目标。②对于以下情形，经认定可以不纳入耕地保护目标：位于主河槽内的耕地；洪水频繁上滩的耕地(南方地区可按5年一遇洪水位以下，北方地区可按3年一遇洪水位以下)；长江平垸行洪“双退”圩垸内的耕地；水库征地线以下的耕地。

5.3 永久基本农田

5.3.1 永久基本农田概述

1994年国务院颁布的《基本农田保护条例》规定，“基本农田是根据一定时期人口和国民经济对农产品的需求以及对建设用地的预测而确定的长期不得占用和基本农田保护区规划期内不得占用的耕地”，这是在法律层面正式提出的基本农田的概念。1998年修订的《基本农田保护条例》规定，“基本农田是按照一定时期人口和社会经济发展对农产品的需求，依据土地利用总体规划确定的不得占用的耕地”，并规定“基本农田保护区是为基本农田实行特殊保护而依据土地利用总体规划和依照法定程序确定的特定保护区域”。“永久基本农田”一词于《中华人民共和国土地管理法》(以下简称《土地管理法》)第三次修正案中正式提出，该法于2020年1月1日起施行，该版修正案以“永久基本农田”全面替代了第二次修正案中的“基本农田”，“基本农田”加上“永久”二字，体现了党中央、国务院对耕地特别是基本农田的高度重视，体现的是严格保护的态度。至此，我国的耕地保护制度，从最初广泛的“耕地保护”到“基本农田保护”，演变到现在的“永久基本农田划定保护”。

永久基本农田是按照一定时期人口和经济社会发展对农产品的需求，依据国土空间规划确定不得占用的耕地。永久基本农田保护红线是按照一定时期人口和社会经济发展对农产品的需求，依法确定的不得占用、不得开发、需要永久性保护的耕地空间边界。一经划定，在规划期内必须得到严格保护，除法律规定的情形外，不得擅自占用和改变。

永久基本农田保护面积是国土空间总体规划的一个约束性指标，其分解以永久基本农田划定现状为基础，按照数量不减少、质量不降低、生态有改善、布局有优化的原则，结合保障实施国家战略、重大基础设施落地等，确定和优化规划期末永久基本农田面积和布局。

永久基本农田划定是在现状永久基本农田保护范围内，且在土地利用现状调查为长期稳定利用耕地的基础上，按照一定的评判标准对其进行调入、调出。根据相关规定，不稳定利用耕地包括25度以上耕地、污染耕地、河道耕地、湖区耕地、林区耕地、牧区耕地、沙荒耕地、石漠化耕地、盐碱耕地等，其余耕地即为稳定利用耕地。

5.3.2　永久基本农田保护红线划定

永久基本农田保护红线的划定是对永久基本农田实行保护的前提。永久基本农田保护红线的划定具有综合性和系统性，需要把永久基本农田质量、生态、空间“三位一体”的内涵贯彻在划定的各个环节。同时，在国土空间规划导向下，永久基本农田保护红线的划定需要与生态保护红线、城镇开发边界划定工作同步开展，以确保农业空间、生态空间、城镇空间的健康有序发展。此外，永久基本农田保护红线的划定还需综合考虑当前土地整治、乡村转型、耕地调整存在的问题，认真审视永久性与动态性的内在联系，并提出有针对性的划定方案，优化永久基本农田布局。

1. 永久基本农田的划定原则

永久基本农田划定应遵循“依法依规、规范划定；确保数量、提升质量；稳定布局、明确条件”的基本原则，具体要求为：以现有永久基本农田保护成果为基础，综合运用土地利用现状调查成果与农用地分等成果，开展永久基本农田划定工作。确保划定后的永久基本农田面积不低于上级国土空间规划确定的永久基本农田保护面积指标。优先保留原有永久基本农田中的高等级耕地，集中连片耕地；划定后永久基本农田平均质量等级应高于划定前的平均质量等级，永久基本农田集中连片程度有所提高。新划定的永久基本农田土地利用现状应当是耕地。

永久基本农田补划应遵循占用与补划“数量相等、质量相当”的原则。具体要求为：经依法批准建设占用的永久基本农田，补划面积应不低于建设占用的面积，质量等级不低于占用土地的质量等级。违法占用或因各种原因造成损毁的永久基本农田应当依法复垦，复垦后不能作为永久基本农田的，补划的面积应不低于减少部分的基本农田面积，质量等级不低于减少部分的永久基本农田。因其他原因造成永久基本农田减少的，本行政区域内现状永久基本农田面积已低于上级规划确定的永久基本农田面积指标的，应当按照上级规划确定的指标补划相应的面积，补划的质量等级不低于减少部分的永久基本农田。

2. 永久基本农田的划定要求

永久基本农田原则上应在纳入耕地保护目标的可长期稳定利用耕地上划定。优先将以下可长期稳定利用耕地划入永久基本农田：①经国务院农业农村主管部门或者县级以上地方人民政府批准确定的粮、棉、油、糖等重要农产品生产基地内的耕地；②有良好的水利与水土保持设施的耕地，正在实施改造计划以及可以改造的中、低产田和已建成的高标准农田；③蔬菜生产基地；④农业科研、教学试验田；⑤土地综合整治新增加的耕地；⑥黑土区耕地；⑦国务院规定应当划为永久基本农田的其他耕地。

原永久基本农田范围内的可长期稳定利用耕地布局保持总体稳定。属于以下情形的原永久基本农田范围内的可长期稳定利用耕地，在说明理由并提供举证材料后，可调出原永久基本农田：①以土壤污染详查结果为依据，土壤环境质量类别划分成果中划定为严格管控类的耕地，且无法恢复治理的；②近期拟实施的省级及以上能源、交通、水利等重点建设项目选址确实难以避让，且已明确具体选址和规模，用地已统筹纳入国土空间规划"一张图"拟占用的(举证材料需明确项目名称、规模、批准文件并附项目矢量数据)；③经依法批准的原土地利用总体规划和城市总体规划明确的建设用地范围，经一致性处理后纳入国土空间规划"一张图"的；④《全国矿产资源规划(2021—2025年)》确定战略性矿产中的铀、铬、铜、镍、锂、钴、锆、钾盐、(中)重稀土矿开采确实难以避让，且已依法设采矿权露天采矿的。

难以或不宜长期稳定利用的耕地一般不划入永久基本农田，但位于原永久基本农田范围内，且难以退耕的口粮田等特殊情况，经充分调查举证，允许继续保留(以村为单位，举证本村范围内是否首先将可长期稳定利用耕地全部划为永久基本农田，如有可长期稳定利用耕地未划入而难以或不宜长期稳定利用耕地划入的，举证不通过)。

3. 永久基本农田的划定步骤

2011年国土资源部发布《基本农田划定技术规程》(TD/T 1032—2011)，对永久基本农田的划定技术做了详细的规定。随着我国对永久基本农田的越来越重视，永久基本农田划定不再独立于总体规划之外，而作为国土空间规划的一部分。但在实践中，其划定并未有明确统一的技术流程，因此本书在现有划定实践的基础上，结合相关规程、书籍等资料，总结永久基本农田划定步骤(图5-4)。

永久基本农田的划定应当在已划定永久基本农田成果上，依据"大稳定、小调整"原则，对永久基本农田实行优进劣出。以土地利用现状调查成果中稳定利用耕地为基础，调出"非耕地地类""不稳定利用图斑"等不适合划为永久基本农田的要素图斑；其次，参考永久基本农田保护任务，将符合调入永久基本农田的地类图斑调入永久基本农田保护范围内，如未划入永久基本农田的已建和在建高标准农田、集中连片优质耕地等；在进行调入调出操作时，利用已有的农用地分等成果，综合评定永久基本农田的质量等级信息，调入永久基本农田各图斑的平均等指数应大于调出永久基本农田各图斑的平均等指数，保证划入永久基本农田的平均质量等级不低于划出永久基本农田的平均质量等级，保证补充数量大于划出数量；最后，将划定的"永久基本农田"图斑进行优化调整，得到最终的"永久基本农田"(图5-5)。

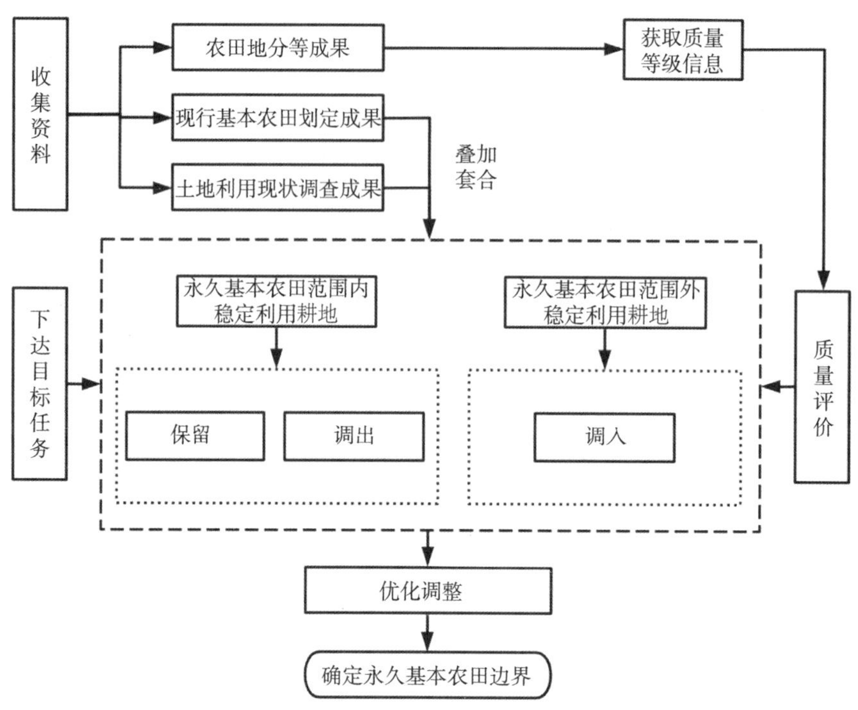

图 5-4　永久基本农田划定流程图

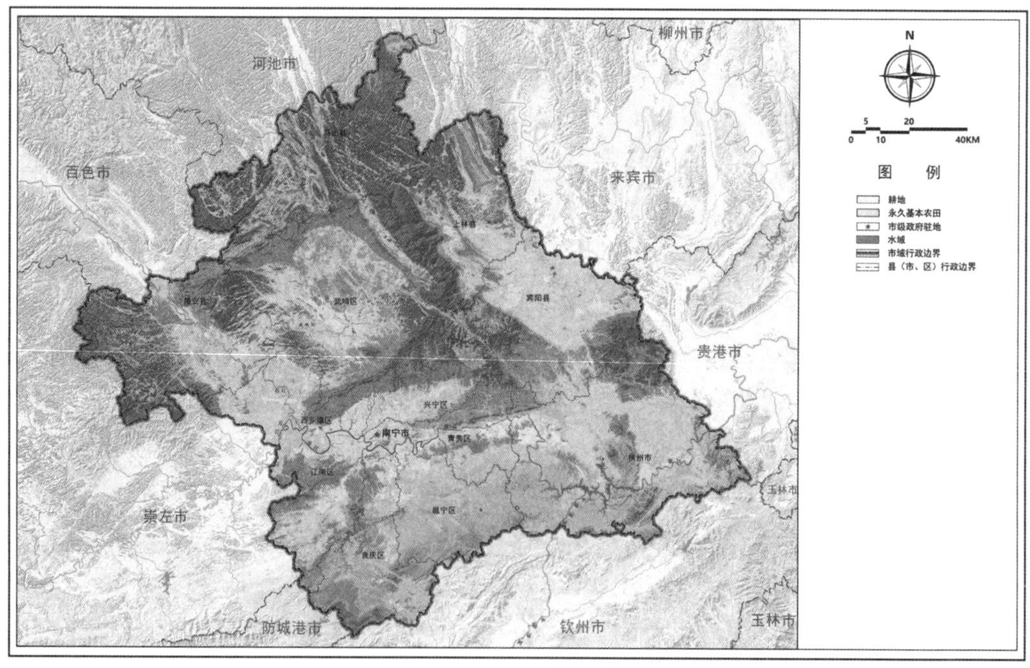

图 5-5　南宁市永久基本农田保护红线示意图(详见书末彩色插图)
(图片来源：南宁市国土空间总体规划(2021—2035 年))

5.3.3　永久基本农田管控要求

按照相关文件要求，永久基本农田经依法划定后，任何单位和个人不得擅自占用或者改变其用途。国家能源、交通、水利、军事设施等重点建设项目选址确实难以避让永久基本农田，涉及农用地转用或者土地征收的，必须经国务院批准。禁止通过擅自调整县级国土空间规划、乡(镇)国土空间规划等方式规避永久基本农田农用地转用或者土地征收的审批。建设占用土地，涉及农用地转为建设用地的，应当办理农用地转用审批手续。建设项目确需占用国土空间规划确定的城市和村庄、集镇建设用地范围外的农用地，涉及占用永久基本农田的，由国务院批准；不涉及占用永久基本农田的，由国务院或者国务院授权的省、自治区、直辖市人民政府批准。

经国务院批准占用基本农田的，当地人民政府应当按照国务院的批准文件修改国土空间规划，并补充划入数量和质量相当的永久基本农田。占用单位应当按照占多少、垦多少的原则，复制开垦与所占永久基本农田数量和质量相当的耕地；没有条件开垦或者开垦的耕地不符合要求的，应当按照省、自治区、直辖市的规定缴纳耕地开垦费，专款用于开垦新的耕地。非农业建设依法占用永久基本农田的，建设单位应当按照省、自治区、直辖市的规定，将所占用耕地耕作层的土壤用于新开垦耕地、劣质地或者其他耕地的土壤改良。县级以上地方人民政府应当加强对农业结构调整的引导和管理，防止破坏耕地耕作层；设施农业用地不再使用的，应当及时组织恢复种植条件。

非农业建设必须节约使用土地，可以利用荒地的，不得占用耕地；可以利用劣地的，不得占用好地。禁止占用耕地建窑、建坟或者擅自在耕地上建房、挖砂、采石、采矿、取土等。禁止占用永久基本农田发展林果业和挖塘养鱼，非法占用永久基本农田发展林果业或者挖塘养鱼的，由县级以上人民政府自然资源主管部门责令限期改正；逾期不改正的，按占用面积处耕地开垦费 2 倍以上 5 倍以下的罚款；破坏种植条件的，由县级以上人民政府自然资源主管部门、农业农村主管部门等按照职责责令限期改正或者治理，可以并处罚款；构成犯罪的，依法追究刑事责任。

5.4　农村土地综合整治

5.4.1　农村土地综合整治相关概念及定位

1. 农村土地综合整治相关概念

1)土地整理

1999年制定的《土地管理法》中明确指出“国家鼓励土地整理”，之后全国范围内启动了一大批土地整理工程。所谓土地整理，是指在一定区域内，采取行政、经济、法律、工程和生物等措施，对田、水、路、林、村进行综合整治，对土地利用状况进行调整改造，对土地资源进行重新分配，提高土地质量和土地利用效率，增加有效耕地面积，改善生产、生活条件和生态环境的活动。土地整理一般是指农用地整理，整理对象较为单一，是一种相对孤立的、分散的土地开发整理项目，更侧重于以增加耕地数量为主。

2）土地整治

2018年，原国土资源部发布了《土地整治术语》这一行业标准，建立了土地整治相关概念体系。土地整治是对低效利用、不合理利用、未利用的土地进行治理，对生产建设活动破坏和自然灾害损毁的土地，进行恢复利用，提高土地利用率的活动。土地整治是盘活土地存量、强化节约集约用地、适时补充耕地和提升土地产能的重要手段。土地整治包括农用地整理、农村建设用地整理、城镇工矿建设用地整理、土地复垦和宜耕后备土地资源开发等。

3）土地综合整治

土地综合整治是指为满足人类生产、生活和生态功能需要，在一定区域范围内，通过综合运用相关政策，采取先进工程技术，调整土地利用结构，优化土地空间布局，保障土地可持续利用，实现粮食安全、现代农业、精准扶贫、生态修复等综合效应的治理活动，以改善农村生产、生活条件和生态环境，争取实现农业规模经营、人口集中居住、产业聚集发展，推进城乡一体化进程，是推进乡村振兴和城市更新、实现城乡融合发展的重要平台。经过多年的发展，土地综合整治的范畴、目标、内涵和方式等都不断地发生着变化。在整治范畴上，已由分散的土地开发整理向集中连片的田、水、路、林、村综合整治转变；在整治目标上，已由单纯的补充耕地转变为建设性保护耕地、推进新农村建设和城乡统筹发展相结合；在整治内涵上，已由增加耕地数量为主转变为“数量管控、质量管理、生态管护”三位一体综合管理；在整治方式上，从以项目为载体向以项目、工程为载体，结合城乡建设用地增减挂钩政策、工矿废弃地付款调整利用等政策的运用转变。

4）全域土地综合整治

我国的全域土地综合整治的理念和指导思想最早来源于《全国土地整治规划（2011—2015年）》，其对全域土地综合整治的内涵界定停留在具有“全域性、综合性”的整治手段。伴随着十八届三中全会提出的山水林田湖生命共同体概念，国家政策性文件中“经济社会生态效益”“国土空间格局优化”“土地集约节约利用”等概念的相继提出，土地整治被赋予更深层次的内涵，目标和效益更加多元化，更加强调一体化统筹管理，包括统筹城乡融合发展、统筹区域协调发展及统筹人与自然和谐发展，通过综合整治提升人类福祉。在此阶段，土地综合整治体现为“全域土地的综合整治”，是分区域、跨系统、成体系的综合整治，是土地整治的继承和发展。

全域土地综合整治是以科学合理规划为前提，以乡镇为基本实施单元，针对乡村耕地碎片化、空间布局无序化、土地资源利用低效化、生态质量退化等综合性问题，通过全域规划、整体设计、综合治理、多措并举，用“内涵综合、目标综合、手段综合、效益综合”的综合性整治手段，整体开展农用地整理、建设用地整理、乡村生态保护修复以及乡村历史文化保护等，优化农村生产、生活、生态国土空间布局的国土综合整治活动。在国土空间规划的引导下，克服单一要素、单一手段的土地整治模式，旨在一定区域范围内统筹推进农用地和建设用地的整理及生态空间修复。

全域土地综合整治主要包括区域的全域性和整治内容的综合性两个方面。区域的全域性体现在以乡镇为基本实施单元，优化土地利用空间格局，提高土地资源利用整体效率，改善区域生态环境，坚持山水林田湖草沙生命共同体的理念，开展综合整治，保护和恢复乡村自然山水格局。整治内容的综合性体现在对区域范围内的所有农用地、建设用地、低效工矿用地和未利用地等各类土地资源要素的综合利用，以及全面实施对高标准农田建设、表土剥离、人居环境整治、“旱改水”及传统历史文化村落的保护。

2. 农村土地综合整治的定位

农村土地综合整治是对耕地“三位一体”保护的具体落实安排。首先，农村土地综合整治的直接作用对象是农村土地，直接效果是解决农村土地利用问题，提高耕地生产能力，提高耕地质量。其次，对现有集中连片、分散的农村居民点、未利用地、废弃地进行综合整治，增加有效耕地面积，保障耕地数量不减少。最后，耕地的数量和质量还决定着耕地提供生态系统服务的能力，通过耕地整治，加强地区自然与生态保护，减少污损耕地对周围环境的破坏，保障区域生态安全，提高耕地生态水平。

同时，农村土地综合整治是调整和优化农业空间布局的抓手。良好的产业基础是农村发展的根本动力，而集约高效的生产空间则是农村产业的空间载体。通过整合新增耕地与原有耕地，完善农田基础设施与生态防护系统，大规模建设高标准基本农田区，对整治区内的田、水、路、林、村统一规划，实现整齐划一，打造良好景观生态效果；通过创新用地机制与组织模式，加快实现农业适度规模经营，提高农业现代化水平；通过建立相应的农业生产示范基地，发展高效农业与特色农业，加速农业产业化与社会化。农村土地综合整治能够打造集约高效的生产空间、宜居适度的生活空间、山清水秀的生态空间，重构集约高效的生产空间，有效保障美丽乡村建设、新产业新业态和一二三产业融合发展用地，激活农村发展动力，助推乡村全面振兴。

5.4.2 全域土地综合整治规划

1. 发展背景

当前，我国已建立了完备的“五级三类”国土空间规划体系，全域土地综合整治作为国土空间规划在乡村地区的具体实现，与实用性村庄规划联系最为紧密，是国土空间最末端、最翔实的基层规划。国家在政策层面开始大力支持全域土地综合整治试点工作，先后印发多个文件，对试点工作做出了相关要求和规定。“十四五”规划将“规范开展全域土地综合整治”作为实施乡村建设行动的一项重要内容。2021 年 4 月，《全域土地综合整治试点实施方案编制大纲(试行)》印发，从试点基本情况、工作基础、可行性分析及评估、试点目标任务、建设内容和安排等方面明确实施方案编制的具体要求。

结合目前实际情况来看，我国部分地区由于试点工作起步早，如浙江、江苏等，全域土地综合整治试点在“三生空间”布局优化、土地节约集约利用、生态和农村人居环境改善等方面成效初显。部分地区全域土地综合整治试点仍处于实施方案编制阶段。总体上，我国目前全域土地综合整治试点工作仍处在起步阶段。

2. 目标任务

以科学合理规划为前提，以乡镇为基本实施单元(整治区域可以是乡镇全部或部分村庄)，整体推进农用地整理、建设用地整理和乡村生态保护修复，优化生产、生活、生态空间格局，促进耕地保护和土地集约节约利用，改善农村人居环境，助推乡村全面振兴。

乡镇政府负责组织统筹编制村庄规划，将整治任务、指标和布局要求落实到具体地块，确保整治区域内耕地质量有提升、新增耕地面积不少于原有耕地面积的 5%，并做到建设用地总量不增加、生态保护红线不突破。

全域土地综合整治任务设定应因地制宜、实事求是、客观准确，可量化、可统计、可考核。主要包括：

(1)农用地整理。适应发展现代农业和适度规模经营的需要，统筹推进低效林草地和园地整理、农田基础设施建设、现有耕地提质改造等，增加耕地数量，提高耕地质量，改善农田生态。

(2)建设用地整理。统筹农民住宅建设、产业发展、公共服务、基础设施等各类建设用地，有序开展农村宅基地、工矿废弃地以及其他低效闲置建设用地整理，优化农村建设用地结构布局，提升农村建设用地使用效益和集约化水平，支持农村新产业新业态融合发展用地。

(3)乡村生态保护修复。按照山水林田湖草系统治理的要求，结合农村人居环境整治等，优化调整生态用地布局，保护和恢复乡村生态功能，维护生物多样性，提高防御自然灾害能力，保持乡村自然景观和农村风貌。

(4)乡村历史文化保护。充分挖掘乡村自然和文化资源，保持乡村特有的乡土文化，注重传统农耕文化传承，保护历史文脉。

3. 规划布局

土地整治以乡村振兴为目标，结合村庄布局优化要求，推进乡村地区田水路林村等全要素综合整治，针对土壤退化等问题提出农用地综合整治、低效建设用地整治等综合目标，落实上级国土空间总体规划明确的重点工程，确定本级农村土地综合整治的目标任务、重点区域、总体要求、策略路径、重大工程和时序安排等。在国土空间规划中，整治布局需符合相关要求，同时衔接上级国土空间规划，为整治规划及下级村庄规划做基础。

整治项目布局是指合理确定各类整治项目的规模、各类整治工程设施及生物措施的位置，并将其配置到具体的地块。具体如下：

首先，划定整治区域。识别综合整治重点区域在掌握自身禀赋且熟悉区域“山、水、林、田、路、草、村”状况的基础上进行，是确定土地综合整治任务的根本依据。重点区域首先以外业调查核实的土地综合整治潜力评价为依据，结合国家、省及区域的土地资源保护政策措施，将各类综合整治类型相对集中、面积较大的区域划分为初步的综合整治重点区域。划定的各整治重点区域，与上级国土空间规划等相关规划确定的重点区进行衔接，确保各综合整治类型重点区域与相关规划确定的重点区域一致。另外，综合整治重点区域还需要充分考虑群众意愿，对于影响区域发展和群众生活、群众整治意愿强烈的整治区域，需优先纳入综合整治重点区域，进一步做到规划贴合群众意愿，助力区域农村发展。

其次，明确实施内容。结合各类规划成果，统筹分析农用地整理、建设用地整理、生态修复等项目分布及面积等，明确项目范围、工程布局，并结合村庄拆迁情况、县(区)发展情况等合理安排项目时序，制定项目分批实施计划。明确农用地整治尤其是高标准农田建设、耕地后备资源开发、恢复耕地以及闲置低效建设用地整治等整治工程的空间安排，合理安排实施规模和时序；统筹推进高标准农田建设、现有耕地提质改造等举措，促进零星分散的耕地集中连片，优化耕地布局，增加耕地面积，提升耕地质量；稳妥推进农村建设用地复垦和城乡建设用地增减挂钩，优化城乡建设布局；提高实施区域内田块连片度和田面平整度，完善农田水利、田间道路、设施农业等农田工程配套，改善农田生态环境，对“山水林田湖草”进行整体保护、系统修复、综合治理。通过各项整治工程建设，逐步引导形成农田集中连片、建设用地集中集聚的空间形态和集约高效的土地利用格局(图 5-6)。

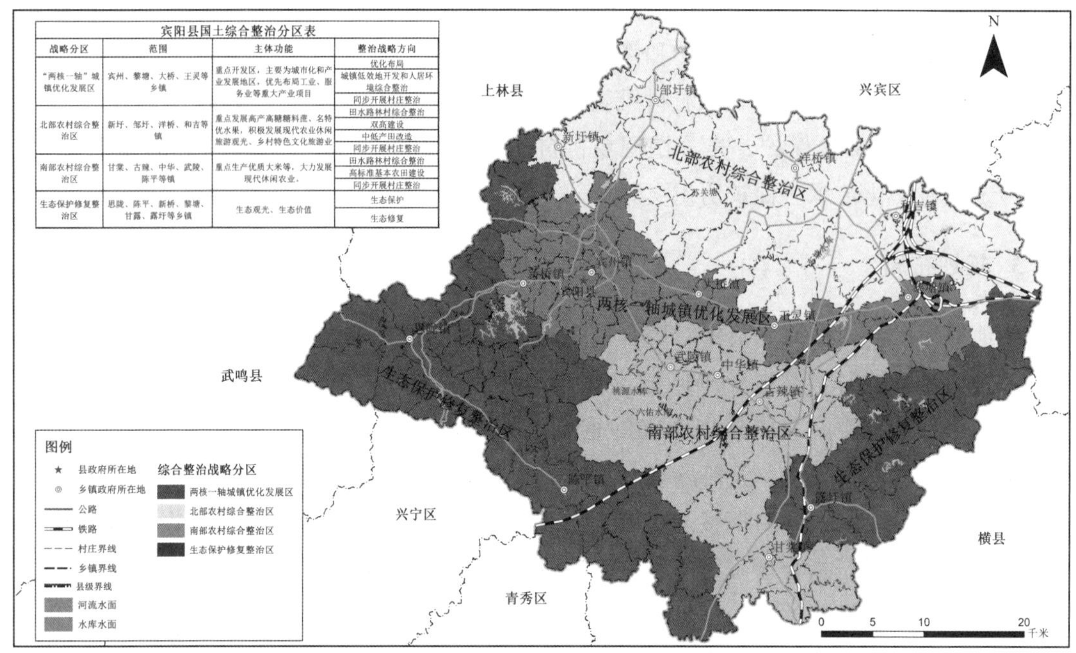

图 5-6　宾阳县国土综合整治分区示意图(详见书末彩色插图)

(图片来源：广西壮族自治区南宁市宾阳县国土综合整治规划(2019—2025 年))

本章参考文献

1. 罗其友，刘洋，伦闰琪，等．农业高质量发展空间布局研究[J]. 中国农业资源与区划，2021，42(10)：1-10.

2. 付海英，常瑞甫，何苗．生态文明时代农业空间规划内涵及发展趋势[J]. 农业工程学报，2021，37(14)：323-330.

3. 裴新生，刘振宇，钱慧．国土空间规划中的农业空间规划内容体系及传导初探[J]. 上海城市规划，2021(3)：48-53.

4. 李开明，刘勇，李开顺，等．国土空间规划体系中农业空间规划框架的优化策略[J]. 规划师，2023，39(2)：61-69.

5. 方勇．国土空间分区分类用途管制规则研究[J]. 上海国土资源，2023，44(1)：10-14.

6. 杨箐丛，朱江，詹浩，等．国土空间规划分区划定与管控研究——以东莞水乡功能区为例[J]. 南方建筑，2021(2)：9-17.

7. 卢霞，李靖懿．国土空间规划背景下永久基本农田优化调整探讨[J]. 现代农业科技，2022(24)：112-115.

8. 吴绍贤．全域土地综合整治专项规划编制要点分析[J]．城市开发，2022(12)：84-85.

9. 黄经南，李刚翊．国土空间规划技术操作指南[M]．武汉：武汉大学出版社，2022.

10. 中华人民共和国国土资源部．基本农田划定技术规程：TD/T1023—2011[S]．北京：中国标准出版社，2011：1-12.

11. 中华人民共和国国土资源部．土地整治术语：TD/T1054—2018[S]．北京：地质出版社，2018：2.

12. 中华人民共和国自然资源部．市县国土空间规划分区与用途分类指南(试行)[Z/OL]．(2019-05-08)[2024-01-27]．https：//baigongbao. oss-cn-beijing. aliyuncs. com/2020/09/21/KErB2RXzX5. pdf.

13. 中华人民共和国自然资源部．市级国土空间总体规划编制指南(试行)[Z/OL]．(2021-09-16)[2024-01-17]．https：//search. mnr. gov. cn/axis2/download/P020200924421642266736. pdf.

14. 中华人民共和国自然资源部国土空间生态修复司．自然资源部国土空间生态修复司关于印发《全域土地综合整治试点实施要点(试行)》的函：自然资生态修复函〔2020〕37号[EB/OL]．(2020-07-09)[2024-01-17]．https：//www. guoturen. com/guihua-35. html.

15. 中华人民共和国自然资源部．自然资源部关于在全国开展“三区三线”划定工作的函：自然资函〔2022〕47号[EB/OL]．(2022-08-22)[2024-01-17]．https：//www. ww. gov. cn/openness/public/6603541/35221991. html.

第6章　生态空间与生态保护红线

导言：如何将生态文明理念贯穿到国土空间规划中是规划者面临的新任务，也是本轮国土空间规划的重要特征和主要挑战之一。本章将梳理生态空间规划的基本理论知识，了解生态保护红线的划定原则与要求，总结生态安全格局的构建范式，掌握不同生态功能区的分级管控政策与方法，同时还将介绍国土空间生态修复规划的相关内容。

6.1　生态空间规划基本理论

6.1.1　生态与生态系统

1. 基本概念

生态最早是从研究生物个体开始的，指生物在一定的自然环境下生存与发展的状态，也指生物的生理特性和生活习性。随着经济社会发展，"生态"一词涉及的范畴也越来越广，从单纯地研究生物扩展到土地、水、岩石、矿物、大气、生物等环境要素的相互依存相互影响共同作用下表现出来的状态。人们常常用"生态"来定义许多美好的事物，如生态家园、生态建筑、生态农庄、生态村、生态小区、生态城等。

生态系统是生态学研究的基本单元，也是维持生物多样性的基础。生态系统的概念是由英国植物生态学家 A. G. Tanslev(1871—1955)于20世纪30年代首次提出来的。它指的是在一定的空间和时间范围内，在各种生物之间以及生物群落与无机环境之间，通过能量流动和物质循环而相互作用的一个统一整体。

生态系统的概念有三个方面的基本内涵：①生态系统是客观存在的实体，有时间、空间的概念；②由生物成分和非生物成分所组成，以生物为主体；③各组成成分间通过能量流动和物质循环有机地组织在一起，具有系统整体功能。

生态系统的范围可大可小，相互交错，通常可以根据研究的目的和对象来划定。生物圈是最大的生态系统，即全球生态系统，它包括地球表层一切生物及生物的生存环境，小到一块草地、一个坑塘、一块农田等都可看作一个生态系统。

2. 生态系统分类

生态系统类型是指在自然界一定的空间内，生物与环境构成的一类生态系统。生态系统分类是研究区域生态系统构成和相关评价工作开展的基础，不同的研究尺度和划分依据将产生不同的分类体系。例如，按照地理位置来分，可将生态系统分为陆域生态系统和海域生态系统；按照生态系统受人类干扰程度来分，可分为自然生态系统和人工生态系统，等等。根据我国生态环境部公布的 2021 年中国生态环境状况公报，我国具有地球陆地生态系统的各种类型，其中森林 212 类、竹林 36 类、灌丛 113 类、草甸 77 类、草原 55 类、荒漠 52 类、自然湿地 30 类；有红树林、珊瑚礁、海草床、海岛、海湾、河口和上升流等多种类型海洋生态系统；有农田、人工林、人工湿地、人工草地和城市等人工生态系统。

目前国际上尚未形成一套统一的生态系统分类标准，在分类的技术方法上则以遥感影像解译为主。2015 年欧阳志云等基于遥感技术提出了一套全国生态系统分类体系，共包括 9 个一级类、21 个二级类和 46 个三级类。后我国生态环境部同样基于生态系统遥感解译方法，采用与之相似的分类指标，制定了适用于全国及省级行政区陆域生态系统分类的技术标准《全国生态状况调查评估技术规范——生态系统遥感解译与野外调查》(HJ 1166—2021)，此标准主要包括森林、灌丛、草地、湿地、农田、城镇、荒漠和其他生态系统类型，并在此基础上制定了全国生态系统分类体系表，采用全国二级分类系统，将我国生态系统分为 8 个 I 级类和 24 个 II 级类。

3. 生物多样性与生态系统服务功能

1) 生物多样性

“生物多样性”一词现已广为人知，然而学界至今对生物多样性尚未形成一个严格、统一的定义，一般是指生物及其与环境形成的生态复合体以及与此相关的各种生态过程的总和。它是生物在长期进化过程中，对环境的适应、分化而形成的，是生物与生物之间、生物与环境之间复杂相互关系的体现。生物多样性可以简单表述为“生物之间的多样化和变异性及物种生境的复杂性”。

生物多样性通常被认为有三个层次，即遗传多样性(或称基因多样性)、物种多样性(或称种群多样性)和生态系统多样性。但随着生物多样性研究的发展，人们发现景观破碎化和生境破坏是造成全球物种灭绝加速的重要原因。因此，现代生物多样性的内涵和研究范畴在原基础上又增加了景观多样性。

生物多样性是地球上的生物经几十亿年发展、进化的结果，同时也是人类社会赖以生存和发展的基础。在生物多样性的四大内涵中，生态系统多样性既是物种和遗传多样性的保证，又是景观多样性的基础。因此，生态系统的完整性是生物多样性保护的重点之一。

2)生态系统服务功能

生态系统服务功能包含“生态系统服务”与“生态系统功能”两个层次的概念。生态系统功能是指生态系统整体在其内部和外部的联系中表现出的作用和能力。随着能量的转化和物质的不断交流，生态系统亦产生不断变化的动态过程。生态系统功能侧重于反映生态系统的自然属性。

生态系统服务则指生态系统与生态过程所形成及所维持的人类赖以生存的自然环境条件和效用。简而言之，就是指生态系统给人类提供的惠益。它基于人类的需要、利用和偏好而存在，如果没有人类需求就无所谓生态系统服务。

关于生态系统服务的类型，一般多认同联合国《千年生态系统评估报告》的分类。其根据评价和管理的需要，将生态系统服务分为供给(如提供食物和水)、调节(如控制洪水和疾病)、文化(如精神健康和娱乐)以及支持(如维持养分循环)四大类。具体来说，我国生态环境部发布的《全国生态状况调查评估技术规范——生态系统服务功能评估》(HJ 1173—2021)列举了防风固沙、土壤保持、水源涵养、生物多样性维护等较为主要的生态系统服务功能。

4. 景观生态学

景观生态学最早由德国地理学家 C. 特洛尔于 1939 年提出，它以整个景观为研究对象，运用生态系统原理和地学方法研究景观结构和功能、景观过程动态变化及作用机理、景观的变化格局、优化结构、合理利用和保护等。

有别于传统生态学对空间格局、生态学过程和尺度相结合等方面研究的缺乏，景观生态学是地理学与生态学之间的一门中间学科。欧洲的景观生态学理论强调土地和景观规划、管理等诸多内容，而北美的生态学理论则强调空间格局、过程与尺度的研究，它们的结合形成了现代景观生态学鲜明的可应用价值，景观生态学提出的“斑块—廊道—基质”的景观空间结构基本模式也为我国的国土空间生态安全格局构建提供了重要理论与实践依据。其中，斑块(patch)是与周围环境不同的相对均值性的非线性区域，例如一片农田中的一块坑塘水面。廊道(corridor)是不同于两侧相邻土地的一种特殊的带状要素类型，例如一片森林中流淌的一条小河。基质(matrix)是景观镶嵌内的背景生态系统或土地利用类型，例如上述两个例子中的农田和森林。

6.1.2 生态用地

1. 概念内涵

在现行土地利用现状分类体系中，并没有将生态用地单独列出。关于生态用地的概念，目前也尚未形成共识。目前，生态用地的概念在区域尺度上主要形成了三种观点：第一种观点是“生态要素决定论”，主要从土地空间形态角度来定义生态用地，认为生态要素的空间定位统称为生态用地；第二种观点是“生态功能决定论”，单纯从土地生态功能角度来定义生态用地，认为凡是具有生态服务功能、对于生态系统和生物生境保护具有重要作用的土地都可视为生态用地；第三种观点是“主体功能决定论”，侧重从土地主体功能角度来定义生态用地，认为土地是一个综合的功能整体，应以土地的主体功能来划分生态用地和生态空间。生态功能是土地利用生产和生活功能实现的前提，生态用地以发挥自然生态功能为主，区别于生产和生活用途，其生态系统服务功能重要或生态环境脆弱、生态敏感性较高，包括为人类所利用、但是作为农用和建设用以外的土地，以及人类不直接利用，但在维护生物多样性、生态平衡以及地球原生环境等方面作用明显的土地。

在应用于土地资源管理实践的前提下，对生态用地进行界定应以生态功能主体性作为基本准则，从不同尺度地域上满足人类及其他生物所需的自然环境条件和效用来区分和定义土地的生态功能。因此，生态用地是指生产性用地和承载性用地以外，以提供生态产品、环境调节和生物保育等生态服务功能为主要用途，对维持区域生态平衡和可持续发展具有重要作用的土地利用类型。此外，考虑到森林、草地、湿地、水域等土地类型，在改善环境、维持生物多样性和区域生态平衡方面具有不可替代的重要作用，具有巨大的生态系统服务价值，可称之为基础性生态用地；盐碱地、沙地、裸岩及裸土地、高寒荒漠及苔原、冰川及永久积雪等土地类型，应以生态修复和保护为主，过度人类干预和开发会给生态安全带来严重负面影响，可称之为保全性生态用地；而部分农业生产用地(不包括灌溉水田等)，因侧重强调发挥其经济产出，确保粮食安全，而不是维持区域生态环境的健康，不宜作为生态用地。

2. 类型划分

生态用地一般分为四大类型：湿地、林地、草地、其他生态用地。

湿地可分为沼泽、湖泊、河流、滨海湿地和人工湿地等，包括土地利用现状分类体系中的灌溉水田、沟渠、坑塘、水库、河流、湖泊、沼泽、苇地、滩涂等。关于灌溉水田，有人认为其主导功能是生产粮食，故不计入生态用地；也有人认为灌溉水田和其他农用地不同，作为一种人工湿地系统，它在蓄滞洪水、补充地下水、保护环境、维护生态平衡中具有其他农业系统不能取代的作用，因此将其列为生态用地分类中的人工湿地类型。基于用地分类不交叉不重叠的原则，可不将灌溉水田列入生态用地范围。

林地分为落叶林地、常绿林地、混交林地、灌木林地、人工生态林地等，包括土地利用现状分类体系中的有林地、灌木林地、竹林地、其他林地等。

草地分为高盖度草地、中盖度草地、低盖度草地和人工生态草地等，包括土地利用现状分类体系中的天然牧草地、人工牧草地和其他草地等。

其他生态用地包括盐碱地、沙地、裸岩及裸土地、高寒荒漠及苔原、冰川及永久积雪等。

其中，湿地、森林、草地统称为基础性生态用地，是具有较强的自我调节、自我修复、自我维持和自我发展能力的土地，能通过维持自身生态结构和功能对主体生态系统的稳定性、高生产力及可持续发展起到支撑和保育作用，对当地乃至区域自然生态环境起到重要的调节作用；其他生态用地则为保全性生态用地，即自身生态系统脆弱甚至生态功能退化的土地，应以生态修复和保护为主，人类活动过度干预会给生态安全带来负面影响的土地。

6.1.3　生态空间

1. 生态空间的内涵界定

关于生态空间的概念内涵，长期以来，不同的学科从不同的侧重点展开研究，形成了各自的概念体系。其中，城市规划、生物学、林学偏重使用绿色空间和绿地来指代生态空间，而地理学、生态学及资源环境科学偏重使用生态用地和用地空间的提法，主要表达地表空间的性质、功能和结构等。国内学者多通过对生态用地概念及分类进行系统性梳理来界定生态空间的内涵，虽均未形成统一的认定标准，但大多具有如下共性：即生态空间是以保护和稳定区域生态系统为目标的能够直接或间接发挥生态环境调节(防风固沙、保持水土、净化空气、美化环境)和生物支持(提供良好的栖息环境、维持生物多样性)等生态系统服务功能且其自身具有一定的自我调节、修复、维持和发展能力的土地空间类型。

在此基础上，《关于划定并严守生态保护红线的若干意见》明确界定了生态空间的内涵为具有自然属性、以提供生态系统服务或生态产品为主体功能的国土空间，包括森林、草原、湿地、河流、湖泊、滩涂、岸线海洋、荒地、荒漠、戈壁、冰川、高山冻原、无居民海岛等。

2. 重要性及保护要求

保护优先、绿色发展是国土空间规划的基本原则。生态空间作为以自然生态系统为基础构成的空间，是保持区域生态承载力的基础，更是维护国家生态安全、建设美丽中国的保障。

在明晰生态空间内涵和重要性的基础上，根据现行国土空间规划编制指南的要求，优化国土空间总体格局要优先确定生态保护空间，依据重要生态系统识别结果，维持自然地貌特征，改善陆海生态系统、流域水系网络的系统性、整体性和连通性，明确生态屏障、生态廊道和生态系统保护格局；确定生态保护与修复重点区域；构建生物多样性保护网络，为珍稀动植物保留栖息地和迁徙廊道；合理预留基础设施廊道，形成连续、完整、系统的生态保护格局和开敞空间网络体系，维护生态安全和生物多样性。优先保护以自然保护地体系为主的生态空间，明确省域国家公园、自然保护区、自然公园等各类自然保护地布局、规模和名录。并将生态屏障、生态廊道和生态系统保护格局、自然保护地体系、生态保护红线作为市级国土空间规划编制的强制性内容。

3. 重点保护对象

(1)重点生态功能区：指生态系统服务功能重要或生态脆弱的区域。该类区域的功能定位是：保障国家生态安全，维护生态系统服务功能，推进山水林田湖草系统治理，保持并提高生态产品供给能力的重要区域；推动生态文明示范区建设，践行绿水青山就是金山银山理念的主要区域。

(2)自然保护地名录：指对重要的自然生态系统、自然遗迹、自然景观及其所承载的自然资源、生态功能和文化价值实施长期保护的陆域和海域，包括纳入自然保护地体系的国家公园、自然保护区和自然公园三类区域。该区域的功能定位是：守护自然生态，保育自然资源，保护生物多样性与地质地貌景观多样性，维护自然生态系统健康稳定，提高生态系统服务功能；服务社会，为人民提供优质生态产品，为全社会提供科研、教育、体验、游憩等公共服务；维持人与自然和谐共生并永续发展的区域。

(3)战略性矿产保障区名录：指为经济社会可持续发展提供战略性矿产资源保障的重要区域，主要包括全国和省级战略性矿产资源分布的国家规划矿区、能源资源基地、重要价值矿区和重点勘查开采区。该类区域功能定位是：关系国家和区域经济社会发展的战略性矿产资源科学保护、合理开发利用和供给安全的重要区域；落实矿产资源节约与综合利用、实现矿产开发与环境保护协调发展的示范区域。

6.2　生态保护红线划定与生态安全格局构建

6.2.1　生态保护红线

1. 概念内涵

生态保护红线最早在原国家环保部制订的《国家生态保护红线—生态功能红线划定技术指南(试行)》中定义为对维护国家和区域生态安全及经济社会可持续发展，保障人民群众健康具有关键作用，在提升生态功能、改善环境质量、促进资源高效利用等方面必须严格保护的最小空间范围与最高或最低数量限值。这个概念具有典型的总量控制思想，强调空间范围和数量的阈值控制，但缺乏空间指导性，因此很快被替代。

同样由原环保部在上述技术指南(试行)的基础上制订的《生态保护红线划定技术指南》中给出的概念则更加完备：生态保护红线为依法在重点生态功能区、生态环境敏感区和脆弱区等区域划定的严格管控边界，是国家和区域生态安全的底线。生态保护红线所包围的区域为生态保护红线区，对于维护生态安全格局、保障生态系统功能、支撑经济社会可持续发展具有重要作用。这一概念明确了生态保护红线的划定区域、管控程度和重要作用，但由于提出于机构改革之前，时间较早，目前已不再采用。

当前国土空间规划中，关于生态保护红线的概念内涵多采用《关于在国土空间规划中统筹划定落实三条控制线的指导意见》中给出的：生态保护红线是指在生态空间范围内具有特殊重要生态功能、必须强制性严格保护的区域。根据这个概念，可以确定生态保护红线区主要包括生态功能极其重要的区域和生态敏感性脆弱性较强的区域，与生态源地的识别要求相类似也与“双评价”的结果相衔接，体现出生态保护红线的科学性。

2. 生态保护红线划定原则与要求

生态保护红线作为国土空间规划的重要控制线和约束性指标，其划定工作经历了长期探索与多轮调整，逐步形成了根据划定要求和技术规范自上而下的初步划定和自下而上的识别举证再调整相结合的方法路径。2020 年自然资源部先后颁布了省级和市级国土空间总体规划编制指南，均明确要求以第三次国土调查数据为基础，科学划定生态保护红线。2022 年自然资源部印发了《全国“三区三线”划定规则》，对生态保护红线的划定工作做了更加详细的部署。2023 年 4 月 22 日，自然资源部宣布，我国生态保护红线的划定工作已经全面完成。

1)总体要求与划定原则

生态保护红线应以改善生态环境质量为核心，以保障和维护生态功能为主线，按照山水林田湖草系统性保护的要求，划定并严守生态保护红线，实现一条红线管控重要生态空间，确保生态功能不降低、面积不减少、性质不改变，维护国家生态安全，促进经济社会可持续发展。同时需遵循以下基本原则：

(1)科学划定，切实落地。统筹考虑自然生态整体性和系统性，开展科学评估，按生态功能重要性、生态环境敏感性与脆弱性划定生态保护红线，并落实到国土空间，系统构建国家生态安全格局。

(2)坚守底线，严格保护。牢固树立底线意识，将生态保护红线作为编制空间规划的基础。明确重点生态功能区、生态敏感区/脆弱区以及限制、禁止开发区，强化用途管制与分级管控，严禁任意改变用途，杜绝不合理开发建设活动对生态保护红线的破坏。

(3)统筹协调，互补衔接。在坚守生态优先的基本原则下，生态保护红线的划定还需要与其他规划、政策、计划、重大项目等相协调，统筹规划，确保互补衔接。

2)划定的工作组织及要求

生态保护红线的划定调整工作是基于原始生态保护红线由自然资源部门统筹推进的。对于生态保护红线划定的具体工作组织，不同省份可能有所差异，但通用的做法是：①省级自然资源部门统一下发原始生态保护红线图斑和应划尽划图斑，开展生态红线应划尽划评价工作；②县市自然资源部门组织开展矛盾冲突图斑的识别和举证；③县市自然资源部门进行调入调出叠加分析、零星图斑删除和图幅修整等工作，以得到新一轮生态红线划定结果。

生态保护红线的初步划定需按照生态功能，满足以下几点要求：

(1)优先将具有重要水源涵养、生物多样性维护、水土保持、防风固沙、海岸防护等功能的生态功能极重要区域，以及生态极敏感脆弱的水土流失、沙漠化、石漠化、海岸侵蚀等区域划入生态保护红线；

(2)其他经评估目前虽然不能确定但具有潜在重要生态价值的区域也划入生态保护红线；

(3)对自然保护地进行调整优化，评估调整后的自然保护地应划入生态保护红线，自然保护地发生调整的，生态保护红线也应相应调整。

在生态保护红线初步划定并上报后，根据自然资源部《全国“三区三线”划定规则》：

(1)因国家重大项目等确需调整的，要依据已有规则举证说明。生态保护红线内允许开展的有限人为活动，不视为占用生态保护红线。

(2)在确保对生态功能不造成明显影响的前提下，可将自然保护地核心保护区外连片图斑不小于 5 亩(山地、丘陵地区可按不小于 3 亩)的可长期稳定利用耕地，调出生态保护红线，改划为永久基本农田。国务院已批准设立的 5 个国家公园、已明确的 6 个梯田自然公园和 4 个鸟类自然保护区内的可长期稳定利用耕地，不再调出生态保护红线。

(3)项目建设应严格避让生态保护红线。列入国家或省级规划、选址初步明确的重大项目，确实无法避让的，可将拟占用区域调出生态保护红线。

(4)将符合规则的耕地调出生态保护红线、改划为永久基本农田时，附属的沟渠、田间道路、田坎等可以一并调出，保持生态保护红线范围的相对完整。

3)生态保护红线划定实例

广西壮族自治区来宾市国土空间规划秉持保护优先、绿色发展的原则，试划定的生态保护红线主要分布于东部的大瑶山山脉等生态保护极重要区与西部忻城县岩溶峰丛地貌区等生态脆弱区，包含架桥岭-大瑶山水源涵养与生物多样性维护生态保护红线、湘江-桂江流域水源涵养生态保护红线、红水河流域岩溶山地水土保持生态保护红线等。此外，还有中部地区以柳江-黔江流域水源涵养生态保护红线为主的河流、森林、湿地及其他生态保护红线等。如图 6-1 所示。并在此基础上，依据生态保护红线管控要求提出了相应的管制措施。

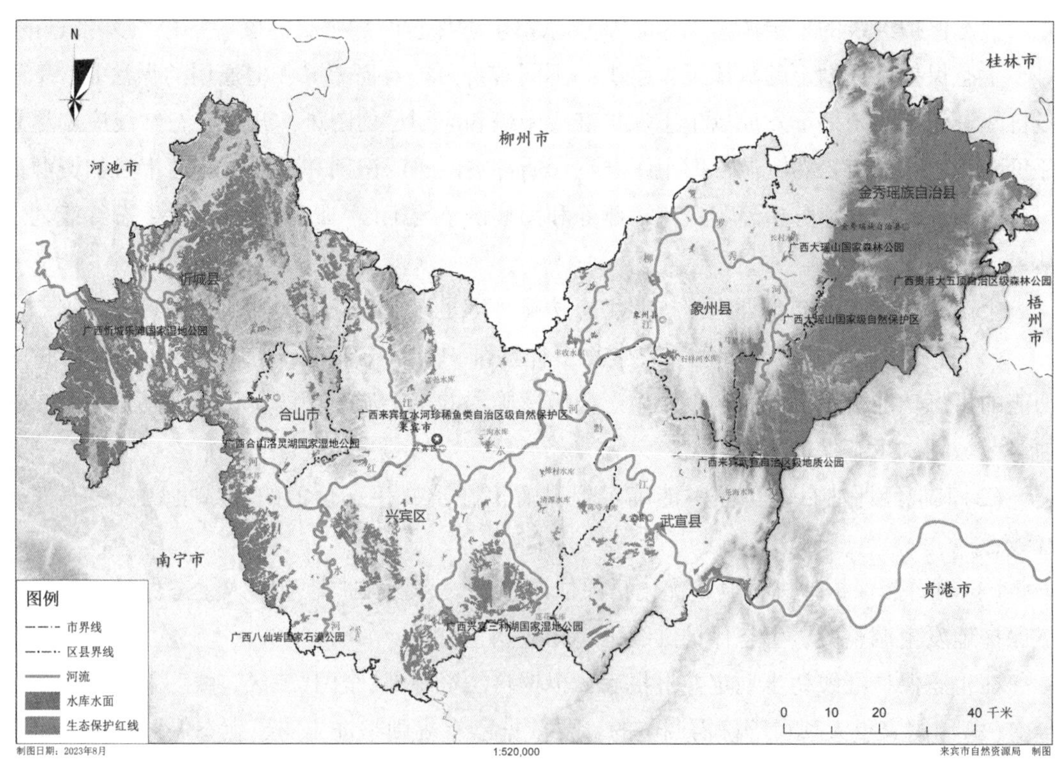

图 6-1　来宾市生态保护红线分布图(详见书末彩色插图)

6.2.2 生态安全格局

1. 生态安全格局理论与内涵

1)生态安全

生态安全是指在国家或区域尺度上，生态系统结构合理、功能完善、格局稳定，并能够为人类生存和经济社会发展持续提供生态服务的状态。国家生态安全的实质是一国具有支撑国家生存发展的较为完整、不受威胁的生态系统，以及应对内外重大生态问题的能力。

我国目前的生态安全形势不容乐观：水土流失、土地沙化、石漠化、森林资源质量下降严重、草地退化、湿地萎缩、河湖功能退化、农田生态质量下降、海岸带生态形势严峻、城市人居生态环境压力大、生物多样性锐减并呈加速发展趋势，生态安全已经向我们敲起了警钟！生态安全危机集中表现在国土资源、水资源、大气资源和生物多样性等方面，因此，维护生态安全自然也包含国土资源安全、水体安全、环境安全、生物安全等。面对当前维护国家生态安全对构建生态安全格局、实施生态空间系统性保护和修复的要求，生态主体功能区识别与生态安全格局构建、生态保护红线划定与管制以及国土空间生态修复成为国土空间规划助力生态文明建设的三个核心。

2)生态安全格局

生态安全格局，指景观中存在某种潜在的生态系统空间格局，它由景观中的某些关键的局部、其所处方位和空间联系共同构成，对维护或控制某种生态过程有着异常重要的意义。景观是一个由不同土地单元镶嵌组成，且有明显视觉特征的地理实体。一般认为，景观处于生态系统之上、大地理区域之下的中间尺度，兼具经济价值、生态价值和美学价值。

20 世纪 90 年代，北京大学的俞孔坚教授及其团队针对中国严峻的人地关系矛盾，首次在国际上提出了生态安全格局的理论和方法，并持续地在多个尺度上进行了国土空间生态安全格局的研究，明确提出：应对快速城市化带来的各种问题，最核心的解决途径是建立国土生态安全格局，在各个尺度上维护国土生态安全格局。

生态安全格局包括对维护生态过程的健康和安全具有关键意义的景观要素、空间位置和联系，如连续完整的山水格局、湿地系统、河流水系的自然形态、绿道体系以及防护林体系等。它是一个多层次的、连续完整的网络，涵盖宏观尺度的国土、区域生态安全格局，中观尺度的县域、城市生态安全格局以及微观尺度的乡镇生态安全格局等。与国土空间总体规划一样，不同尺度的生态安全格局构建具有不同的侧重点。在宏观层面更加侧重于战略性，中观层面侧重于衔接性，而微观尺度则更加侧重于实施性。

现行国土空间规划指南虽未明确提出构建国土空间生态安全格局的要求，但在生态空间提出了改善陆海生态系统、流域水系网络的系统性、整体性和连通性，明确生态屏障、生态廊道和生态系统保护格局；确定生态保护与修复重点区域；构建生物多样性保护网络，为珍稀动植物保留栖息地和迁徙廊道，以及优先保护以自然保护地体系为主的生态空间的要求。其实质是明确了生态空间的规划要以构建、优化国土空间生态安全格局为重点。

2. 生态安全格局构建范式

国内外诸多学者依据现代景观生态学研究的一般范式，对区域景观生态安全格局的构建方法进行了一系列探索。俞孔坚等提出的先确定物种扩散源的现有自然栖息地(源地)，再建立阻力面，最后根据阻力面来判别安全格局的“源地-阻力面”框架得到学界的一致认可，并逐渐发展完善，形成当前研究生态安全格局构建的一般范式：源地-廊道-节点。

1)生态源地识别

生态源地(或简称“源地”)是对区域生态过程与功能起决定性作用，对区域生态环境安全和可持续发展具有重要意义的关键地块，亦是能够反映多种生境特点的自然生态斑块。它既是物质、能量运动和生态功能服务的源头，又是生态扩张的基础，对维持区域生态安全格局的稳定性具有重要意义。国土空间规划术语中的“生态屏障”其实质就与生态源地基本一致。

生态源地至少要实现3个层次的目标：一是维护现有景观过程的完整性；二是保证生态系统服务的可持续性；三是具有较强的生态稳定性，能够防止生态系统退化带来的各种生态问题。据此，可以从以下三个方面综合识别生态源地：

(1)生态源地在整体景观连通性中应具有重要地位。景观连通性是指景观对生态流的便利或阻碍程度。维持良好的连通性是保护生物多样性和维持生态系统整体性、稳定性的关键，因此，连通性良好的生态斑块可以更有效地实现其生态功能。

(2)生态源地在提供生态系统服务方面应具有重要地位。一般而言，生态系统生物多样性服务功能高的地方都能为物种提供良好的生态服务。目前用于评价生态系统服务价值的方法较多，例如市场比较法、当量因子法等。

(3)生态源地本身应具有较高的生境质量。生境质量取决于与栖息地靠近的人类土地利用及其强度。一般来说，生境质量随着附近土地使用强度的加大而降低。生境质量的评估可以通过分析生境斑块在所处基质中受到的各种威胁的综合影响来进行，其中，InVEST模型提供了一套较为完备的生境质量计算模块，目前广泛应用于生境质量评价。

在实际规划工作中，可以在生态系统重要性评价和生态敏感性评价的基础上，明确自然保护地等生态重要区、生态屏障和其他生态敏感区作为备选源地，再结合斑块面积和上述三点综合判断是否保留作为最终的生态源地。

2)生态廊道提取

廊道是景观中重要的线形要素，它能把景观内部各组分间的生态应力有效地从主体传递到受体上去。生态廊道是指生态网络中源地之间生物空间迁移的通道，是生态斑块之间保持生态流、生态过程和生态功能连通的载体。

生态廊道的类型主要包括动物迁徙廊道、河流生态廊道、绿道、基础设施廊道等，具有诸多功能：①保护功能：例如在田间、工矿区建造的防护林带、绿篱、生态渠道等；②传输功能：包括物质传输、能量传输、信息传输和物种传播等；③资源功能：廊道同样具有尺度效应，大尺度识别的生态廊道很有可能就作为小尺度范围的生态源地；④美学功能：如城市绿道、景观河道、滨海风光带等。

生态廊道规划应以河流、道路防护林以及动物栖息地和迁徙通道为基础，构建各要素连续的廊道体系，并连廊成网，形成完整的网络系统。其规划设计应满足如下要求：

(1)确立合理的廊道宽度。合理的廊道宽度对廊道的生态功能的发挥有着重要影响。宽度过窄对敏感物种不利，所产生的边缘效应会降低边缘种和内部种的数量，也会影响廊道中物种的分布和迁移；宽度过宽会增加动物迁徙的时间，影响其群落的分布。

(2)确保适宜的廊道连接度。连接度是指廊道在空间上、功能上及物质流动上的连续性，包括廊道与廊道、廊道与斑块、斑块与斑块之间的连接。对于生态系统来说，廊道必须是一个在结构和功能上的连续体。完整的网络结构才能使生态廊道发挥作用。

(3)确定科学的规划依据。在国土空间规划确定生态廊道与网络过程中，综合运用GIS 技术，采用大数据和模型推演已经成为重要的科学手段。

在生态廊道的提取技术手段上，目前较为公认的是 Knaapen 等人提出的最小累计阻力模型(MCR)方法。该方法认为生态用地间的连通和联系是对地理空间水平方向的竞争性控制和覆盖过程，这一过程必须通过克服阻力来实现。提出构建生态阻力面模型，来模拟生态用地间的生态流在地理空间水平方向上交换和扩张的过程中所受到的累积阻力大小，以反映生态用地之间空间连通的趋向。俞孔坚在 Knaapen 的研究基础上，进一步结合 GIS 中常用的费用距离(cost-distance)，给出了 MCR 模型的一般公式：

$$\mathrm{MCR} = f\sum_{j=n}^{i=m}(D_{ij} \times R_i) \tag{6-1}$$

式中，f 反映空间中任一点的最小阻力，与其到所有生态源的距离和介面特征具有正相关关系；D_{ij} 表示物种从源 j 到景观单元 i 的空间距离，R_i 是空间介面对某物种运动的阻力，

（$D_{ij} \times R_i$）的最小累积值是物种从源地到达空间某一位置点所需克服阻力的最小代价。根据该式，可以大体总结出物种从一块源地迁移至另一块源地所需克服的最小阻力随距离和空间界面阻力值增加而增大。空间介质的阻力值则需要综合考虑可能对物质迁徙产生影响的阻力因子，合理设置其相对阻力值大小来确定，这一过程称为构建阻力面。

关于阻力因子的选取，较为常见的有两类。一是土地利用类型或称生境类型，每种物种都有适于其生存的适宜生境，当其为了迁移而进行跨生境活动时，便需要克服由于生境类型不适宜而产生的阻力。对同一物种，不同地类产生的阻力值不同，例如对鱼类来说，河流、湖泊的阻力值接近于0，而林地、园地的阻力值就相对较高；但林地对松鼠、猴子来说其阻力值又微乎其微，因此，可以认为土地利用类型是影响最大的阻力因子。二是地形坡度，具体包括高程、坡度、地表起伏度等，例如对水生鱼类来说，地形坡度决定了水流流向，逆流移动比顺流而下需要克服更大的阻力；同样，水在高低起伏的地表相较于平坦的地表也更难移动。

最后，在生态源地识别与阻力面构建的基础上，利用成本路径功能提取出区域潜在的生态廊道。当然，由于生态源地选取可能会受到规划区的行政范围限制，致使某些关键山水格局没有被提取，这时就还需采用人机交互式的办法来补充和完善。

3)生态节点选择

生态节点或称景观生态战略点，可以理解为在景观空间中连接相邻生态源、并对生态流运行起关键作用的区位，一般分布于生态结构或功能最重要与最薄弱处。景观生态学家们从空间属性和功能属性两个层面出发将生态节点分为结构性生态节点和资源型生态节点两大类，并可以进一步按重要性与脆弱性细分。下面介绍几种较为典型的生态节点类型：

(1)结构性战略点：也称空间战略点，是指处在生态安全网络中的关键空间位置的生态斑块，对提高生态效率，保障网络稳定发挥着重要作用。该类型节点具有增加网络最大连通性和有效覆盖度、作为物种在相距较远的源地之间迁徙的“踏脚石”(stepping stone)等功能，包括鞍部战略点、交汇处战略点、中央战略点、边缘战略点、角落战略点等。

(2)结构性薄弱点：位于生态安全网络的薄弱位置，往往是自身存在一定生态问题的生态脆弱点，或是受到城乡建设用地威胁的胁迫点，包括生态脆弱点、生态廊道的薄弱点(胁迫点、阻隔点)，电路理论中的廊道“夹点”“障碍点”等。

(3)资源型战略点：是生态安全网络的基石，具有较为重要的生态功能，和生态源地一样都对保障区域生态安全发挥着重要作用。有学者将生态源地算作资源型战略点，但一般认为资源型节点与生态源地在结构和功能等方面均存在差异。在功能上，生态源地承担的生态系统服务价值更为重要，在结构上生态源地的聚集度更高，中心性更强，斑块规模更大。

4)生态安全格局优化

在生态源地识别、廊道提取和生态节点选择的基础上，通过连接生态网络可以得到初步的区域生态安全格局，但仍需要进一步优化。具体包含以下方面：

(1)强化生态源地管理：生态源地一般包括生态极重要区和敏感区，包括以自然保护地体系为主的需优先保护的生态空间，并且需要在生态源地确立的基础上，识别出生态红线区、控制区、缓冲区。

(2)优化生态廊道网络：需从网络的连通性、有效性、稳定性等角度，综合考虑成本与效益，对提取的潜在廊道进行筛选，剔除冗余，优化网络结构，安排廊道工程。

(3)关键生态节点保护与修复：需在生态节点识别的基础上综合考虑生物多样性保护、退化生态系统修复和社会经济可持续发展，统筹安排关键战略点生态保护和薄弱节点生态修复工程。

(4)提出生态空间保护的主要策略：包括落实上级生态格局，构建区域生态安全格局；提出自然保护地体系优化和管理措施；统筹生态系统保护与修复体系，安排山水林田湖草沙系统性保护与治理工程，提升生态空间品质；建立健全生态保障机制等。

3. 生态安全格局构建实例

来宾市根据广西“一屏两核一带六区”的国土空间生态修复格局，立足其“依山傍水，北高南低，东西山林广袤，中部田水密集”的自然地理格局，以坚守自然生态安全底线，以关键生态问题为导向，以打造山清水秀绿色魅力来宾为目标，构建了“三廊双屏”的生态安全格局，如图 6-2 所示。

“三廊”：三廊指沿红水河分布的红水河生态景观廊道、黔江生态景观廊道和柳江生态景观廊道。规划期加强沿江生态环境保护和绿色景观建设，通过生态廊道将破碎的生态景观连接成带，逐步改善区域水质、植被、绿化，构建城市绿色景观，形成城市绿化廊道，打造宜居型山水城市景观带。

“双屏”：指位于来宾市东西部大瑶山生态保护区和忻城生态脆弱区的生态屏障及连通屏障内各破碎生境的森林生态廊道。大瑶山生态保护屏障是来宾市重要的水源涵养与生物多样性保护功能区。忻城生态保护屏障区域大部分为石山地区，水土流失与石漠化严重，生境破碎化程度较高，生态环境脆弱。

6.2.3 生态空间分级管控

根据国土空间规划编制要求，在生态保护红线划定与生态安全格局构建后需进一步提

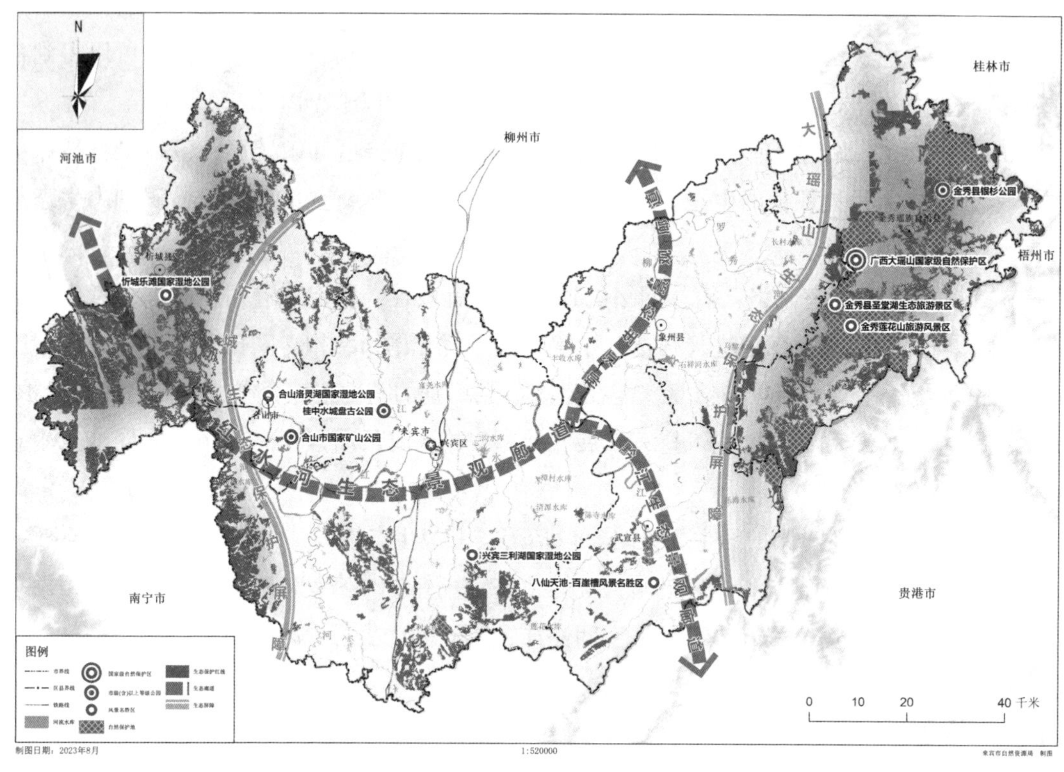

图 6-2　来宾市生态安全格局图(详见书末彩色插图)

出生态空间和生态保护红线的管控要求与安排。目前国土空间规划较为常用的一般手段是对生态空间进行分级管控，对生态保护红线进行严格管理。具体的分级方法与管控要求如下：

1. 生态空间分级

1)生态保护区与控制区

规划分区是国土空间分级管制的基础，国土空间规划在区分农业、生态、城镇三大空间的基础上，又在生态空间划分生态保护区和生态控制区两个规划分区。

生态保护区是具有特殊重要生态功能或生态敏感脆弱、必须强制性严格保护的陆地和海洋自然区域，包括陆域生态保护红线、海洋生态保护红线集中划定的区域。生态保护区需按照国家关于生态保护红线的相关规定进行管理。

生态控制区是生态保护红线外，需要予以保留原貌、强化生态保育和生态建设、限制开发建设的陆地和海洋自然区域。生态控制区应依法制定区域准入条件，明确允许、限制、禁止的项目类型清单；按照限制开发的要求进行管理，区内兼容生态保护红线准入活动；允许在不降低生态功能、不破坏生态系统的前提下，依据国土空间规划和相关法定程序、管制规则适度开发利用。

2) 自然保护地体系与生态保护红线

自然保护地是由各级政府依法划定或确认，对重要的自然生态系统、自然遗迹、自然景观及其所承载的自然资源、生态功能和文化价值实施长期保护的陆域或海域。自然保护地是生态建设的核心载体，在维护国家生态安全中居于首要地位。自然保护地体系是指将自然保护地按生态价值和保护强度高低，依次分为国家公园、自然保护区、自然公园三类，形成以国家公园为主体、自然保护区为基础、各类自然公园为补充的体系。

国家公园：以保护具有国家代表性的自然生态系统为主要目的，实现自然资源科学保护和合理利用的特定陆域或海域，是我国自然生态系统中最重要、自然景观最独特、自然遗产最精华、生物多样性最富集的部分。

自然保护区：是指保护典型的自然生态系统、珍稀濒危野生动植物种的天然集中分布区、有特殊意义的自然遗迹的区域。具有较大面积，确保主要保护对象安全，维持和恢复珍稀濒危野生动植物种群数量及赖以生存的栖息环境。

自然公园：是指保护重要的自然生态系统、自然遗迹和自然景观，具有生态、观赏、文化和科学价值，可持续利用的区域。包括森林公园、地质公园、海洋公园、湿地公园、沙漠公园、草原公园等各类自然公园。

自然保护地按照功能分区又可以进一步分为核心保护区和一般控制区，并分别实行不同程度的管控要求：

(1) 核心保护区：除满足国家特殊战略需要的有关活动外，原则上禁止人为活动。但允许开展以下活动：已依法设立的铀矿矿业权勘查开采；已依法设立的油气探矿权勘查活动；已依法设立的矿泉水、地热采矿权不扩大生产规模、不新增生产设施，到期后有序退出；其他矿业权停止勘查开采活动。

(2) 一般控制区：除满足国家特殊战略需要的有关活动外，原则上禁止开发性、生产性建设活动。仅允许以下对生态功能不造成破坏的有限人为活动：战略性矿产资源基础地质调查和矿产远景调查等公益性工作；已依法设立的油气采矿权在不扩大生产区域范围，以及矿泉水、地热采矿权在不扩大生产规模、不新增生产设施的条件下，继续开采活动；其他矿业权停止勘查开采活动。

生态保护红线内应包含调整优化后的全部自然保护地，其相关关系如图 6-3 所示。

2. 生态保护红线管控要求

生态保护红线内，自然保护地核心保护区原则上禁止人为活动，自然保护地一般控制

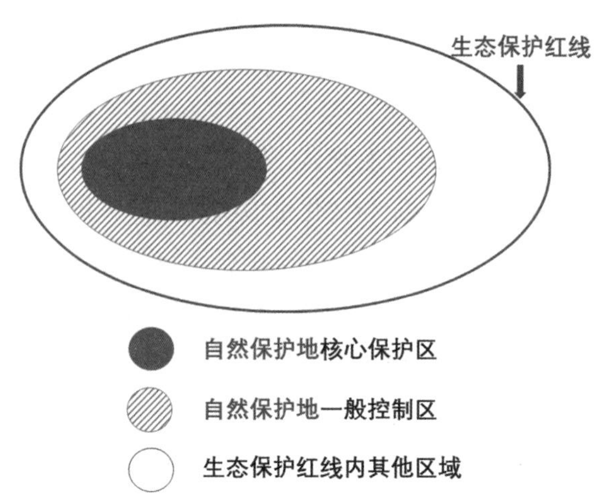

图 6-3　自然保护地与生态保护红线关系示意图
（图片图源：国务院办公厅印发《关于在国土空间规划中统筹划定落实三条控制线的指导意见》）

区和生态保护红线内其他区域严格禁止开发性、生产性建设活动。在符合现行法律法规要求的前提下，除国家重大战略项目外，仅允许 8 类对生态功能不造成破坏的有限人为活动，主要包括：①零星的原居民在不扩大现有建设用地和耕地规模前提下，修缮生产生活设施，保留生活必需的少量种植、放牧、捕捞、养殖；②因国家重大能源资源安全需要开展的战略性能源资源勘查，公益性自然资源调查和地质勘查；③自然资源、生态环境监测和执法包括水文水资源监测及涉水违法事件的查处等，灾害防治和应急抢险活动；④经依法批准进行的非破坏性科学研究观测、标本采集；⑤经依法批准的考古调查发掘和文物保护活动；⑥不破坏生态功能的适度参观旅游和相关的必要公共设施建设；⑦必须且无法避让、符合县级以上国土空间规划的线性基础设施建设、防洪和供水设施建设与运行维护；⑧重要生态修复工程。

生态保护红线是一条刚性约束线，具有优先地位。地方各级党委和政府是严守生态保护红线的责任主体，要将生态保护红线作为相关综合决策的重要依据和前提条件，履行好保护责任。生态保护红线划定后，需实行严格管控，原则上按禁止开发区域的要求进行管理。严禁不符合主体功能定位的各类开发活动，严禁任意改变用途。生态保护红线划定后，被保护范围只能增加、不能减少，因国家重大基础设施、重大民生保障项目建设等需要调整的，由省级政府组织论证，提出调整方案，报国务院批准。因国家重大战略资源勘查需要，在不影响主体功能定位的前提下，经依法批准后予以安排勘查项目。相关规划要符合生态保护红线空间管控要求，不符合的要及时进行调整。

6.3 国土空间生态修复

6.3.1 生态修复基本概念

1. 生态修复的内涵

生态修复的概念提出最早可追溯到19世纪30年代，80年代以后，相关研究不断深入。生态修复是指协助退化、受损生态系统恢复的过程。生态系统退化指在一定的时空背景下，生态系统在自然或人为因素干扰下，使生态系统的结构、质量和功能发生的退化。其中，生态系统结构是指生态系统生物和非生物组分保持相对稳定的相互联系、相互作用而形成的组织形式、结合方式和秩序。生态系统质量指在特定的时间和空间范围内生态系统的总体或部分组分的质量，具体表现为生态系统的生产服务能力、抗干扰能力和对人类生存和社会发展的承载能力等方面。抗干扰能力也即生态系统稳定性，是指生态系统在天然的情况下能保持其结构与功能的基本稳定，当受到外力干扰(包括天然干扰与人为干扰)时抵抗偏离初始状态的能力和受到干扰后返回初始状态的能力，主要表现为在长期的发展与演化过程中，生态系统内部各个成分之间以及与其周围的环境间的一种动态平衡的关系。

生态修复目标可能是针对特定生态系统服务的恢复，也可能是针对一项或多项生态服务质量的改善。

2. 生态修复方法

生态修复方法包括基于自然的解决方案、保育保护、自然恢复、辅助修复、生态重塑等。

(1)基于自然的解决方案(Nature-based Solutions，NbS)：根据IUCN的《基于自然的解决方案全球标准》，指对自然的或已被改变的生态系统进行保护、可持续管理和修复的行动，这些行动能够有效地和具有适应性地应对社会挑战，同时为人类福祉和生物多样性带来益处。NbS包含8项基本准则：有效地解决人类社会挑战；根据不同层面和尺度来规划和设计；保护和提升生物多样性和生态系统的完整性；经济可行性；基于包容、透明和赋权的治理过程；促进首要目标和其他多种效益间的平衡；基于证据进行适应性管理；在适当辖区范围内使NbS主流化并发挥其可持续性。

(2)保育保护：亦称保护保育，指对于代表性自然生态系统和珍稀濒危野生动植物物种及其栖息地，采取建立自然保护地、去除胁迫因素、建设生态廊道、就地和迁地保护及繁育珍稀濒危生物物种等途径，保护生态系统完整性，提高生态系统质量，保护生物多样性，维护原居民文化与传统生活习惯。

(3)自然恢复：对于轻度受损、恢复力强的生态系统，主要采取切断污染源、禁止不当放牧和过度猎捕、封山育林、保证生态流量等消除胁迫因子的方式，加强保护措施，促进生态系统自然恢复。

(4)辅助修复：亦称辅助再生，指对于中度受损的生态系统，结合自然恢复，在消除胁迫因子的基础上，采取改善物理环境，参照本地生态系统引入适宜物种，移除导致生态系统退化的物种等中小强度的人工辅助措施，引导和促进生态系统逐步恢复。

(5)生态重塑：亦称生态重建，对于严重受损的生态系统，要在消除胁迫因子的基础上，围绕地貌重塑、生境重构、恢复植被和动物区系、生物多样性重组等方面开展生态重建。生境重构关键要消除植被(动物)生长的限制性因子；植被重建要首先构建适宜的先锋植物群落，在此基础上不断优化群落结构，促进植物群落正向演替进程；生物多样性重组关键是引进关键动物及微生物，实现生态系统完整食物网构建。

3. 国土空间生态修复的概念及任务

国土空间生态修复指遵循生态系统演替规律和内在机理，基于自然地理格局，适应气候变化趋势，依据国土空间规划，对生态功能退化、生态系统受损、空间格局失衡、自然资源开发利用不合理的生态、农业、城镇国土空间，统筹和科学开展山水林田湖草海湿地保护修复的活动，是维护国家与区域生态安全、强化农田生态功能、提升城市生态品质的重要举措，是提升生态系统质量和稳定性、增强生态系统固碳能力、助力国土空间格局优化、提供优良生态产品的重要途径，是生态文明建设、加快建设人与自然和谐共生的现代化的重要支撑。

国土空间生态修复主要任务包括生态、农业、城镇三大类空间以及海洋、矿山两类特色生态修复任务。

(1)山水林田湖草一体化保护修复(生态空间生态修复)：指按照山水林田湖草是生命共同体理念，依据国土空间总体规划以及国土空间生态保护修复等相关专项规划，在一定区域范围内，为提升生态系统自我恢复能力，增强生态系统稳定性，促进自然生态系统质量的整体改善和生态产品供应能力的全面增强，遵循自然生态系统演替规律和内在机理，对受损、退化、服务功能下降的生态系统进行整体保护、系统修复、综合治理。

(2)土地综合整治(农业空间生态修复)：指以科学规划为前提，以乡镇为基本实施单元(整治区域可以是乡镇全部或部分村庄)，整体推进农用地整理、建设用地整理和乡村生态保护修复，促进耕地保护和土地节约集约利用，改善农村人居环境，助推乡村全面振兴。

(3)城镇(空间)生态修复：指统筹保护和修复城镇各类自然生态系统，修复被破坏的山体，连通河湖水系，构建绿地系统，完善城内外蓝绿交织的生态网络，减少城市灾害，提高城市韧性，提升人居生态品质。

(4)海洋生态修复：指将海岸线、海域和海岛作为统一空间整体，针对滨海湿地、自然岸线以及红树林、珊瑚礁、海草床典型海洋生态系统受损、退化的问题，通过开展整治和修复，逐步改善海洋生态系统的结构和功能，提高海洋生物多样性，保障海洋生态安全。

(5)矿山生态修复：指针对矿产资源开发造成地灾隐患、占用和损毁土地、生态破坏等问题，通过预防控制、保护恢复和综合整治措施，使矿山地质环境达到稳定、损毁的土地达到可供利用状态以及生态功能恢复的活动。

6.3.2 国土空间生态修复规划

当前，传统的围绕单一要素(耕地)的土地整治规划逐渐向全要素整体性保护和系统性修复的生态修复规划转型。新时期国土空间生态修复规划是国土空间规划的重要专项规划，是当前和今后一段时期全面推进各类生态系统保护和修复工程的主要依据。

1. 政策背景

“实施重要生态系统保护和修复重大工程，优化生态安全屏障体系”是党的十九大作出的重要决策部署，随即2020年发改委、自然资源部会同其他相关部门共同编制了《全国重要生态系统保护和修复重大工程总体规划(2021—2035年)》(以下简称《“双重”规划》)，作为当前和今后一段时期推进全国重要生态系统保护和修复重大工程的指导性规划。

2020年，自然资源部发布了《关于开展省级国土空间生态修复规划编制工作的通知》，并于2021年印发《省级国土空间生态修复规划编制技术规程(试行)》，全面推进省级国土空间生态修复规划编制工作。当前各省相继组织各市县推进市县级国土空间生态修复规划编制工作，并取得初步成果。

2. 规划定位

国土空间生态修复规划是国土空间规划的重要专项规划。国土空间生态修复规划要依据国民经济和社会发展规划纲要、国土空间总体规划等上位规划，衔接上级生态修复规划等相关专项规划，落实国土空间生态保护格局、生态修复目标任务，维护国家生态安全、强化农田生态功能、提高城市生态品质，同时作为下级国土空间生态修复规划编制和科学开展生态保护修复工作的重要依据。

3. 规划重点

(1)贯彻落实党中央、国务院重大决策部署，衔接国家、区域重大发展战略，细化落实国土空间规划、《“双重”规划》及上级生态修复规划明确的生态修复任务。

(2)基于生态系统演替规律和内在机理，结合气候变化和人类活动影响，识别突出的生态问题，预判重大的生态风险。

(3)谋划国土空间生态修复总体布局，稳步推进国土空间全域生态保护修复，实行山水林田湖草整体保护、系统修复、综合治理。

(4)针对生态、农业、城镇空间存在的突出生态问题，明确国土空间生态修复目标任务、总体格局、修复分区，确定生态修复重点区域和重点工程，筑牢生态安全屏障，增强生态系统固碳能力，促进国土空间格局优化，提供优质生态产品。与环境污染治理、重大地质灾害防治专项任务等做好统筹衔接。

(5)提出规划实施的政策制度和保障措施，积极探索建立健全政府主导、企业和社会各界参与的生态修复工程实施机制和生态产品价值实现机制。

4. 规划内容

根据自然资源部印发的《省级国土空间生态修复规划编制技术规程(试行)》，各级(省、市)国土空间生态修复规划的编制重点包含以下 8 个方面：

(1)规划目标：围绕生态文明建设到 2035 年、“十四五”时期的新目标，立足落实国家重大战略部署和国土空间总体规划目标任务，以山水林田湖草一体化保护修复为主线，针对区域国土空间生态修复需求，围绕提升生态系统质量和稳定性，分别提出到 2025 年、2030 年、2035 年分阶段国土空间生态修复目标。

根据规划目标，坚持上下衔接、统分结合、简明适用、定性与定量相结合等原则，合理设立生态修复指标体系。

(2)修复分区：在国土空间总体规划确定的生态安全格局基础上，按照空间用途管制要求，突出自然地理和生态系统的完整性、连通性，以重点流域、区域、海域等为基础单元，进行国土空间生态修复分区，针对主要生态问题明确各分区生态修复的主攻方向。分区划定应全覆盖、不交叉、不重叠。

(3)重点区域：生态修复重点区域是修复任务落地的空间指引。应充分衔接上级国土空间生态修复规划和上位国土空间总体规划确定的生态修复重点区域，依据分析评价结果，结合国家生态安全战略格局、区域生态安全重点地区和国家区域重大战略支撑区，明确省域、市域生态修复重点区域。进一步，在重点区域之间和重点区域内部，根据轻重缓急程度，在时序上统筹安排生态修复任务。

(4)修复任务：生态修复任务主要包括重要生态廊道和生态网络构建、生态空间生态修复、农业空间生态修复、城镇空间生态修复、三类空间冲突区域生态修复等。此外，还有矿山、海洋等特色空间的生态修复任务安排。

(5)重点工程：以重点区域为指引，一方面落实上级生态保护修复重大工程，另一方面结合本省（市）实际和生态修复需要，谋划布局本级生态修复重点工程。工程实施区域可以跨三类空间或以某类空间为主，尽量明确工程实施范围，为“上图入库”奠定基础。明确本级重点工程实施的主要目标、任务措施、组织模式投资需求、资金来源等。投资匡算可参照相关部门的工作定额、测算依据及相关标准。工程部署应遵循山水林田湖草系统治理思路，原则上不按单一生态要素分别部署。按照轻重缓急合理安排工程时序。

(6)效益分析：综合考虑规划期内生态修复活动的实施范围、预期目标工程内容、技术要求、资金需求和实施路径，合理分析规划实施的生态效益、社会效益和经济效益。

(7)规划传导：以省域国土空间生态修复分区和重点区域为指引，统筹市、县级国土空间生态修复需求，通过分区传导、指标分解、工程布局、政策要求等方式，对市、县级国土空间生态修复规划编制进行指导和调控。

(8)实施保障：主要包括但不限于组织领导、政策制度、科技支撑、评估监管、公众参与等方面的保障。

本章参考文献

1. 吴志强．国土空间规划原理[M]．上海：同济大学出版社，2022.

2. 欧阳志云，张路，吴炳方．基于遥感技术的全国生态系统分类体系[J]．生态学报，2015，35(2)：219-226.

3. 龙花楼，刘永强，李婷婷，等．生态用地分类初步研究[J]．生态环境学报，2015，24(1)：1-7.

4. 喻锋，李晓波，张立君，等．中国生态用地研究：内涵、分类与时空格局[J]．生态学报，2015，35(14)：4931-4943.

5. 吴健生，张理卿，彭建，等．深圳市景观生态安全格局源地综合识别[J]．生态学报，2013，33(13)：4125-4133.

6. 俞孔坚．生物保护的景观生态安全格局[J]．生态学报，1999，19(1)：8-15.

7. 俞孔坚．景观生态战略点识别方法与理论地理学的表面模型[J]．地理学报，1998，

53：11-20.

8. 欧阳志云，王效科，苗鸿．中国陆地生态系统服务功能及其生态经济价值的初步研究[J]．生态学报，1999(5)：607-613.

9. Knaapen J P，Scheffer M，Harms B. Estimating habitat isolation in landscape planning [J]. Landscape and Urban Planning，1992(23)：1-16.

第7章　城镇体系规划

导言：城镇体系是兼有自然、经济、政治、文化等多种维度属性的自然-社会系统。作为自然系统，城镇体系会受到自然条件变化和自然资源开发利用的影响；作为社会系统，城镇体系亦受到人口流动、经济发展、交通运输体系的变化以及政策和体制变化的影响。本章首先介绍城镇体系的相关概念，包括其定义、特征、发展阶段及类型；其次阐明城镇体系规划的定义与作用定位；最后介绍城镇体系规划的核心内容、主要内容，并一同介绍城镇综合支撑设施规划的主要任务与技术要求。

7.1　城镇体系的含义

7.1.1　城镇体系的概念及特征

城镇体系是在一定地域范围内，以中心城市为核心，由一系列不同等级规模、不同职能分工、相互密切联系的城镇组成的有机整体。从城镇体系的内涵来看，其特征主要有以下三点：

(1)整体性：城镇体系是由城镇和联系通道、联系流、联系区域等多个要素按一定规律组合而成的有机整体。其中某一个组成要素的变化，例如，某一城镇的兴起或衰落、某一条新交通线的开拓、某一区域资源开发环境的改善或恶化，都可能通过交互作用和反馈，“牵一发而动全身”，影响城镇体系。这就要求在城镇体系规划时，要树立整体的观念，要站在全局的高度来谋划。

(2)等级性：系统由逐级子系统组成。如全国性的城镇体系由区域级(如东北、西北、中南等)、省区级体系组成，再往下还有地区或地方级的体系。各城镇之间在职能、规模方面的差异是在区域发展条件制约下，通过客观或人为作用形成的分工产物，是城镇体系内部结构和组织功能结构的基础框架。城镇体系的职能结构与规模等级结构呈对应关系，一般而言，城镇规模等级越高，职能结构层次也就越高，反之亦然。对于提高城镇体系的层次性来说，一方面要认识到区域空间发展的不平衡性，加快生产要素在空间上集聚，促使优势产业向有竞争力的中心城镇集中，扩大城镇等级规模差距，以实现城镇规模结构层次分明；另一方面应提高城镇职能的综合性，强化中心城镇综合职能，增强其自身集聚能力、极化效应和规模经济效益，最终实现其扩散效应的有效发挥，并带动区域及其他城镇较快发展，从而实现城镇体系经济发展水平的整体提高。所以，科学、健全的城镇体系层次结构体现了系统要素的优化组合，大中小城镇等级关系的协调，各职能城镇之间的功能互补，呈现出区域社会经济的全面、快速、健康发展。

(3)动态性：城镇体系不仅作为状态而存在，也随着时间而发生阶段性变动。随着区域经济、社会发展，城市化的推进，城镇体系必然会发生演化，经历“离散—极化—扩散—均衡”的过程。这就要求根据不同阶段城镇体系的特征采取不同的发展战略及措施，同时城镇体系规划也要不断地修正、优化，以适应变化了的实际。从城镇体系的特征来看，城镇体系是兼有自然、经济、政治、文化等多种层面的社会系统。社会系统的开放性特点，使城镇体系很容易受到来自外部的、难以预料的复杂影响，因此，就系统的变化状态而论，它有高度的不稳定性。作为社会系统的另一个特点，城镇体系不能像自然系统那样，通过某种已知的变化可以得到明确的结果。城镇体系的演变，虽然有总的规律可循，但对每个具体变动的反馈都存在着很大程度的不可预料性。

7.1.2　城镇体系的类型

按照城市作用和区域性质不同，城镇体系空间布局大体有以下四大类型：

(1)大城市地区城镇体系空间布局类型。又称为单中心城镇体系，指以大城市为中心，与郊区工业区和中小城镇以及广大农村集镇共同组成有机联系的城镇体系，如图 7-1 所示。其特征是：城镇主次分明，核心城市突出，占绝对的主导地位。首位度高，城镇联系较密切，但以向心联系为主，同级城镇之间的横向联系薄弱。这类城镇体系形成的条件是：中心城市区位特别优越并伴随着强有力的外向推动力，发展速度大大超前于周围地区。

(2)多中心城镇体系空间布局类型。指在一个特定地域范围内，由两个以上城市为核心，包括郊区工业区、小城镇以及它们影响范围的众多城镇和广大农村集镇组成，如图 7-2所示。从特征上看，中心城市的主从关系不明确，城市间相互依存又相互制约，体现在区域原材料、能源供求关系以及城镇产业结构等各个方面。在经济发达地区，周围的中小城镇发展迅速，中心城市的带动作用明显；在经济不发达地区则不一样，周围地区的城镇发展速度不快。这种类型城镇体系形成的条件，多为区域发展条件近似，区域与城市发展比较协调，优势区位点较多，从而能同时产生数个中心集聚地。

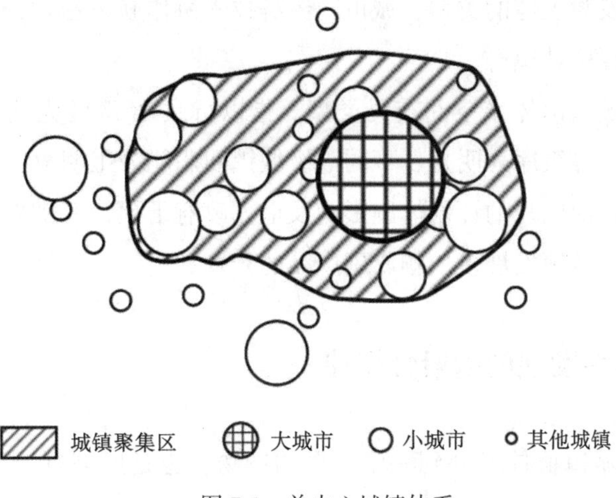

图 7-1 单中心城镇体系

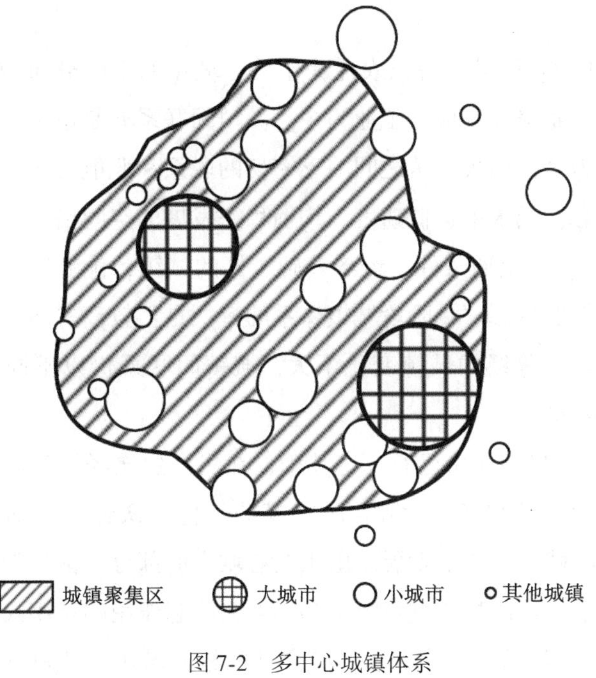

图 7-2 多中心城镇体系

(3)以自然资源综合开发利用为主的城镇体系空间分布类型。由于资源种类、丰度及资源组合特征不同，大体又可分为：以某种丰富的自然资源综合开发利用为主的类型，形成一城多镇或多中心城镇组群式空间格局，如大庆、淄博、六盘水等。由于受资源分布及开采布点影响，这种类型除主城相对集中外，其他小城镇布局分散，且规模偏小。以多种丰富自然资源综合开发为主体的类型，城市间经济技术协作联系密切，职能分工明确，经济规模效益较好，如辽中城镇群。

(4)行政-经济区域城镇体系空间布局类型。指以行政-经济区为地域单元建立起来的城镇体系，其特征是：等级序列明显，不同等级城镇间职能分工明显，同一等级城镇职能较单一、雷同。由于长期以来的计划体制影响及地方政府干预，经济发展水平不均衡，中心城市地位较突出，小城镇发展多依赖农副产品的开发利用。

7.1.3　城镇体系发展的阶段性规律

城镇体系是区域城镇群体发展到一定阶段的产物，也是区域社会经济发展到一定阶段的产物。因此，城镇体系存在着一个形成—发展—成熟的过程。按照城镇体系的组织结构演变，可相应划分为：低水平均衡阶段、极核发展阶段、集聚扩散阶段和高水平网络化发展阶段。

(1)低水平均衡阶段。区域经济以农业为主体，城镇的空间分布较均衡，规模小，职能单一，多以行政、商业服务及地方工业为主。城镇间联系亦是以上下等级间的行政、商业及其他服务性活动为主，同级城镇之间缺乏密切的联系和职能分工，从而形成若干以分散孤立的小城镇为中心，低水平、低速度、均衡稳态发展的空间格局。

(2)极核发展阶段。在交通条件、经济基础较好的城镇，优势区位集中发展，形成区域发展的极核点或极核地带。这一阶段城镇体系的特征是：较高等级的城市发展迅速，但城市经济结构简单，较低等级的城镇变化不大，城镇间联系仍以不同等级的纵向联系为主，形成单中心式空间格局。

(3)集聚扩散阶段。极核城市已有一定基础，在更高层次经济活动向极核城市集聚的同时，受极核城市环境容量和经济效益限制，某些较低层次经济活动开始向下级城镇扩散，核心城市周围的小城市较快地发展。由于核心城市的部分职能扩散，加强了极核城市与下级城镇的横向联系，形成核心城市吸引和辐射共同起作用的星座式空间格局。

(4)高水平网络化发展阶段。多职能、综合性的核心城市职能进一步向外扩散，规模经济的趋势加大和区域交通设施的完善使核心城市的优势区位扩大到周围地区。区域经济结构向多样化发展，强化了城镇职能分异，分异又促进了相互联系。同级城镇和不同等级城镇间的联系不断加强，从而形成以一个综合性中心城市或若干个职能分异、互补的中心城市为核心，高水平均衡、网络化的空间格局。

城镇体系发展阶段示意图如图 7-3 所示。

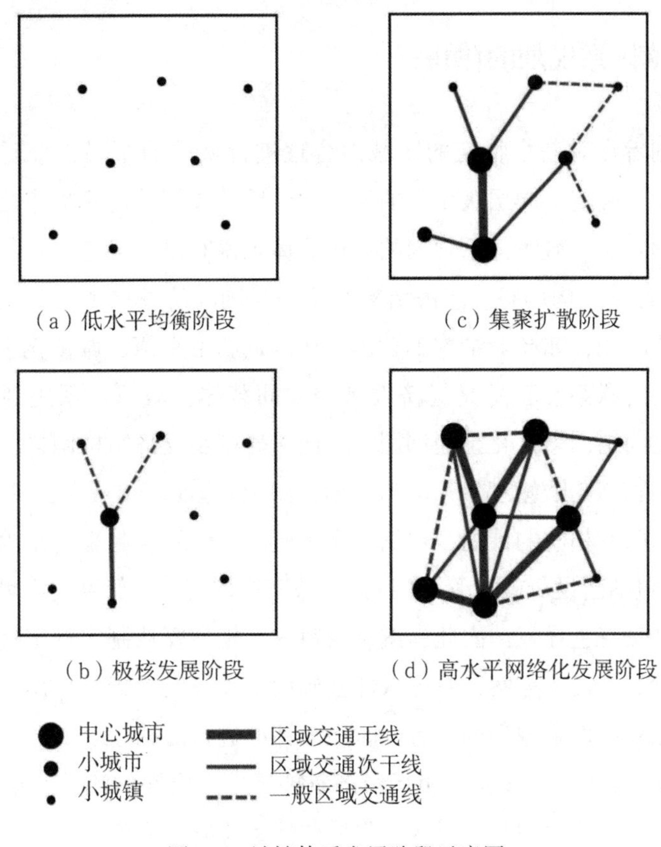

图 7-3 城镇体系发展阶段示意图

7.2 城镇体系规划

7.2.1 城镇体系规划的定义

城镇体系规划是在一定地域范围内，对各城镇之间、单个或数个城镇与城镇群体之间以及群体与外部环境之间关系的整体安排，以达到地域经济、社会、环境效益最佳的发展。城镇体系规划是根据地域分工的原则，结合工业、农业和交通运输及文化科技等事业的发展需要，在分析各城镇的历史沿革、现状条件的基础上，明确各城镇在区域城镇体系中的地位和分工协作关系，确定其城镇的性质、类型、级别和发展方向，使区域内各城镇形成一个既明确分工，又有机联系的大、中、小相结合和协调发展的有机结构。

7.2.2　城镇体系规划的作用

城镇体系规划旨在对一个特定的区域内合理进行城镇的布局，合理配置区域基础设施，改善区域环境，确定不同层级城市的地位、性质和作用，协调城市之间的关系，以促进区域整体的合理发展。城镇体系规划的作用具体来说有以下三点：

(1)引导城乡经济结构调整。经济结构调整是我国经济发展的一条主线。当前我国经济结构存在的主要问题，如产业结构不合理、地区发展不平衡、城镇化水平低等，都与城乡空间结构有重要的联系。土地是经济发展的空间载体，城镇体系规划通过城镇职能结构、规模结构和空间结构来优化土地利用，进而引导城乡经济结构调整。

(2)指导区域性基础设施配置。由于区域性基础设施面广、量大，具有较强的专业性，并且各有其主管部门及相应的计划、规划及实施机制，但综合起来尚缺少明确的行政主管部门或实施机制(包括建设行政主管部门)，而城市规划行政主管部门在城市规划区外对区域性基础设施建设没有主导权。因此，编制城镇体系规划要从制定规定性的规划方案，转向提出以协调为重点的技术方案，对区域性基础设施建设发挥指导作用。如在规划中对各类、各层次区域性基础设施规划的位置、时序、标准进行协调。

(3)引导生产要素流动、集聚。市场经济条件下生产要素的流动、集聚受“无形的手”制约，但其流动、集聚的规律是从投入产出低的位置流向、集中于投入产出高的位置。城镇体系结构实质上也是一种市场格局，所以城镇体系规划应对生产要素的流动和集聚发挥引导作用。如在规划中提出重点建设空间和中心城市划分，有利于各项要素向上述空间集聚等。城镇体系规划定位的层次以主导城乡空间结构调整为主，以指导区域性基础设施配置为次，并兼顾引导生产要素流动、集聚。

7.3　城镇体系规划的主要内容

1)综合评价城市和区域发展与建设的条件

了解区域内各个城镇的分布格局和演变规律，分析区域城镇发展的历史阶段及导致每个阶段城镇兴衰的主要因素，特别要重视历史上区域中心城市的变迁，明确当前城镇体系的形成特点，从而为预测未来影响城镇体系发展的主要因素及其作用提供支撑。研究区域经济和城镇发展的有利条件和限制因素，涉及自然资源和自然条件、劳动力、经济技术基础、区域交通条件、地理位置等方面。

2)预测区域人口增长，确定城市化目标

人口和城市化水平的预测所涉及的方面较多，影响的因素也较为复杂，应从多方面进行预测和相互校核。城镇体系规划主要考虑区内建制镇及以上等级的居民点的合理发展，适当考虑与集镇的关系。

3)提出城镇体系的职能结构和城镇分工

一个体系中的城镇有不同的规模和增长趋势，决定性的因素是它们承担的不同职能和区域职能结构的特征。城镇职能结构的规划首先要建立在对现状城镇职能分析的基础上。依据区域内各个城镇经济结构的统计资料，通过定量和定性相结合的分析，明确各城镇之间职能的相似性和差异性，实现城镇的职能分类。越是大型的城镇系统，越需要定量技术的支持。

4)确定城镇体系的等级和规模结构

城镇体系等级规模结构的确定应建立在分析现状城镇规模及分布的基础上，结合国民经济发展规划，确定规划期内可能需重点发展的城镇。结合城镇的人口现状、发展条件评价和职能的变化，对所有城镇做出规模预测，制订出合理的城镇等级规模结构。

5)确定城镇体系的空间布局

对区域城镇空间网络组织的规划，研究把不同职能和不同规模的城镇落实到空间，综合审视城镇与城镇之间、城镇与交通网络之间、城镇与区域之间的合理结合。

6)统筹安排区域支撑设施

区域基础设施是城镇体系中城镇之间各项经济、社会、文化活动所产生的人流、物流、交通流、信息流的载体，是区域和城镇赖以生存和发展的基础条件，它在城市化进程中处于重要的先导地位。区域基础设施包括区域交通运输、水资源、供排水、电力供应、邮电通信以及区域防灾等，区域社会设施包括区域性的教育、文化、医疗卫生、体育设施及区域市场体系等内容。

7.4 城镇体系规划的核心

城镇体系规划的目的，是通过合理组织体系内各城镇之间、城镇与体系之间以及体系与其外部环境之间的各种经济、社会等方面的相互联系，运用现代系统理论与方法探究整个体系的整体效益。要实现这一点，就必须强化体系内部的控制和调节作用，以克服体系内部与外部由于某种因素所造成的紊乱现象，从而提高体系的组织程度。据此，城镇体系规划的核心是研究节点城镇和节点城镇间的相互关系，主要包括城镇空间结构、等级规模结构和职能结构。确定“三结构”一直是我国各层次城镇体系规划的重点。

7.4.1　城镇职能结构

城镇职能(功能)是指城镇在国家和地区发展中所承担的任务和作用。社会政治、经济和文化功能是城镇的三大基本功能。社会政治功能体现的是城镇的行政管理作用。经济功能是城镇主要经济部门在城镇内部和城镇以外区域的作用和地位。文化功能分为有形与无形两种，有形的文化功能指城镇的科学、教育等功能，无形的文化功能指城镇的文化传统、生活方式、价值观念对城镇以外空间的影响力。

城镇职能结构是指在各城镇产业结构调整和城镇发展条件综合评价的基础上，确定各城镇的性质、特色、地位、作用及发展方向，提出相应的实施对策。在市场化、全球化背景下，国家间、区域间竞争更多体现在以中心城市为核心的城镇体系的竞争。因而，从规划的目标来看，通过各城镇间职能的协调，提升城镇体系职能的整体对外竞争力和区域可持续发展能力是城镇职能体系规划的最终落脚点。

以湖北省荆州市《江陵县国土空间总体规划(2021—2035)》为例，依据上位政策支持和地方优势基础，整合现有城镇特色职能，同时关联新兴产业培育，分类引导发展，将城镇职能划分为综合发展型、产业发展型、农旅融合型、文旅融合型 4 种，见表 7-1。其中，郝穴镇作为县城驻地，为综合发展型乡镇；滩桥镇、江北农场、普济镇、熊河镇、白马寺镇、马家寨乡、六合垸农场、秦市乡为产业发展型乡镇；资市镇、三湖农场为农旅融合型乡镇；沙岗镇为文旅融合型乡镇。

表 7-1　江陵县城镇职能结构一览表

城镇名称	城镇职能	发展指引
郝穴镇	综合发展型	综合服务小镇
滩桥镇	产业发展型	化工小镇
江北农场	产业发展型	农业小镇
普济镇	产业发展型	田园小镇
熊河镇	产业发展型	工业小镇
沙岗镇	文旅融合型	红色小镇
白马寺镇	产业发展型	农创小镇
马家寨乡	产业发展型	能源小镇
三湖农场	农旅融合型	黄桃小镇
资市镇	农旅融合型	荆楚文旅小镇

续表

城镇名称	城镇职能	发展指引
六合垸管理区	产业发展型	农科小镇
秦市乡	产业发展型	绿色小镇

7.4.2 城镇规模结构

城镇规模结构是指一定区域内城镇人口规模的层次分布，揭示一个区域内城镇规模的分布规律(集中或者分散)，反映城镇体系从大到小的序列与规模的关系。城镇规模是指人口、经济、科学技术等在城市的聚集规模，是衡量城市大小的数量概念。广义的城镇规模包括城市的人口规模、用地规模、生产力规模、消费力规模等。狭义的城镇规模指的是人口规模和用地规模。通常人口规模是衡量城市规模的决定性指标，人口规模和用地规模的关系是相关的，根据人口规模以及人均用地指标就能确定城市的用地规模。

改革开放以来，伴随着工业化进程加速，我国城镇化取得了巨大成就，城市数量和规模都有了明显增长，原有的城市规模划分标准已难以适应城镇化发展等新形势要求。当前，我国城镇化正处于实现高质量发展的关键时期，为更好地实施人口和城市分类管理，满足经济社会发展需要，2014 年国务院印发《关于调整城市规模划分标准的通知》，对原有城市规模划分标准进行了调整，明确了新的城市规模划分标准。新的城市规模划分标准以城区常住人口为统计口径，将城市划分为五类七档：城区常住人口 50 万以下的城市为小城市，其中常住人口 20 万以上 50 万以下的城市为Ⅰ型小城市，20 万以下的城市为Ⅱ型小城市；城区常住人口 50 万以上 100 万以下的城市为中等城市；城区常住人口 100 万以上 500 万以下的城市为大城市，其中常住人口 300 万以上 500 万以下的城市为Ⅰ型大城市，100 万以上 300 万以下的城市为Ⅱ型大城市；城区常住人口 500 万以上 1000 万以下的城市为特大城市；城区常住人口 1000 万以上的城市为超大城市。

城镇规模结构是指按照城镇化战略中对城镇规模的基本要求，确定合理的城镇等级和规模结构，提出相应的引导、控制政策。主要内容包括城镇规模结构优化原则和方案，确定主要城镇的规划人口指导规模，确定城镇建设用地总规模等。

以《江陵县国土空间总体规划(2021—2035 年)》为例，县域城镇规模结构划分为 3 个等级：1 个县域中心、2 个重点镇和 7 个一般镇。县域中心包含郝穴镇、滩桥镇、江北农场，重点镇为普济镇和熊河镇，一般镇为沙岗镇、白马寺镇、马家寨乡、三湖农场、资市镇、六合垸管理区、秦市乡，见表 7-2。

表 7-2 江陵县城镇规模结构一览表

等级	城镇数量	城镇名称	常住人口规模(万人)
县域中心	3	郝穴镇	20
		滩桥镇	3.60
		江北农场	1.02
重点镇	2	普济镇	3.00
		熊河镇	1.94
一般镇	7	沙岗镇	3.12
		白马寺镇	4.17
		马家寨乡	1.49
		三湖农场	3.47
		资市镇	3.92
		六合垸管理区	2.76
		秦市乡	1.53
合计	12		50.02

7.4.3 城镇空间结构

城镇空间结构是指体系内各个城镇在地域空间中的分布和组合形式，是地域范围内经济和社会物质实体的空间组合形式，是地域经济结构、社会结构和自然环境条件在空间的形象体现。依据弗里德曼(Friedmann)的核心-边缘理论，在不同的经济发展阶段，区域内城市发展的空间组织形态是不同的，一般由最初的独立分散结构向单中心结构、多中心结构演化，最终将形成区域空间一体化的网络结构。地域内经济社会发展水平越高，自然环境条件越好，城镇体系就越发育良好，城镇数量多，规模相对较大。城镇空间结构是职能类型结构和规模等级结构在区域内的空间组合和表现形式，因此城镇体系空间结构的特征相当程度上取决于前两种结构的作用，同时也受社会经济条件、自然地理条件、城镇化水平以及人文因素(如生产布局、城镇发展政策等)的影响和制约。

城镇空间结构是指按照城镇地域空间结构完善城市化战略中对空间城市化的基本要求，提出城镇空间规划及其操作方案，包括城镇布局与城镇地域空间结构方案及其相应的实施对策；重点空间的划分和乡村空间建设的原则和标准等。

同样以《江陵县国土空间总体规划(2021—2035)》为例，贯彻“集聚发展、轴线联动”

的城镇空间发展思路，打造以中心城区为核心、综合发展型乡镇为节点、特色镇为基础"三位一体"的多级城镇体系，构建"一廊两带，东西联动"的城镇空间结构。"一廊"为沿江高品质城镇发展走廊，"两带"为特色乡村发展带和美丽乡村发展带。县域东部为水乡式乡村振兴区，县域西部为高品质城镇集中区。如图 7-4 所示。

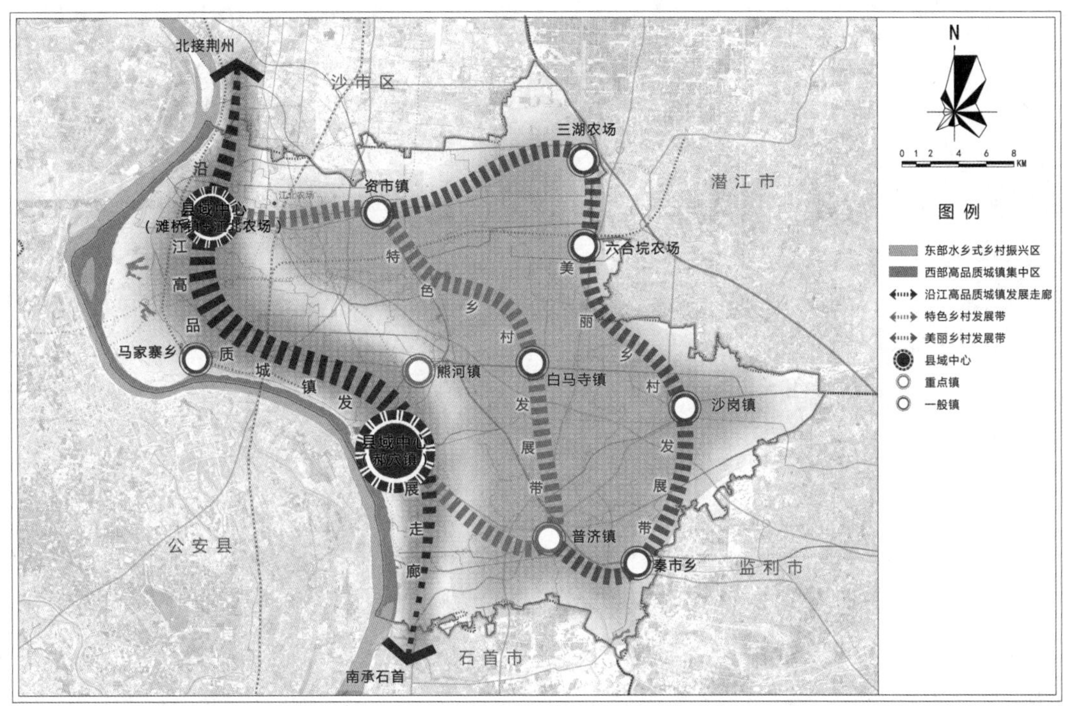

图 7-4　江陵县城镇空间结构规划图

本章参考文献

1. 许学强，周一星，宁越敏．城市地理学[M]．北京：高等教育出版社，2009.

2. 崔功豪，魏清泉，刘科伟．区域分析与区域规划[M]．北京：高等教育出版社，2006.

3. 石飞，朱彦东．城市交通学研究方法[M]．南京：东南大学出版社，2020.

4. 耿慧志，贾晓韡．村镇体系等级规模结构的规划技术路线探析[J]．小城镇建设，2010(8)：66-72.

5. 汤放华，魏清泉，陈立立，等．基于分形理论的长株潭城市群等级规模结构研究及对策[J]. 人文地理，2008(5)：26，43-46.

6. 李震，顾朝林，姚士媒. 当代中国城镇体系地域空间结构类型定量研究［J]. 地理科学，2006(5)：5544-5550.

第8章　城镇空间与城镇开发边界

导言：城镇空间布局和城镇开发边界是引导城镇集约节约发展、限制城镇无序扩张的重要政策工具，其中城镇开发边界的划定是当前国土空间规划的核心内容。本章首先主要介绍城镇空间的含义，结合我国当前城镇空间的主要问题，明确城镇空间划定要求与原则，提出城镇空间的划定步骤，并介绍城镇空间的管控方式；然后从城镇开发边界含义与作用的认知出发，总结国内外城镇开发边界研究与实践的进展，梳理城镇开发边界与“多规”的关系，确定城镇开发边界的划定要求和划定方法；最后根据相关政策文件，分类、分点归纳城镇开发边界内部三大分区的划定原则，提出分区划定的思路及技术路线。

8.1　城镇空间的含义

所谓城镇空间指的是以城镇居民生产、生活为主体功能的国土空间，包括城镇建设空间、工矿建设空间及部分乡级政府驻地集镇的开发建设空间。而从规划语义的角度来说，城镇空间指的就是为城镇生产生活需要而配置的国土空间，是城镇可持续发展的基本物质框架。城镇空间的划定，是当前国土空间规划的核心内容之一。

8.2　当前我国城镇空间的主要问题及规划要求

8.2.1　当前我国城镇空间的主要问题

改革开放以来，产业规模扩大和城市人口增加直接导致中国城镇地区空间快速扩张，面貌发生巨大变化。长期以来，我国采取城乡规划和土地资源管理相互制约的治理体系。城乡规划统筹空间布局，以效率优先为导向，强调城镇建设集中连片布局；土地资源管理强调规模约束，以指标调配为手段，实行总量控制和年度计划管理。在地方发展过程中，往往超规模规划建设空间，优先将计划内指标投放到道路等基础设施建设，拉大城市框架，作为后续规模指标分配博弈的基础。在这种背景下，我国城镇空间长期处于扩张状态。我国这种为了促进空间规模增长、满足地方财政需求的城镇规划模式被称为“为了增长的规划”。这种模式下，城镇建设中空间规划的问题便逐渐显露，具体包括：

(1)城镇空间利用效率低下：即城市建设用地利用率不高，大规模圈占土地，盲目规划建设各类开发区、新城、大学城，严重冲击和搅乱正常的土地市场秩序，造成巨量的土地收益流失，大量土地被闲置或低效利用，导致土地资源浪费的同时，也增加了城市基础设施建设和维护的成本。在城市化进程中城镇空间还是以外延扩展为主的增长模式，建成区不断向外蔓延。而对城镇空间的内涵扩展即提高城镇空间利用集约度的重视还远远不够。

(2)城镇功能布局失衡：一些城市在规划和建设过程中，功能布局不够科学合理，导致城市内部功能区之间的协调性和互动性较差。例如，住宅区、商业区、工业区的分布不均衡，增加了人们的通勤距离和交通压力，降低了人们的生活质量，产生了交通拥堵、资源浪费等问题。又如，某些城镇空间的扩张过程中，公共服务设施的建设和配备不均衡，导致一些地区缺乏基本的公共服务，如教育、医疗、文化等。

(3)城乡发展不平衡：城乡发展不平衡是中国面临的重要问题之一。大、中城市发展迅速，而农村地区发展滞后，城乡差距加大，农村人口外流，农村空心化。城市周边大量农地被转化为城市建设用地，城市边缘地区的无序扩张严重，伴随而生的失地农民普遍面临就业、养老等社会问题。

(4)环境压力增大：城镇空间扩张不但带来环境污染和噪声等问题，而且对农田和绿地的蚕食会导致景观的破坏和生态服务功能的下降。同时，大量的建设活动、工业排放和交通运输对环境造成了不可忽视的压力，影响了居民的生活质量。

(5)粮食安全和生态安全隐患突出：我国的一些城镇密集地区主要分布在平原、盆地等建设条件较为适宜的区域，而这些地区往往同时又是我国农业较为发达的地区，城镇发展与耕地保护的矛盾非常尖锐。近年来由于我国城镇建设用地的迅猛扩张，大面积耕地的锐减已经严重威胁到国家的粮食安全。而粗放的发展模式严重依赖土地资源的投入，相应的城市生态空间逐步被占用，加速了生态空间的退缩，生态安全隐患凸显。

8.2.2　城镇空间规划要求

考虑到我国城镇空间当前的问题，绿色城镇化成为现阶段城镇空间规划的主旨，即生产空间集约高效、生活空间宜居适度、生产空间和生活空间有效融合。限制城镇空间无序扩张，通过积极的手段控制城镇空间蔓延逐步成为普遍共识。实现城镇化绿色转型，亟须通过合理的城镇空间布局，缓解土地紧张、能源消耗过高等矛盾，促进城镇的可持续发展，实现人地和谐。总的来说，城镇空间划定应满足以下两点基本要求：

1. 科学调控城镇建设容量，主动限定发展空间

在空间上，划定城镇开发边界，主动控制和限定发展空间。一方面，基于城市资源环境承载能力和国土空间开发适宜性的评价，识别城镇发展限制性因素和突出问题，明确适宜和不适宜城镇开发的地域空间。另一方面，分析城镇发展历程、用地供给结构等因素，根据经济社会发展水平和目标，合理预测城镇人口和用地规模，综合研判城镇发展主要方向，通过与生态保护红线、生态廊道、永久基本农田等自然要素校核，限定城市集中建设用地的范围，划定城镇开发边界。同时，除了空间管控之外，也要有序管控城镇开发强度，减少对自然环境的干扰。结合交通条件、土地资源供求关系、配套设施承载力等因素，以生态宜居优先、集约节约发展、疏密有致引导、高效有序布局为主要原则，合理评价和划分开发强度分区与高度分区。

2. 精准供给，实现有限资源的高效配置

面对日益稀缺的土地资源，实现土地资源高效配置是城市可持续发展的必由之路。空间上按照减量型、调整与重构型和扩张型三类策略性发展方式，精准配置存量和增量土地资源。减量地区位于旧城区和外围生态地区，实现开发量减少；调整与重构型地区主要位于中心城区的外围地区，增加绿地、开敞空间和公共服务设施供给，控制人口密度和国土开发强度，推动空间品质提升。扩张型地区限定在外围局部地区。将用地资源重点用于保障国家和区域战略、民生发展和绿地与开敞空间。在这类地区，一方面落实区域交通、水利、能源等重要基础设施用地和战略性新兴产业等用地；另一方面，适度提高公共服务设施、基础设施和配套居住用地比例，完善市域生态网络和公园体系，提升城市环境品质。

8.2.3　城镇空间规划原则

城镇空间规划一般须遵循以下原则：

1. 节约集约，紧凑布局

结合不同城镇的综合发展水平及不同阶段的特征兼顾近期的发展状态及未来长远发展目标，基于“双评价”结果确定区域定位，科学预测城镇人口用地规模，优化空间布局，严格划定城镇空间和城镇开发边界，统筹安排新增和存量建设用地，各项建设应少占地、不占或者少占耕地，推进各类建设节约集约用地，提高土地利用效率。在科学论证城市远景空间结构、规模和资源环境限制的基础上，遵循集中布局、集约利用、减少基础设施投资及运营成本的原则，使城市建设用地尽量不要跨越大型基础设施廊道、河流、沟谷等人工或天然障碍。

2. 刚弹结合，科学管控

城镇空间和开发边界的划定既要遵循守住生态红线、保护文物古迹、规避自然灾害威胁、不占永久基本农田等刚性要求，对城市的生态环境进行整体把握。法律法规明确规定需要进行控制的区域必须纳入刚性控制要素范围，包括自然保护区、风景名胜区、生态公益林、水源保护区、湿地、森林公园、自然遗产、永久基本农田、文化遗产保护区、历史文物保护区、地质灾害区、地质遗迹区域等。同时也要科学预测城市发展潜力，充分满足城市发展对用地的要求，使城镇空间和城镇开发边界保持一定弹性，给未来发展保留足够的余地。

3. 科学承载，持续发展

依据生态、环境、土地、水资源等承载容量，按照生产空间集约高效、生活空间宜居适度、生态空间山清水秀的总体要求，使城市规模与资源环境承载能力相适应，与宜居要求相适应，减少城市用地扩展对资源环境的损害，确保生态安全，科学适度有序地推进城市建设开发。绿环、绿楔、绿廊等生态开敞空间维护着城市的整体生态格局，有助于形成组团式、网络化、城乡交融的城镇空间形态。为塑造良好的空间发展格局，应把避让城市的重要生态廊道作为城镇空间划定的底线。

8.3　城镇空间的划定步骤

城镇空间的范围，是可进行城镇开发建设区域和禁止进行城镇开发建设区域的空间界限，或者说允许城镇建设用地扩展的最大边界。基于城镇空间划定的要求和原则，其划定过程应遵循如下思路：把各类需要重点保护的资源要素、确定不能开发建设的空间，作为城镇开发红线；将城镇建设用地总量、耕地保有量和永久基本农田保护面积等作为约束性指标，划定范围不突破法定规划目标。

划定过程可分为以下两个步骤：

1. 进行城镇建设适宜性评价

确定城镇空间，可从“双评价”成果中，提取城镇建设适宜性评价结果。其中，城镇建设适宜性评价，主要从资源环境、承载能力、战略区位、交通、工业化和城镇化发展等方面综合集成。根据“双评价”结果，结合现状地表的实际情况，将城镇建设的适宜性结果由五级进一步划分为“适宜程度高、适宜程度中、适宜程度低”三级。

2. 进行评价结果集成

进行评价结果集成，以此确定城镇空间，如图 8-1 所示。

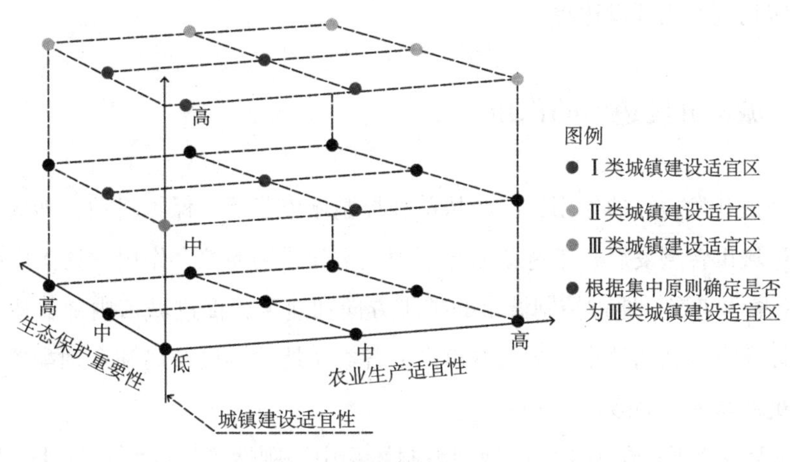

图 8-1　城镇建设适宜性判断

(1)评价结果中仅有城镇功能一项适宜性为高的区域，划定为Ⅰ类城镇建设适宜区。

(2)针对第一步未划定的区域，对于城镇建设适宜性高，生态保护重要性、农业生产适宜性其中至少一项为高的区域，原则上按照农业-生态-城镇的优先级次序进行确定，局部地区可按照城镇发展集中原则，划定为Ⅱ类城镇建设适宜区。

(3)将三类功能适宜性评价中值区和低值区划定城镇建设Ⅲ类适宜区。针对上两步未划定的区域，将评价结果中仅有城镇功能一项适宜性为中的区域划定为Ⅲ类城镇建设适宜区。对于城镇建设适宜性中等，生态保护重要性、农业生产适宜性其中至少一项为中等的区域，原则上按照农业-生态-城镇的优先级次序进行确定，也可按照三类功能的空间集中原则进行确定。

(4)城镇建设适宜区集成。综合前三步，取全部城镇建设适宜区为城镇空间。

8.4　城镇开发边界的含义及作用

8.4.1　城镇开发边界的含义

城镇开发边界是在国土空间规划中划定的，一定时期内因城镇发展需要，可以集中进行城镇开发建设，完善城镇功能、提升空间品质的区域边界，涉及城市、建制镇以及各类开发区等。城镇开发边界内可分为城镇集中建设区、城镇弹性发展区和特别用途区。城市、建制镇应划定城镇开发边界。

8.4.2　城镇开发边界的作用

当前，城镇开发边界的作用，已经从单纯控制城市蔓延、保护耕地，转向兼有控制城市扩张、促进城市转型发展、塑造新形势下国土空间格局的综合作用。具体作用如下：

(1)强化集约集聚。通过控制城市的扩张方向和速度，促进城市内部的用地集约化和高效利用，提高土地利用效率。推动城市内部各类用地的协调布局和合理配置，以及城市用地布局的更加紧凑、高效。

(2)限制无序蔓延。在国土空间规划编制体系中需刚性管控的“三线”中，城镇开发边界是为防止城镇规模盲目扩张和建设用地无序蔓延，推动城镇由外延扩张向内涵提升转变的重要工具。通过划定城镇开发边界，可以规范城市的建设用地，减少无序建设用地的数量和范围，从而有效控制城市用地的增长速度，避免城市过度扩张带来的社会问题和经济负担。

(3)优化城镇空间结构。城镇开发边界可以优化城市的空间结构，推动城市的功能分区和空间布局优化，提高城市的整体规划水平和竞争力。在边界内部，可以规划合理分布的居住区、商业区、工业区、公共服务设施等用地，从而构建一个更为有序、合理和高效的城市空间结构。同时，优化城市用地的开发强度，从而提高城市空间的利用效率。

(4)保护自然环境与农业用地。城镇开发边界的划定可以保护农业用地的基础资源，同时也保护了城市周边的自然环境，如山水林田湖等自然景观和生态系统，维护生态平衡和生态系统服务功能。

8.5 城镇开发边界的起源与演进

8.5.1 城镇开发边界的起源

城镇开发边界的思想起源可以追溯到英国学者霍华德的田园城市理论。霍华德认为，“城市环境的恶化由城市膨胀引起，城市无限扩展和土地投机是引起城市灾难与相关弊病的根源；而田园城市是为健康、生活以及产业而设计的城市，它的规模足以提供丰富的社会生活，但不应超过合理的程度；田园城市四周要有永久性农业地带围绕，农业用地是保留的绿带，永远不得改作他用。”显然，霍华德设想的田园城市是有适宜规模的，而城市规模需通过城市外围的绿带进行限制，这种绿带就是城镇开发边界的最早设想。此后，1944年大伦敦区域规划委员会提出了在城市周边建立绿带(Green Belt)的构想。当时伦敦住房短缺问题日益突出，城市的扩张也日益加快。为了解决住房问题，同时保护周边的农田和自然景观，在伦敦外围规划了16公里宽的绿带，范围包括大伦敦市区和周边的一些县镇和乡村地区。随后这一概念逐渐受到重视，成为广泛应用的阻止城市无序扩张的工具之一，被视为城镇开发边界的雏形。

在美国的城市规划制度中，为应对城市蔓延所带来的问题，先后出现了增长管理、精明增长等理论思潮，并进行了城市增长管理和土地利用管制政策改革的探索，类似城镇开发边界概念的城市增长边界便是在这种背景下提出。一些州在20世纪70年代和80年代初期开始实施城市增长边界，如俄勒冈州、华盛顿州和加利福尼亚州。其中，最早实施城市增长边界的俄勒冈州专门成立土地保护与发展委员会，要求城市制定综合规划并设置城市增长边界，明确在城市增长边界内的土地在一定时期内才可作为城市发展用地，以控制城市蔓延。1997年，美国规划协会提出以城市增长边界促进城市紧凑和连续的发展模式，从而提高公共服务设施利用效率，保护开敞空间、农业用地以及生态敏感地区。

澳大利亚墨尔本的城镇开发边界实践可以追溯到2002年，借鉴美国经验，维多利亚州政府发布的一份专项规划：《墨尔本2030实施计划一：城市增长边界》，提出了划定城市增长边界的一般原则和具体原则，并划定了城市增长边界，规定了城市增长边界的范围和内部的开发限制。城市增长边界以内的土地则可以进行城市建设，但需要符合严格的可持续发展标准和规定。日本将区域划分为城市化促进区、城市化控制区和城市规划区三类空间，以此作为制定土地使用区划、公共设施规划、其他特别用途区划等规划层次需要遵守的空间框架。制定不同类型的开发和建设管控措施，以实现城市全面发展的规划引导目标，发挥了类似城镇开发边界的作用。国外的其他城市，如南非开普敦、韩国首尔、加拿大渥太华等，也都在不同时期进行了开发边界划定实践。

而在我国，从 2006 年颁布的《城市规划编制办法》提出划定“四区”并研究中心城区的增长边界开始，十余年的时间里，在相关的政策文件中对城镇开发边界的名称、性质和功能的认识略有不同。例如，2006 年建设部颁布《城市规划实施编制办法》，其中明确要求制定的城市总体规划要“研究中心城区空间增长边界，确定建设用地规模，划定建设用地范围”。2009 年，国土资源部颁布的《市县乡级土地利用总体规划编制指导意见》提出，在新一轮的土地利用规划编制中，需要划定“三界四区”（城乡建设用地规模边界、城乡建设用地扩展边界、禁止建设用地边界，允许建设区、有条件建设区、限制建设区、禁止建设区）。2013 年 12 月中央城镇化工作会议要求“根据区域自然条件，科学设置开发强度，尽快划定每个城市特别是特大城市开发边界”。2014 年 7 月，国土资源部、住建部下发的《城市开发边界划定工作方案》将城市开发边界定义为“可进行城市开发建设与不可进行城市开发建设的界线，应当包括中心城区规划建设用地，以及中心城区周边连绵发展的下辖城镇的规划建设用地”。2017 年 1 月，中共中央办公厅、国务院办公厅印发《省级空间规划试点方案》，明确指出要划定以城镇开发边界为重要组成部分之一的“三区三线”。2018 年自然资源部成立，统一行使“所有国土空间用途管制和生态保护修复职责”，开展国土空间开发适宜性评价，组织划定生态保护红线、永久基本农田、城镇开发边界等控制线，建立健全国土空间用途管制制度。

纵观国家对于开发边界的政策演变，大体可以看出，2006—2011 年是中国快速城镇化时期，因此这一时期政策文件主要是利用城镇开发边界对城市建设进行管控，核心是限制城市用地增长。2011—2014 年，各类自然资源的行政主管部门制定的空间规划自成体系，出现了内容冲突、衔接不畅等问题，城镇开发边界的主要目的是与其他边界线的协调，确保城市重要空间指标一致。2015 年之后，国家开始进行生态体制改革，由自然资源部对国土空间全要素管控，强调城镇开发边界刚性管控城市开发和保护各类资源要素的作用。

8.5.2　城镇开发边界划定方法探索

自相关政策发布以来，城镇开发边界开始由理论构建转向具体操作实践。在国土空间规划体系改革之前，已进行了一系列的实践探索。从城市发展限制性因素和需求因素两方面入手研究划定方法已成为基本共识，因此划定方法可分为三种：反向控制划定方法、正向需求划定方法和综合划定方法。

1. 反向控制划定方法

反向控制划定方法是以生态优先为导向，结合“反规划”思想，从资源保护角度出发，遵循底线原则，优先界定不宜建设区域，以此确定城市的不可开发边界范围，进而反向划定城镇开发边界。厦门市是反向法划定城镇开发边界的典型城市，其基本思路是“先底后图”，通过分析城市生态空间格局，先确定基本农田、生态保护红线及其他需要保护的空间资源管控线，并结合自然地形特征进行生态敏感性评价，确定城市不可开发的主要限制区，后反复校核生态空间与建设空间，划定最终的城镇开发边界。

2. 正向需求划定方法

正向需求划定方法考虑未来城镇发展的需要，包括人口、产业、经济社会、政策的发展需求，结合城镇增长趋势划定城镇开发边界。例如中山市的城镇开发边界是在元胞自动机模型(CA)的基础上，利用改进的 FLUS 模型，以基本农田保护区与生态保护红线作为限制性约束，结合多个空间变量、资源环境承载力以及城镇空间适宜性等因子要素，模拟得出 2035 年城镇建设用地分布，结合边界区域地块实地情况对边界进行微调，最终划定城镇开发边界。

3. 综合划定方法

综合划定方法是将正向和反向划定方法综合考虑，既立足城市生态本底，考虑城市资源承载能力，保障可持续发展；又通过研究社会经济需求和城市未来用地发展趋势，确定城市发展的用地需求规模，最终协调供给侧划定城镇开发边界。例如，广东省基于“双评价”研究结果，综合评估省域用地开发建设规模上限及空间拓展方向，确定城镇开发边界面积总量与城镇建设用地规模的弹性扩展比例，充分避让各类底线要素，衔接国土空间开发现状和现有法定城市总体规划、土地利用总体规划建设用地规模和范围，通过基于神经网络的用地概率计算及元胞自动机的用地演变模拟，预测未来城镇增长空间，最终形成全省城镇开发边界的具体布局形态。

三种方法各自优势明显，但也分别存在着一定的局限性。反向控制划定方法侧重于对城市生态底线的保护，适合应用于城市发展速度已过渡到和缓发展阶段，发展趋势也处于稳定状态，且生态保护较为重要的地区。但排除生态保护区，其他区域均可作为建设区域，无法完全起到对城市空间发展的有序引导作用，实现内涵式发展。正向需求划定方法侧重于城市的发展，适合于城镇发展速度较快，发展趋势良好的地区。虽然通过建设用地适宜性评价等手段，明确了适宜和不适宜建设区域的空间分布，但未从总体的空间结构和生态安全格局进行统筹。综合划定方法将生态保护与城市发展进行统筹考虑，不仅可以有序引导城市空间发展，也利于保护生态空间。这种方法现被大多数城市所采纳，应用较为普遍。

8.6　城镇开发边界划定要求与方法

8.6.1　划定要求

空间规划机构改革和国土空间规划体系的建立，意味着国家对于全域全要素空间资源管控力度的全面升级，也意味着城镇开发边界从最初的技术性工具转变为“政策性+技术性”相结合的综合性工具。城镇开发边界不仅是国土空间规划的重中之重，也是各方利益主体进行博弈的关键内容。城镇开发边界也由此成了实现由原先的增量扩张转向以存量利用为主思维转变的重要手段，它兼有控制城镇扩张、促进城市转型发展、塑造美丽国土空间的综合作用。因此在新一轮的国土空间规划编制中，城镇开发边界划定既要维护生态格局，起到对城镇空间发展的有序引导和约束作用，实现内涵式发展；又要考虑城镇建设用地的空间拓展趋势以及现实需求，做到刚性控制与弹性约束的有机统一；同时考虑边界管用、好用的实际管理需要。划定要求可归纳为以下几点：

(1)满足资源承载约束：立足资源生态环境本底和承载能力，控制开发强度，明确需要永久保护的空间优先。落实永久基本农田和生态红线划定要求，在城镇开发边界内不应含有永久基本农田、生态红线等具有明确保护要求的空间要素，若实在无法避免，则应采取“开天窗”的形式或是制定占补平衡计划。

(2)推进城镇土地节约集约利用：对城镇用地规模进行总量控制，促进城镇土地利用结构的优化调整和存量土地的内涵挖潜，引导城镇内填式集约发展，推进产城融合和城镇土地利用混合布局，以土地利用方式转变促进城镇转型发展。

(3)协调已有空间规划：在城市土地开发、建设、管理过程中，已有的各类空间规划从不同角度和各自方式进行空间管控。而城镇开发边界是在规划体制改革后所提出的重要空间管控方式，不能另起炉灶，应当与现有的规划相互衔接。城镇开发边界划定过程本质是“两规合一”过程，实现一个开发边界控制建设用地开发范围，更好地发挥城镇开发边界的政策属性。

(4)做到“刚弹结合”：从尊重城市发展规律的角度看，空间规划必须面对空间发展的不确定性问题。空间规划是对未来若干年内空间开发与保护内容的统筹安排，空间保护内容一般较为确定，而空间开发行为则受到不同时期很多因素的影响，往往具有较强的不确定性。为适应城市未来发展的潜力，针对地方发展的诉求与不确定性，在边界内预留部分弹性空间，以机动指标的形式对区域性重要通道、重大基础设施用地进行留白。在不突破用地规模前提下，建设用地布局可在城镇开发边界内适当调整，使得开发边界兼具刚性管控和弹性布局功能。

(5)具备良好边界形态：从宏观层面来看，城市发展方向决定了城市未来土地批出的主要方向，通过研究城市发展方向优化城镇开发边界，保证开发边界的拓展方向和城市发展方向一致。从微观层面来看，现有方法划定的边界存在参差不齐、形态凌乱、未能满足实际管理需要等问题。边界需要集中紧凑，不宜复杂曲折。形态规整、清晰的边界便于具体实施，落实控制力度，有利于指导各类建设活动。

8.6.2 城镇开发边界划定步骤

面向新时代国土空间规划的要求，为指导各地划定城镇开发边界，自然资源部在2020年8月出台了《市级国土空间总体规划编制指南(试行)征求意见稿》，并提出了城镇开发边界划定技术流程，包括基础数据收集、开展评价研究、边界初划、方案协调、边界划定入库等5个环节，但是并未明确具体技术路线。本书基于相关指导文件，结合在多地从事空间规划的经验以及研究成果，提出“预测规模-框定底图-明确底线-纳入现状-顺应方向-划定边界”的城镇开发边界划定步骤。

1. 预测规模

城镇建设用地规模预测是国土空间规划编制的重要内容，也是划定城镇开发边界的基本前提。传统的用地规模预测的基本思路是：从发展趋势和发展需求角度预测在规划期末所能达到的常住人口总量，用到的方法主要有综合增长率法、地区生产总值法等。然后预测城镇化水平，最终以规划城镇总人口和规划人均城镇建设用地指标来框定城镇建设用地总规模。不同于传统的城乡规划和土地利用规划，国土空间规划是以高质量发展为导向的规划，相较于过去较为粗放的扩张式发展规划，国土空间规划在底线管控的基础上推动节约集约发展。国土空间规划体系下的用地规模测算，不再是单方向的“以人定地”，而是以资源环境承载力作为底线约束、以国土空间开发适宜性为基础，结合城镇发展趋势和发展需求，综合确定建设用地规模。在划定开发边界时贯彻“以水定城、以水定地、以水定人、以水定产”的原则，根据水资源约束底线和利用上限，引导人口、产业和用地的合理规模与布局。“水资源约束”是指将一个地区的可利用水资源按照一定的开采利用率和预期的用水结构测算得出的人口规模作为约束条件。水资源约束的思路是：根据规划区域不同水平年的水资源可利用总量和开发利用率，确定不同水平年的开发利用量，同时依据现状用水结构，推测出规划期内的用水结构，由此计算出规划期内的生活用水量和三产用水量，再根据预测的城镇化率，参考城镇人均生活用水量和农村人均生活用水量规范，综合确定水资源可承载的最大人口规模。接着按照城镇发展趋势确定城镇化率和城镇人口，并依据相关规范确定人均城镇建设用地指标，形成用地规模预测结果。“水资源约束”是对传统预测方法形成的结果进行验证和修正，使得最终确定的规划人口及用地规模既满足城镇发展需求又符合地区资源环境承载力水平。结合城市的发展阶段及自然地形等因素，确定建设用地规模和开发边界规模的比率关系，即弹性系数。由弹性系数和建设用地规模共同确定开发边界规模区间。

2. 框定底图

规划体制改革后统一以"双评价"结果作为编制国土空间规划的前提条件。"双评价"综合分析资源禀赋、社会经济和环境条件，对地形地貌、水文、交通可达性等要素进行综合分析，识别城市资源承载能力和生产建设的合理规模及适宜空间。明确城区及周边不可建设用地、不宜建设用地、可建设用地和适宜建设用地区域，为确定城市发展方向、选择用地提供依据。以"双评价"中城镇建设适宜性评价成果为基础(图 8-2)，初步确定城镇开发边界划定区域。

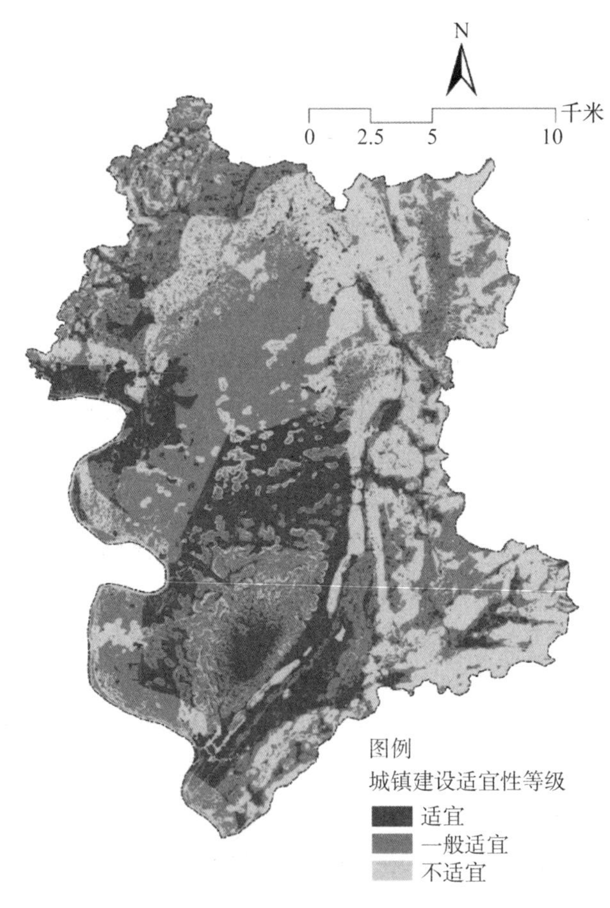

图 8-2　某地区城镇建设适宜性评价结果

3. 明确底线

坚守底线思维，明确城市资源本底刚性管控区域，辨识并确定生态安全控制区界线、历史文化保护区界线、永久基本农田保护区界线等刚性边界，以保护重要自然资源和区域生态屏障，落实耕地和永久基本农田保护任务。以“两线”(生态保护红线、永久基本农田保护界线)为代表的资源保护线是所有城市必须坚守的粮食和生态安全底线，是城镇开发边界的底线，对各类建设布局具有很强的约束作用。将城镇适宜建设区与刚性底线边界相叠加，扣除与刚性底线重合部分(图 8-3)。

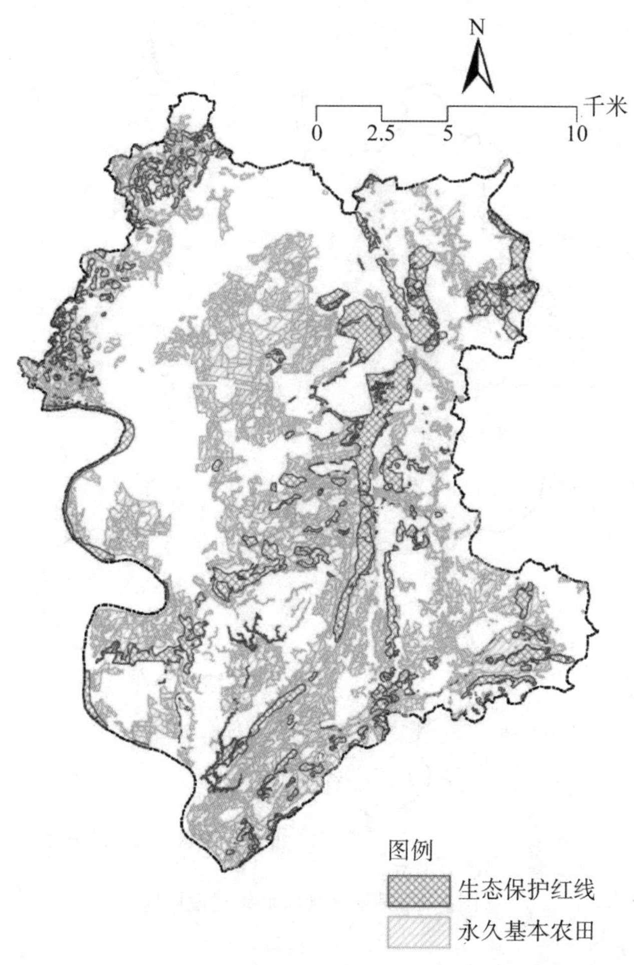

图 8-3　某地区生态保护红线及永久基本农田划定成果(详见书末彩色插图)

4. 纳入现状

将“三调数据”按照“一对一”和“一对多”等多种方式形成基数转换成果。根据国土空间规划现状基数的相关政策要求，将合法的已建或已批用地认定为现状城镇建设用地，作为开发边界的主要部分纳入。其中已审批已建设用地指的是“三调”基数转换结果中城镇用地、区域基础设施用地及其他建设用地，此类用地集中连片部分应保留在城镇开发边界内。其余各类现状建设用地如已审批未建设用地、未审批已建设用地等，则应结合实际情况补充认定，尽量都划入城镇开发边界内(图 8-4)。

图 8-4　某地区现状城镇建设用地

5. 顺应方向

应分析城镇建设空间的演变过程，顺应城市发展的规律，综合考虑自然要素限制以及城镇发展需求，确定城镇未来拓展方向，城镇开发边界拓展方向应与城市发展方向一致。参考原“城规”“土规”确定的发展方向，评估现状与规划布局的一致性，从区域视角考虑有利于城市发展的拓展方向，提出城镇开发边界的空间拓展策略(图 8-5)。

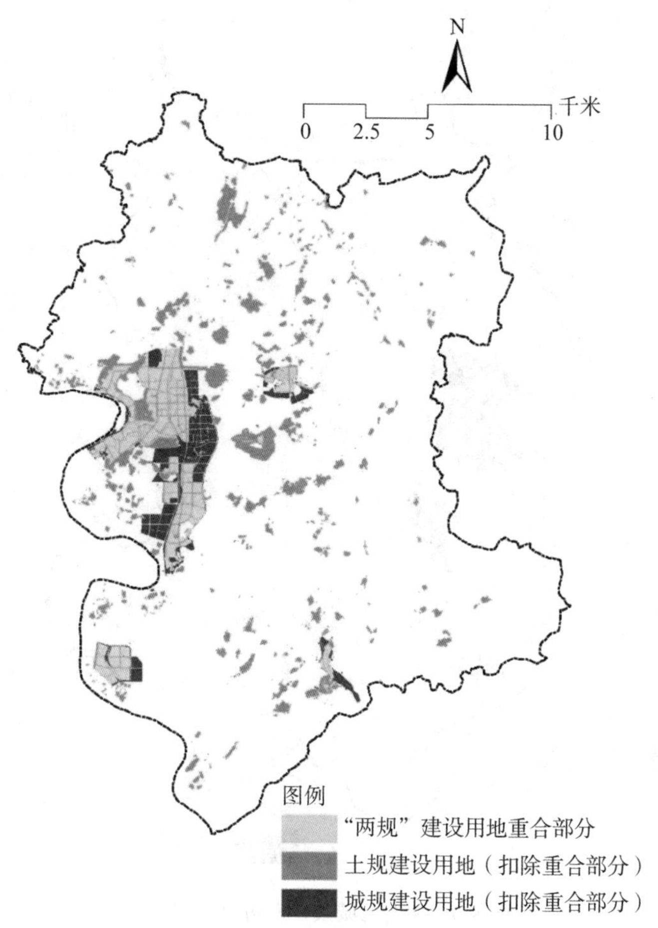

图 8-5　某地区原“城规”及“土规”划定建设用地

6. 划定边界

调整边界形态，保持总量平衡。删去面积过小的独立闭合线，剔除距离较远地块之间的道路，明确城镇开发边界的主要集中区域，提高边界完整性。利用各类行政区域界线和地物的法定边界线、地理边界线、行政管辖线等，避免出现较多锯齿、镂空。根据城镇开发边界的规模区间校核优化开发边界。校核时尽量参照原来已有空间性规划的建设用地布局，若是划定规模小于区间需要新增用地，则应尽量落位在“双评价”确定的适宜建设区、已有空间性规划建设区内；反之则需要在优化阶段的基础上，删除非现状城镇建设用地或者在已有空间性规划建设区外的用地。协调城镇开发边界和“两线”关系，最终划定城镇开发边界(图 8-6)。

图 8-6　某地区城镇开发边界划定成果

8.7　城镇开发边界分区划定

8.7.1　城镇开发边界分区概念

在新的国土空间规划中，对于城镇开发边界内部空间管制也具有跟以前传统城乡规划不一样的要求。2019 年 6 月，《城镇开发边界划定指南》(试行，征求意见稿)正式提出城镇开发边界内可分为城镇集中建设区、城镇弹性发展区和特别用途区。其中，城镇集中建设区是指根据规划城镇建设用地规模，为满足城镇居民生产生活需要，划定的一定时期内允许开展城镇开发和集中建设的地域空间。城镇弹性发展区是指为应对城镇发展的不确定性，在城镇集中建设区外划定的，在满足特定条件下方可进行城镇开发和集中建设的地域空间。但同时也必须遵循在不突破规划城镇建设用地规模的前提下，城镇建设用地布局可在城镇弹性发展范围内进行调整，同时相应核减城镇集中建设区用地规模。特别用途区是指为完善城镇功能，提升人居环境品质，保持城镇开发边界的完整性，根据规划管理需划入开发边界内的重点地区，主要包括与城镇关联密切的生态涵养、休闲游憩、防护隔离、自然和历史文化保护等地域空间。特别用途区原则上禁止任何城镇集中建设行为，实施建设用地总量控制，原则上不得新增除市政基础设施、交通基础设施、生态修复工程、必要的配套及游憩设施外的其他城镇建设用地。因此，特殊用途区中允许有一部分农田和生态用地(图 8-7)。

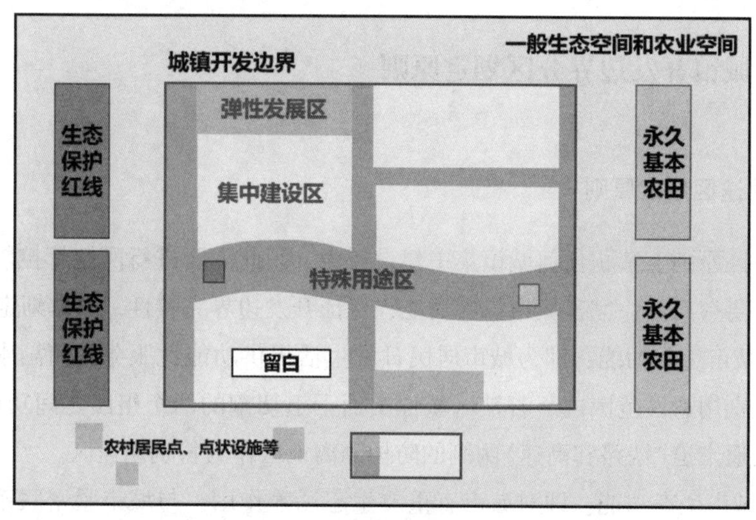

图 8-7　城镇开发边界内部空间管控示意图

(图片来源：《市级国土空间总体规划编制指南(试行)》，自然资源部，2020.9)

值得注意的是，在城镇集中建设区内还预留了一部分所谓的“留白”区域。当前，在国土空间规划编制实践中，对于留白区域还存在较多争议，在很多情况下，其图面表达的也并不一致——有的是在城镇集中建设区内，有的在弹性发展区内也划定了一部分留白，还有的城镇开发边界与农业空间之间也有留白区域。在 2020 年自然资源部颁布的《市级国土空间总体规划编制指南(试行)》(以下简称《指南》)中，对于城镇集中建设区内划定了一类二级分区，即“战略预留区”，并将其解释为“在城镇集中建设区中，为城镇重大战略性功能控制的留白区域”。因此，多数情况下，留白区域也被解释为“战略留白”(参照了《北京市城市总体规划(2016—2035 年)》的说法)。但本书作者认为，这一解释并不准确，当前的留白区域与传统规划中常说的“战略留白”也是不一样的。以前所说的战略留白是指从城市发展战略出发，而在城市集中建设区外围所预留的将来的开发建设用地，通常称之为“发展备用地”，而在此次的国土空间规划中一般定义为弹性发展区。这一部分区域通常受开发规模限制，同时开发条件一般，土地价值也一般。但是此次国土空间规划中的“留白”区域设定的初衷除了考虑将来的发展战略之外，更多的是应对城市开发的不确定性，考虑将来用地的兼容性，在城镇集中建设区内预留的将来的发展空间(这与新加坡的“白地”类似)。这一部分空间通常为开发条件最为优越、土地价值最高的区域，预留的目的只是由于发展前景不明确，或者发展业态不明确，为避免土地资源和价值流失而设定的区域。这与“战略留白”设定的出发点是有本质区别的，在建设时序、管控力度等方面也是有明显不同。

8.7.2　城镇开发边界分区划定原则

1. 特别用途区划定原则

特别用途区原则上禁止任何城镇集中建设行为，因此需要进行刚性管控。划定特别用途区的目的主要有两点：完善城市重要功能，保证开发边界完整性。具体划定原则包括：

(1)完善城市生活功能：即为城市居民日常生活提供功能性服务的河湖水系、生态湿地等需纳入特别用途区范围内。若被区域性交通干道切割的两个组团之间功能联系紧密，可将区域性交通干道(铁路和高速)两侧的防护隔离地区作为特别用途区。

(2)完善城市生态功能：即对城市有重要生态涵养作用，与城市紧密联系的山体、水体建议纳入特别用途区。与城市距离较远，联系较小的自然要素可不纳入特别用途区。

(3)符合政策要求：《指南》中指出对于开发边界围合面积超过城镇集中建设区面积 1.5 倍的，对其合理性及必要性应当予以特殊说明。所以，对特别用途区的面积占比也有一定约束。

2. 集中建设区划定原则

集中建设区要求现状和增量用地布局集约紧凑，以提高土地利用效率，契合当前由原来的增量扩张向以存量利用为主的思维转变。划定原则主要有以下三点：

（1）识别现状城镇空间（存量空间）：根据“三调”、土地利用现状、重大建设项目，识别现状城镇空间。根据“应划尽划”原则，“三调”现状城镇集中建成区域一定要划入城镇开发边界。其他用地如批而未供、批而未建、在建等有记录的项目，均纳入存量空间。

（2）叠加增量空间：根据中心城区空间演变历程，叠加规划重大产业项目、重大交通廊道、设施，并考虑未来城市发展方向、分析城市发展潜力、城市发展需求（城镇化发展需求、用地需求等），多因子叠加分析，结合城市空间发展的方向，识别城镇发展潜力地区。

（3）合理确定边界，保护地理格局：充分利用河流、山川、湖泊、山体线、交通设施等自然地理和人工地物等各种边界，同时也要结合实际充分考虑权属和管理需求，防止出现简单切割用地管理边界的现象。

（4）符合《指南》中的面积要求：《指南》中提出规划城镇建设用地应该绝大部分划入集中建设区内，其中市级总规城镇开发边界划定要求至少80%的市辖区规划城镇建设用地总规模应划入集中建设区，县级总规要求90%。因此，在划定的时候需要将现状的城镇建设用地作为划定集中建设区的基础，补足规划城镇建设用地面积要求的增量部分则尽量都落在集中建设区内。

3. 弹性发展区划定原则

弹性发展区需要研判城镇发展潜力，适应城镇发展的不确定性，为可能的发展留有弹性空间。划定原则主要有以下两点：

（1）筛选未来有发展潜力区域：根据城市功能结构，发展诉求和重要的交通节点、重点项目等，筛选未来有发展动力的区域。

（2）明确弹性发展区规模和布局：按照城镇集中建设区的相应比例，合理划定弹性发展区规模。城镇弹性发展区面积原则上不超过城镇集中建设区面积的15%，其中，现状城区常住人口300万以上城市的城镇弹性发展区面积原则上不超过城镇集中建设区面积的10%；现状城区常住人口500万以上城市、收缩城镇及人均城镇建设用地显著超标的城镇，应进一步收紧弹性发展区所占比例，原则上不超过城镇集中建设区面积的5%。保证城市未来发展可行性，并且其与集中建设区有效衔接，考虑各区域发展动力、空间形态等方面的差异，调整弹性发展区的布局和规模。

城镇开发边界分区划定原则见表8-1。

表 8-1　城镇开发边界分区划定原则

分区名称	纳入要素	面积要求	考虑因素
特别用途区	(1)山水要素 (2)被区域性交通干道切割的两个组团之间功能联系紧密，将区域性交通干道(铁路和高速)两侧的防护隔离地区作为特别用途区 (3)历史要素	对于开发边界围合面积超过城镇集中建设区面积 1.5 倍的，对其合理性及必要性应当予以特殊说明	当划定特别用途区时，可能会有没有矢量数据的大面积山体、水体，此时需要具体问题具体分析：可根据卫星图和三调属性自行进行判断
弹性发展区	筛选未来有发展潜力区域	城镇弹性发展区面积原则上不超过城镇集中建设区面积的 15%	按照城镇集中建设区的相应比例，合理划定弹性发展区规模
集中建设区	(1)保留现状空间 (2)叠加增量空间	市级总规城镇开发边界划定要求至少 80% 的市辖区规划城镇建设用地总规模应划入集中建设区，县级总规要求 90%	合理确定边界，防止出现简单切割用地管理边界的现象

8.7.3　城镇开发边界分区划定思路及技术路线

结合《指南》要求，整体划定思路是优先划定特别用途区，其次保证现状城镇建设用地划入集中建设区，最后协调集中建设区和弹性发展区的空间分布以及面积比例要求。具体操作可以分为两步：

1. 划定特别用途区

优先划定生态涵养、休闲游憩、防护隔离、自然和历史文化保护等地域空间。融合之后与城镇开发边界重叠的部分即为特别用途区的范围。

2. 划定集中建设区和弹性发展区

由城镇开发边界擦除特别用途区部分即为弹性发展区和集中建设区总和部分，由指标确定弹性发展区和集中建设区的面积总和以方便划定“三区”，控制“三区”规模。

计算规模后，把现状城镇建设用地、规划现状基数分类转换用地、重大项目等空间必划入地全部纳入集中建设区范围内，城镇开发边界去除弹性发展区和必划入图斑的剩余地块即为剩余的集中建设区和弹性发展区。再根据划定原则划定剩余集中建设区，在划定过程中要同时把握集中建设区规模。之前必划入图斑和新划定的集中建设区相加即形成最终的集中建设区，剩余未划定的空间即为弹性发展区。

整体技术路线及效果如图 8-8 和图 8-9 所示。

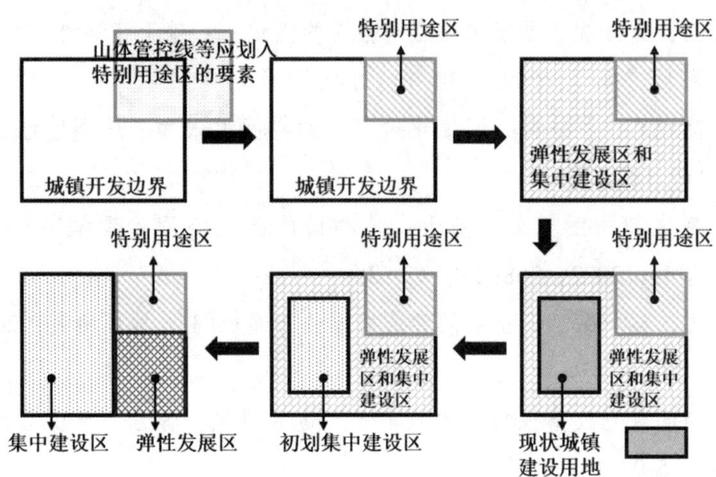

图 8-8 城镇开发边界分区划定思路图

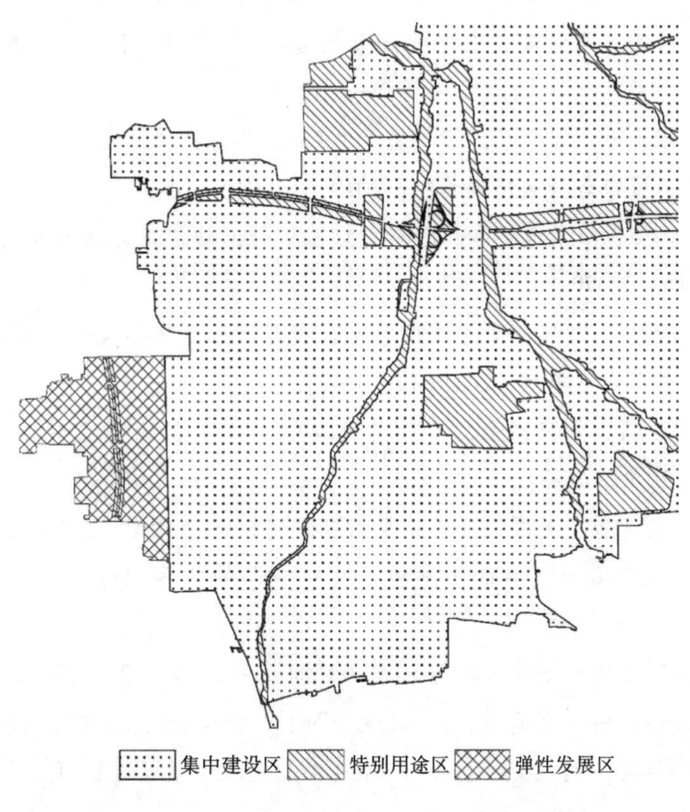

图 8-9 城镇开发边界分区示意图

本章参考文献

1. 王凯，陈明，张丹妮．国家城镇空间格局的优化——基于经济潜力和安全风险维度的新思考[J]. 国际城市规划，2023，38(1)：1-9.

2. 戴均良，高晓路，杜守帅．城镇化进程中的空间扩张和土地利用控制[J]. 地理研究，2010，29(10)：1822-1832.

3. 邓兴栋，韩文超，霍子文．基于人地和谐的国土空间治理框架——以广州市为例[J]. 城市规划学刊，2022，268(2)：47-53.

4. 周侃，樊杰，盛科荣．国土空间管控的方法与途径[J]. 地理研究，2019，38(10)：2527-2540.

5. 许景权．空间规划改革视角下的城市开发边界研究：弹性、规模与机制[J]. 规划师，2016，32(6)：5-9，15.

6. 林坚，乔治洋，叶子君．城市开发边界的"划"与"用"——我国 14 个大城市开发边界划定试点进展分析与思考[J]. 城市规划学刊，2017，234(2)：37-43.

7. 王颖，顾朝林，李晓江．中外城市增长边界研究进展[J]. 国际城市规划，2014，29(4)：1-11.

8. 罗伟玲，吴欣昕，刘小平，等．基于"双评价"的城镇开发边界划定实证研究——以中山市为例[J]. 城市与区域规划研究，2019，11(01)：65-78.

9. 周祥胜，汤燕良，李禅，等．广东省级城镇开发边界的划定思路与方法[J]. 规划师，2019，35(11)：75-79.

10. 张兵，林永新，刘宛，等．城镇开发边界与国家空间治理——划定城镇开发边界的思想基础[J]. 城市规划学刊，2018(4)：16-23.

11. 张兵，林永新，刘宛，等．"城市开发边界"政策与国家的空间治理[J]. 城市规划学刊，2014(3)：20-27.

12. 倪文岩，刘智勇．英国绿环政策及其启示[J]. 城市规划，2006，30(2)：64-67.

13. 梁占强．城市增长边界的国际经验及对中国的启示[D]. 石家庄：河北师范大学，2016.

14. 张进．美国的城市增长管理[J]. 国外城市规划，2002(2)：37-40.

15. 俞孔坚，韩西丽，李迪华．论"反规划"[J]. 城市规划，2005，29(9)：64-69.

16. 龙瀛，韩昊英，毛其智．利用约束性 CA 制定城市增长边界[J]. 地理学报，2009，64(8)：999-1008.

17. 程永辉，刘科伟，赵丹，等."多规合一"下城市开发边界划定的若干问题探讨[J]. 城市发展研究，2015，22(7)：52-57.

18. 黄经南，朱志宏，周俊. 多维度分阶段的城镇开发边界划定研究——以广西合山市为例[J]. 小城镇建设，2023，41(2)：11-19.

第9章　中心城区空间规划

导言：中心城区是整个城市乃至更大区域的社会经济运转中枢，其发展对整个城市乃至区域的发展至关重要，因而，作为引导中心城区国土空间开发保护和支撑社会经济发展的中心城区空间规划是国土空间总体规划的重要部分。作为市域的一部分，中心城区的空间规划工作，是对市域层面城镇体系规划、城镇开发边界的细化落实，核心工作是基于建设现状和禀赋条件开展用地布局，具体涉及空间结构谋划、用地结构规划、建设用地布局三方面。本章主要围绕上述内容展开，此外对与中心城区相关的社区生活圈规划等五个专项规划工作做一并介绍。

9.1　空间结构谋划

9.1.1　空间结构的含义与作用

城市空间结构是城市功能空间的宏观组织形式。在这种组织形式中，城市功能空间被集成、提炼为少数“点”“轴”和“片”进行呈现，并依据所确定的城市功能进行区分，例如综合服务、科技创新等。相比具体城市建设用地或设施，例如校园、消防站、商场，“点”“轴”“片”形式的城市功能空间在尺度上更大，在功能上更具综合性或者概括性，从而使得城市空间结构成为城市空间组织的宏观映射。从规划的语义来讲，城市空间结构谋划，就是对中心城区国土空间开发保护格局的整体规划，是城市建设用地布局的总体构思，也是城市建设用地规划的前置工作。

9.1.2　“点”“轴”“片”的类型

空间结构中的“点”是指高等级生产生活服务功能集聚、组合而成的中心，又称为“中心”“核”，常依托交通便捷的城市道路交叉口或站点形成，服务能级高，对周边地区具有辐射带动作用。生产性服务功能主导的"点"集聚着金融、咨询、贸易等功能，是城市经济发展的核心节点。生活服务功能主导的"点"集聚着大型商业设施、公共服务设施，如商场、博物馆、医院等，是城市生活服务的综合枢纽。在城市中，多数"点"可能同时兼具上述两类高等级服务功能，通常所说的"CBD(中央商务区)"便是如此。

空间结构中的"轴"是指高等级生产生活功能集聚、串联而成的轴带，又称为"带"，常依托交通干线、水系等线状要素形成，服务能级高，对周边地区具有引领带动作用。除了集聚金融、贸易等生产性服务功能的轴，以及集聚了商业、公共服务等生活性服务功能的轴，常见的还有产业发展轴、生态轴、景观轴等。这类功能轴带集聚了产业投资、生态资源、景观资源，通过产业空间、生态要素、景观要素等各类要素的聚合连续，发挥"1+1>2"的规模集聚效应。当然，从更高层面来看，其中的生态轴、景观轴本质上也是汇集了生活服务功能的空间轴带，能有效改善较大区域的生活品质。

空间结构中的"片"也可称为"片区""区"，其含义比"点"和"轴"更广，有基于功能集聚形成的主导功能片区，也有基于"点""轴"的辐射或引领形成的功能辐射片区，但本质特征是片区内部空间具有相对明确的功能，能够整体对外提供某种功能的服务。其中，主导功能片区集聚了某种主题的生产或服务功能，对应的用地集中连片，发挥着集聚效益、规模效益，对外提供产品或服务。例如产业发展片区(园区、开发区)，各产业部类之间基于空间临近开展密切的合作与竞争，集约地共用基础设施，对外提供具有竞争力的产品和服务。再比如以"大学城"为名的科教发展片区，能够集中地对外提供教育和科技服务。而基于"点""轴"服务吸引形成的功能辐射片区，其含义则与"点""轴"截然不同，并与后者形成依附关系。此类片区中各类对象因共同的发展需要自发集聚在"点""轴"周边，形成片区，例如围绕交通枢纽形成的工业发展片区以及沿生态轴形成的居住片区等。

9.1.3 "点-轴-片"空间结构规划思路

上述描述中体现了"点""轴""片"要素内聚与功能外放(或内收)的普遍特征，实际上也就体现了它们之间的内在联系，即产品、服务的供需关系与合作关系。这也是在空间规划工作中需要遵循的组织原理，即功能要素之间的科学耦合。基于自身实践经验，对于空间结构谋划，本书提出以下思路：

(1)整体思路：分析中心城区城镇开发边界内的土地利用现状，系统梳理已成形或正在发育的功能点、轴、片。盘点各类资源禀赋分布、交通条件，为各类功能要素的落位提供区位分析支撑。基于中心城区发展定位、发展目标、发展战略以及产业发展规划，在用地结构规划(后文介绍)的基础上，大致确定中心城区功能片区的类型和规模。先行勾画功能片区并确定城市道路交通骨架；接着(或同时)按照功能耦合的原则，布置功能点、轴。

(2)勾画功能片区：功能片区主要分为产业功能片区和生活功能片区。可按照“以产定城”的思路优先勾画产业功能片区。依据中心城区发展定位和产业发展规划、土地利用现状，考虑资源禀赋和对外交通条件，在开发边界内的合适位置勾画规模适宜、功能匹配的产业功能片区。而生活片区则可侧重对历史文化、自然环境资源等的考虑，并与产业发展片区相协调。此外，还可依据城市自身发展特色，勾画其他类型的功能片区，尤其是综合型功能片区。

(3)确定功能轴带：在片区勾画的基础上，进行城市道路网的初步布置，确定城市主次干道线路。在交通干线或生态廊道等重要线状要素的基础上，结合功能片区的布局，构思各类发展轴带。依托交通干线构建的发展轴带，须紧密结合周边功能片区的发展定位、发展需求，或者考虑由功能发展片区支撑的发展潜力进行布置。依托水系等生态廊道构建的发展轴可直接生成。当然，在确定功能轴带的同时，也可反过来思考功能片区布局的合理性，并进行优化调整。

(4)布置功能核心：功能核心的规划思路与功能轴带较为类似，主要是考虑周边功能片区的发展定位、发展需求及发展潜力。如考虑周边生活区的生活服务需求构建生活服务中心、商业中心，考虑周边产业功能片区的产业发展需求构建商务中心或科创中心。同样，在确定功能核心的同时，也可反过来思考功能片区布局、功能轴带布置的合理性，并进行优化调整。

(5)优化调整：系统考量点、轴、片相互之间的耦合性，优化空间结构。一是功能的耦合性。点、轴的构建须紧密联系周边功能片区的发展定位、发展需求。例如，在科技创新发展轴周边布置创意产业发展片区是合理的选择，而在生态轴周边布置工业发展片区，则很难发挥生态要素的健康与景观功能。二是尺度的耦合性。若点轴的服务能级过低，则无法有效覆盖周边地区的发展需求；若规划等级过高，则又可能由于服务市场不足导致无法实现。通过上述协调过程，形成功能耦合、等级合理、疏密有致的“点-轴-片”空间结构网络。如图 9-1 所示。

最后须补充说明的是，上述规划步骤并非唯一解。城市空间结构“点-轴-片”构建的合理性不在于构建顺序，只要最终的结构能够呼应发展定位、发展目标且具有自洽性便是合理的。甚至可以说，“点-轴-片”的构建过程是交互的、反复的。

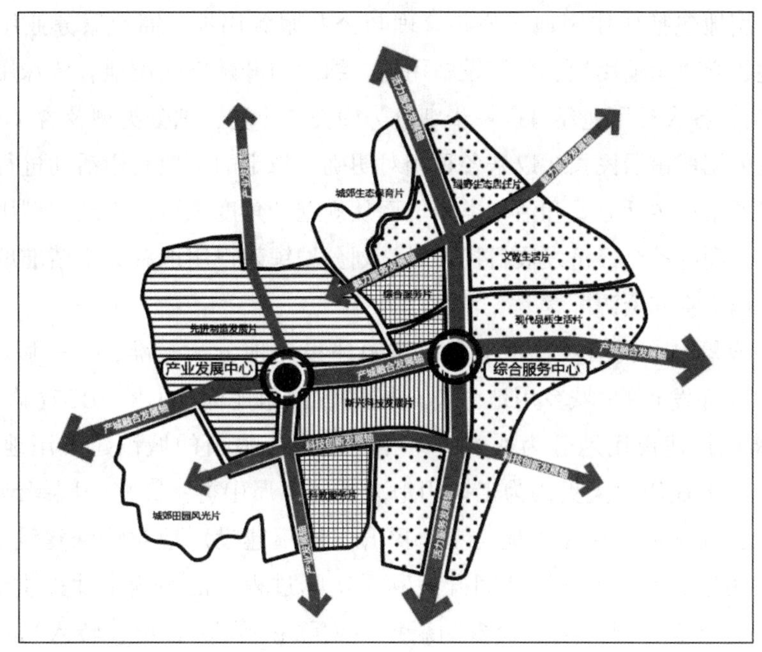

图 9-1　中心城区空间结构规划示意图

9.2　城镇建设用地布局

城镇建设用地顾名思义便是城镇范围内的建设用地，或者服务于城镇生产生活的建设用地。从用地权属来看，城镇建设用地是国有土地；从用地功能与形态来看，城镇建设用地是承载城镇生产生活活动的非农物质空间。从规划角度来讲，中心城区的城镇建设用地应当与中心城区城镇开发边界的集中建设区范围一致。当前我国通过城镇建设用地分类将国土空间与城镇生产生活活动、社会经济发展目标对应起来。因而城镇建设用地布局也就是集中建设区内诸类建设用地的配置与系统性布局，是中心城区国土空间资源配置的具体安排。城镇建设用地布局以及相应的空间管控策略是国土空间规划引导中心城区空间开发保护的落脚点，是中心城区国土空间开发保护的直接依据。

9.2.1　城镇建设用地分类

依据自然资源部 2020 年 9 月发布的《市级国土空间规划编制指南(试行)》，以及 2020 年 11 月发布的《国土空间调查、规划、用途管制用地用海分类指南(试行)》，集中建设区内的城镇建设用地包括居住用地、公共管理与公共服务用地、商业服务业用地、工矿用地、仓储用地、交通运输用地、公用设施用地、绿地与开敞空间用地、特殊用地以及留白用地共 10 大类，各大类用地还可进一步细分为中类、小类，细分类型及含义见表 9-1。各类建设用地是依据城镇居民长久以来各种相对明确、稳定的土地利用活动进行界定的，反映了城镇居民的生产生活方式和活动类型。而从规划的角度来讲，不同类型用地承载不同功能，服务于不同的社会经济发展目标。科学划分城镇建设用地有助于精准地对社会经济发展目标进行国土空间资源配置。

截至本书成稿时，我国共发布了多版城镇建设用地分类标准，上一版本为 2018 年住房和城乡建设部发布的《城乡用地分类与规划建设用地标准 GB 50137(修订)(征求意见稿)》，它将城镇建设用地分为八大类。相比之下，最新的城镇建设用地分类大类的变化在于：①将工业用地大类改为工矿用地大类的下属中类；②将公园绿地改为绿地与开敞空间用地；③增加了特殊用地类型，提升了城镇建设用地对特殊建设活动的兼容；④增加了留白用地类型，为城镇空间开发利用实际过程中的不确定性提供了应对机制。而在中类、小类层面，则发生了较多的新增、剔除和转移(转出、转入)的变动。具体见表 9-1。

表 9-1　新旧两版城镇建设用地分类标准对比

<table>
<tr><th colspan="2">新版(2020)</th><th colspan="2">旧版(2018)</th></tr>
<tr><th>新版大类</th><th>新版中类</th><th>对应中(小)类</th><th>对应大类</th></tr>
<tr><td rowspan="2">居住用地</td><td>城镇住宅用地</td><td>住宅用地</td><td rowspan="2">居住用地</td></tr>
<tr><td>城镇社区服务设施用地</td><td>服务设施用地</td></tr>
<tr><td rowspan="9">公共管理与公共服务用地</td><td>机关团体用地</td><td>行政办公用地</td><td rowspan="9">公共管理与公共服务设施用地</td></tr>
<tr><td>科研用地</td><td>科研用地</td></tr>
<tr><td>文化用地</td><td>文化设施用地</td></tr>
<tr><td>教育用地</td><td>教育用地</td></tr>
<tr><td>体育用地</td><td>体育用地</td></tr>
<tr><td>医疗卫生用地</td><td>医疗卫生用地</td></tr>
<tr><td>社会福利用地</td><td>社会福利用地</td></tr>
<tr><td>(转出)</td><td>文物古迹用地</td></tr>
<tr><td>(剔除)</td><td>其他公共管理与公共服务设施用地</td></tr>
</table>

续表

新版(2020)		旧版(2018)	
商业服务业用地	商业用地	商业用地	商业服务业设施用地
	商务金融用地	商务用地	
	娱乐康体用地	娱乐康体用地	
	(剔除)	公用设施营业网点用地	
	其他商业服务业用地	其他服务设施用地	
工矿用地	工业用地		工业用地
仓储用地	物流仓储用地	物流仓储用地	物流仓储用地
	储备库用地(新增)		
	(剔除)	危险品物流仓储用地	
交通运输用地	铁路用地(新增)		道路与交通设施用地
	公路用地(新增)		
	机场用地(新增)		
	港口码头用地(新增)		
	管道运输用地(新增)		
	城市轨道交通用地	城市轨道交通用地	
	城镇道路用地	城市道路用地	
	交通场站用地	交通场站用地	
	(剔除)	交通枢纽用地	
	其他交通设施用地	其他交通设施用地	
公用设施用地	供水用地	供水用地	公用设施用地
	排水用地	排水用地	
	供电用地	供电用地	
	供燃气用地	供燃气用地	
	供热用地	供热用地	
	通信用地	通信用地	
	邮政用地(新增)		
	广播电视设施用地	广播电视用地	
	环卫用地	环卫用地	
	消防用地	消防用地	

续表

新版(2020)		旧版(2018)	
公用设施用地	(剔除)	防洪用地	
	(剔除)	人防用地	
	(转出)	殡葬设施用地	
	其他公用设施用地	其他公用设施用地	
绿地与开敞空间用地	公园绿地	公园绿地	绿地与广场用地
	防护绿地	防护绿地	
	广场用地	广场用地	
特殊用地(新增)	军事设施用地		
	使领馆用地		
	宗教用地		
	文物古迹用地(转入)		
	监教场所用地		
	殡葬用地(转入)		
	其他特殊用地		
留白用地(新增)	—		

注:“新增”表示旧版标准尚未提出的分类;“剔除”表示旧版有而在新版标准中被剔除的分类;“转移”表示某中类用地在新旧两版标准中发生了跨大类转移,但分类名称保持不变,“转出”标注原来的位置,“转入”标注新的位置

9.2.2　二级规划分区

二级规划分区依据是主导用地类型划分的空间功能分区,具有明确的几何边界。集中建设区中二级规划分区尺度比城镇建设用地斑块更大,功能属性上表现为主导功能,同时兼容其他功能,类似于本章起始所介绍空间结构的功能片区。在中心城区空间规划中,二级规划分区对上可承接并具象化中心城区空间结构,对下可进一步细化为具体的城镇建设用地布局,可理解为从空间结构规划到具体城镇建设用地布局的过渡工具。集中建设区内二级规划分区包括九类,分别为居住生活区、综合服务区、商业服务区、工业发展区、物流仓储区、绿地休闲区、交通枢纽区、战略预留区以及城镇道路(表 9-2),大体上对应九类城镇建设用地。对于集中建设区二级规划分区与城镇建设用地的关系须指出的是:①各

类功能的城镇建设用地占该功能所主导的二级规划分区的60%以上，分区兼容其他功能用地，同时也明确不能包含某些功能用地，即具有禁止功能用地；②没有由公用设施用地、特殊用地所主导的分区，因为该两类用地规模较小且分布零散，难以划分由其主导的功能分区，两类用地适合在具体的用地布局时进行考虑，无须在对接城市空间结构时呈现为二级规划分区；③交通运输用地中的城镇道路作为线状用地，单独划为一种特殊的分区，其余块状的交通运输用地则可依据功能主导情况划分为交通枢纽区。

表9-2 二级规划分区

规划分区	主导用地类型	宜兼容功能用地	禁止功能用地
居住生活区	居住用地≥60%	公共管理与公共服务用地、商业服务业用地、绿地与开敞空间用地、公用设施用地	二类、三类工业用地，二类、三类物流仓储用地
综合服务区	公共管理与公共服务用地≥80%	居住用地、商业服务业用地、绿地与开敞空间用地、公用设施用地	工业用地、物流仓储用地
商业服务区	市区级中心区商业服务业用地≥80%，组团级商业服务业用地≥60%	公共管理与公共服务用地、居住用地、绿地与开敞空间用地、公用设施用地	二类、三类工业用地，二类、三类物流仓储用地
工业发展区	工业用地≥80%	公用设施用地、物流仓储用地	—
物流仓储区	仓储用地≥80%	公用设施用地、工业用地	—
绿地休闲区	绿地与开敞空间用地≥80%	公共管理与公共服务用地、公用设施用地、商业用地	工业用地、仓储用地
交通枢纽区	交通运输用地	公用设施用地、绿地与开敞空间用地	—
战略预留区	留白用地	—	—
城镇道路	—	—	—

9.2.3 用地结构规划

1. 用地结构的含义与规划作用

中心城区用地结构是指各类城镇建设用地的占比，反映的是中心城区国土空间资源开发利用状况。规划意义上的用地结构，则是各类用地规划供给的规模占比，是国土空间资源的配置结构，一定程度上也是城市社会经济发展目标的反映。科学地进行用地结构规划，是实现国土空间资源合理配置的基础，是实现城市社会经济发展目标的支撑，也是城镇建设用地布局的前置环节。

2. 用地结构的规划要求与规划思路

用地结构规划须依据相关规范，遵循土地利用现状，结合城市发展目标定位以及产业发展规划等进行。

进入中心城区空间规划环节时，一般已按前述章节完成了中心城区城镇开发边界划定、社会经济发展目标制定，即城镇建设用地总量、人口规模、产业规模等已基本确定，这就意味着人均城镇建设用地也已确定。所以，用地结构规划也可以看作对人均城镇建设用地的具体细分。细分的思路可基于生产生活活动的视角，即考虑产业空间和生活空间的安排。由于在较短时期内人们生活方式以及对空间的利用效率较为稳定，因而人均生活空间较为稳定，各城市之间用地供应结构的差异主要来源于产业空间规模占比。产业发展的类型以及规模，决定了产业空间的规划配置，影响城镇建设用地结构。基于这样的理解，本书总结的用地结构规划思路如下：

(1)确定各类产业空间规模。首先，按“以产定城”的思路，在产业发展规划的基础上，确定产业用地规模，呼应经济发展目标。产业用地涵盖工业用地、物流仓储以及商业服务业用地。根据预期产业产值和预期用地产出效益，即产业用地地均产出，推算出产业用地的供应规模。

(2)确定各类生活空间规模。根据相关规范，合理确定各类生活空间的人均指标，保障城市生活需求与品质。城市生活空间涵盖居住用地、公共管理与公共服务用地、绿地与开敞空间用地。依据相关规范，各类用地的人均供应要求如下：①规划人均居住用地面积指标应按建筑气候区划控制在一定范围(表9-3)；②规划人均行政办公用地、文化设施用地、教育用地、体育用地、医疗卫生用地、社会福利用地之和的面积不应小于5 m^2/人；③规划人均绿地与广场用地面积不应小于12.0 m^2/人，其中人均公园绿地面积不应小于10.0 m^2/人。可依据规范初步设定各类用地的供给。

表9-3　人均居住用地面积(m^2/人)

建筑气候区划	Ⅰ、Ⅱ、Ⅵ、Ⅶ气候区	Ⅲ、Ⅳ、Ⅴ气候区
人均居住用地面积	22.0~32.0	20.0~30.0

(3)确定各类生产生活配套空间规模。确定交通运输用地、公用设施用地等两类生产生活配套空间人均面积，保障城市生产生活系统的安全、稳定、高效运转。依据相关规范，两类用地的人均供应要求如下：①规划人均道路与交通设施用地面积不应小于12.0 m^2/人；②规划人均公用设施用地面积不应小于5.0 m^2/人。可依据规范初步设定各类用地的供给。

(4)对用地结构进行平衡。核算上述过程初步确定的产业空间、生活空间和配套空间的人均面积总和是否超出总的人均城镇建设用地面积。在超出的情形下，可按照"以人为本"的原则，降低产业空间供应，或者说提高产业空间预期产出效益。此外，还应预留一定用地指标用以安排特殊用地、留白用地，该两类用地可在用地布局过程中，结合具体情况确定，最终形成规划用地平衡表。上述规范中所使用用地分类标准与最新标准具有一定差异，可按前文所给对照表(见表9-1)进行转换。

9.2.4 用地布局总体思路

从"合成误差"理论来看，采取从宏观至微观的空间规划思路是合理的，即微观的用地布局，应当先经过宏观的空间规划把控。因此，中心城区城镇建设用地布局是在空间结构谋划的基础上，经过二级规划分区划定，最终细化完成的。空间规划的工作重点是不同功能空间的规模大小确定以及位置选择。对于中心城区，这些工作贯穿在由宏观至微观的空间结构谋划、二级规划分区划定以及用地布局过程当中。总而言之，用地布局须按照由宏观至微观的基本思路，做好功能空间规模配置与位置安排。基于这样的理解，本书提出了包含二级规划分区划定在内的城镇建设用地布局规划思路。

1. 划定二级规划分区

在空间结构谋划基础上，进一步细化道路交通网络，将点、轴、片集聚的功能具体落实到具有主导功能、边界明确的二级规划分区(图9-2)。在此过程中同样遵循土地利用现状、资源禀赋、交通条件等基础，同时对照规划用地结构，合理确定各类二级分区的规模。此外，协调好相邻规划分区之间的空间关系。

2. 布局各类城镇建设用地

在各二级规划分区划定的基础上，依据各分区内部主导功能用地、兼容功能用地的类型及用地面积占比，同样结合土地利用现状、资源禀赋、交通条件等，遵循空间结构的功能支撑需求，进行城镇建设用地具体地块的划定(图9-3)。在此过程中同步细化形成完整的城市道路交通网络，并优化不同功能用地的空间关系。

图 9-2　二级规划分区划定成果示意图

图 9-3　城镇建设用地布局示意图

3. 用地结构校核

在完成首轮用地布局方案后，统计各类用地规模，形成初步方案用地结构并与用地结构目标方案进行校核，评估用地方案初稿与预期的偏差，确定优化方向。若偏差较小，则可在不改变二级规划分区划定方案的基础上，对具体用地布局进行微调。若差距较大，则考虑改变二级规划分区划定方案，对不同功能分区的大小进行调整。若差距过大，也可考虑反推至空间结构的调整，并谋划进行新一轮用地布局。反复进行多轮校核与功能空间布局调整，直至用地布局方案的用地结构与目标用地结构大致吻合。

9.2.5 各类用地布局原则

用地布局的两大核心问题分别是规模结构、空间方位，前者回答各类用地规划供应多大面积，后者回答在既定总面积下具体在何处布局。在前面已较为深入介绍规模结构安排思路和功能空间方位布置的基础上，下面对具体各类用地的布局原则或思路做进一步介绍。

1. 居住用地

居住用地布局原则主要有两条，一是资源禀赋原则，二是职住平衡原则。资源禀赋原则，即在既定的城镇开发边界内，居住用地优先考虑布局在生态环境良好、历史文化底蕴深厚的区域。但是上述资源优越的位置一般不多，更多的居住用地布局可考虑作为一种“后置”环节。例如在产业用地布局确定下来的基础上，基于职住关系考虑居住用地的布局，即考虑居住地与工作地的空间耦合，这便是职住平衡原则。此外，集中连片的居住用地利于公共设施的配置，不过同时也须结合土地开发强度考虑，将居住人口密度控制在合适范围。

2. 公共管理与公共服务用地

在供应规模总量确定的基础上，公共管理与公共服务设施布局的原则是公平、方便以及经济。公平原则，即保证公共服务设施均等覆盖城市居民，且质量均衡。方便原则，指让居民以最短距离、最少交通时间获得相关服务，从某种程度来说，应当采取小体量分散式布局。经济原则，指通过大体量集中式建设降低总建设成本，同时提升资源使用效率。方便原则与经济原则一定程度上是矛盾的，因为集中式布局将导致距离服务中心较远的区域获取服务不便。因此，公共服务设施的布局将是对上述两种原则的权衡。对于城镇居民日常使用频率较高的公共服务设施，应该在较小交通成本的要求下布局，即分散式布局服务于小范围居民；而对于居民个体平常使用频率较低的设施，可大体量集中式布置为公共服务中心，服务于大范围居民(图9-4)。

图9-4　公共管理与公共服务设施(教育)布局示意图

由此，我们可以对公共服务设施按照适宜的服务范围划分为不同服务等级，分级进行布局。在每一层级，可将相同服务范围的不同设施集中布局形成公共服务中心，并按实际服务范围布置公共服务中心，达到分散与集中的平衡。对于地级市，当前常用的分级包括市级、片区级以及社区级。市级、片区级重大公共服务设施以及服务中心可在城市空间结构层面便开始谋划布局。社区级公共服务设施，可按照社区生活圈的规则进行布局。

3. 绿地与开敞空间用地

绿地与开敞空间用地布局原则主要有两点，分别是资源禀赋原则，以及公平方便原则。资源禀赋原则，即考虑充分利用现有的自然与人文资源开发绿地与开敞空间，发挥资源效益。与公共服务设施点块式布局不同的是，生态资源更注重完整度、连续性，因此基于自然本底的绿地与开敞空间更适合考虑轴带、廊道、网络式及片块式布局。公平方便原则，与公共服务设施类似，在利用自然本底的基础上，结合社区生活圈划定情况，参照公共服务设施进行新增绿地与开敞空间的系统布局。可按功能等级形成城市公园、片区公园，以及与15分钟社区生活圈配套的社区公园、口袋公园的公园体系，合理覆盖中心城区。

4. 工业用地

工业用地布局原则可总结为吸引、排斥、集聚以及协调等四条。吸引原则，指考虑交通、产业发展基础等因素对工业发展的吸引力，优先考虑在对外交通便捷、产业发展基础良好的区域布局工业。排斥原则，污染性的工业、重工业，由于环境负外部性的存在，比如土壤污染、空气污染、噪声污染，将被公园绿地、居住用地、公共服务设施用地等生活空间排斥，因此在河流上游、重要的绿地与开敞空间、高品质生活区等区域应避免上述类型工业的落位。同时，对于具有环境负外部性的工业布局，还应设置防护绿地。集聚原则，指为了实现集聚效益、规模效益，考虑将同类工业或不同工业、不同产业用地根据产业生态网络组合布置。协调原则，主要指考虑职住平衡关系，即工业用地与居住用地须建立合理的空间耦合关系。当然，工业包含诸多门类，不同门类之间的产业发展需求各异，以上三条原则所述的具体内容，还要具体分析，灵活运用。

5. 商业服务业用地

商业服务业用地布局与工业用地布局都属于产业用地布局，然而商业服务业与工业的经济分工截然不同——商业服务业提供的产品与服务可能直接面向所在城市当地居民，而非像工业将产品主要输出到其他城市。商业服务业布局可考虑两大原则，分别为市场原则以及集聚原则。市场原则，考虑商业服务业的目标人群或者市场范围，进行空间选址以及规模安排。集聚原则，与工业一样，考虑产业的组合布置可获取集聚效益、规模效益。另一方面，无论是商业服务还是公共服务，功能的集聚能增强客流，提升空间服务能级，同时也方便城镇居民，最终提升土地效益。

6. 仓储用地

物流仓储用地属于城市各大产业的配套空间，为各类产业提供物品流动、储存服务，因此，其布局应当紧密结合相关产业的布局以及城市内外交通网络，在高效服务各类产业的同时尽可能降低土地成本。

7. 公用设施用地

相对而言，公用设施(市政基础设施)与其他城镇建设用地的空间关系不算紧密，其布局的原则主要是安全稳定，尤其对于重大市政基础设施，其布局需要专门的研究支撑。部分小型公用设施与小型公共服务设施类似，服务于城镇居民日常生活，因而也应纳入社区生活圈规划。

8. 交通运输用地

交通运输用地布局的核心之一是城镇道路用地的布局，亦即中心城区道路网络的规划布局。城镇道路网络布局的基本原则有三点，分别为格网原则、等级原则以及衔接原则。格网原则，即道路网络最有效率的形态是方格网形态，在道路网络设计时尽可能考虑形成格网形态。等级原则，即城市道路须按等级体系进行网络构建，形成包括快速路、主干路、次干路、支路在内的道路网络体系，通过不同的时速和车流容量设计，满足不同类型交通需求，如机场交通、过境交通、跨区交通、出入城市交通、上下班通勤等。衔接原则，即应衔接好城市道路交通与各类用地的关系。从空间关系来看，道路网络连接着各类城市用地，但道路交通本身不是居民生活的目的，而是提供空间转移从而使居民开展各种其他活动的支撑，因此在规划布局中须重点处理好空间衔接问题。

9. 特殊用地与留白用地

特殊用地布局依据具体情况考虑。对于留白用地，在城镇建设用地布局过程中，一是考虑将不确定如何利用的空间划为留白用地，二是考虑在随社会经济实际发展可能产生用地需求变化区域进行落位。

9.3　社区生活圈规划

9.3.1　生活圈与社区生活圈的概念

生活圈，顾名思义就是居民生活的区域。之所以称为居民生活的区域，是因为生活圈内部包含了各种满足居民生活需要的设施、场所，对应着各类生活空间。事实上，在交通工具发达的今天，人们一生经历的生活范围可以非常广袤，且不同人群生活圈的方位、尺度各有差异。对于居民个体的生活圈，可依据生活活动的出行频率进行分层。而个体生活活动出行频率，往往与生活设施以及居住地之间的空间距离或可达性密切相关，一般呈现为越小尺度的生活圈出行频率越高的分层规律。社区生活圈是最为基本的生活圈，是除了居家生活以外，个体生活活动频率最高的空间，例如日常看病就医、子女就学、买菜、散步遛狗等。

9.3.2 社区生活圈规划的含义与目的

对于居民个体，理想的社区生活圈应当是可达性高且功能齐全的。依据人们对交通成本的承受度，容纳日常生活活动的社区生活圈的适宜范围是15分钟步行可达范围，因此一个高质量的社区生活圈的基本准则是：能够在15分钟步行可达范围内包含各类日常所需生活配套设施。作为调控国土空间资源配置、保障公共空间供给的国土空间规划，引导形成高质量的社区生活圈是其重要任务，由此提出了15分钟社区生活圈规划，对城镇居民生活空间中日常所需生活配套设施进行合理安排。

9.3.3 社区生活圈规划的要求

社区生活圈规划的主要任务或内容是，按照15分钟步行可达原则进行日常生活配套设施的布局，包括对设施类型、规模的配置以及空间布局，并划定生活圈范围。基于方便、齐全的配置原则，当下已形成了15分钟社区生活圈公共服务设施配置的相关规范(表9-4、表9-5)，对公共设施配置的类型、服务范围和规模提出了要求。其中，部分设施须更加精细地按5~10分钟步行可达范围在生活圈内按组团进行多处配置。此外，设施应当尽可能集中布置，以节约建设成本，并提升使用效率。因此，在保障各类设施按适宜范围全面覆盖的要求下，各类设施还应基于服务层次分级集中布置，形成社区级、组团级生活圈公共服务中心。

表9-4 社区生活圈公共服务设施配置体系

设施类别	设施名称	服务层级
教育设施	初级中学	15分钟
	小学	10分钟
	幼儿园	5分钟
医疗卫生设施	社区卫生服务中心	15分钟
养老设施	社区养老服务中心	15分钟
	居家养老服务设施	5分钟
文化设施	社区文化设施	15分钟
体育设施	社区体育设施	15分钟

表 9-5　社区生活圈公共服务设施规模配置标准

设施类别	设施名称	设施建设指标
教育设施	幼儿园、小学	建筑面积 17~25m²/生
	初级中学	—
养老设施	老年活动室	建筑面积≥20m²/千人
	日间照料中心	—
医疗卫生设施	婴幼儿照料服务机构	5 个托位数/千人
	社区卫生服务中心	建筑面积 1400~2000m²
文化设施	文化活动室	建筑面积 10~30m²/千人
	社区综合文化服务中心	—
体育设施	运动健身场馆	—
	全民健身中心	建筑面积 1200~2000m²
安全管理设施	警务站、派出所、司法所、社区居委会	占地 30~50m²/千人

9.3.4　社区生活圈规划的思路

社区生活圈规划，是对社区级、组团级生活配套设施的布局，是国土空间规划的末梢环节。在此规划工作环节之前，前文“二级规划分区划定”“城镇建设用地布局”已基本完成居住用地和大型公共服务设施的布局，因而本环节是在居住用地布局的基础上，进行生活配套设施布局。可采用两种思路：一种是直接布局生活圈公共服务中心，按照 15 分钟步行可达全覆盖的要求推敲各个中心的位置及其对应生活圈范围，即“以点定面”；另一种是按照生活圈的经验范围，在已有用地方案上直接勾画生活圈，再在各个生活圈内布局公共服务中心，即“以面定点”。本书对第二种思路进行介绍。

社区生活圈划定。社区生活圈内部各处与社区公共服务中心距离应在 15 分钟步行范围内，据此原则，按“以面定点”的思路，在城镇建设用地尤其居住用地布局(或人口分布)的基础上勾画生活圈，并尽可能保持与规划管理单元的统一。如图 9-5 所示。

需要补充的是，当居住用地与其他类型用地高度混合布局时，居住用地分布零碎，按照基本形态所划定的生活圈内部居住用地与人口的规模过低，不利于配置生活配套设施。对此，可考虑适当放宽生活圈划定范围。例如二级规划分区中的非居住生活区，其内部便可能零散存在少许居住用地。

此外，在非居住功能主导的区域，也可能由于从事生产活动从而日常有大量人员驻

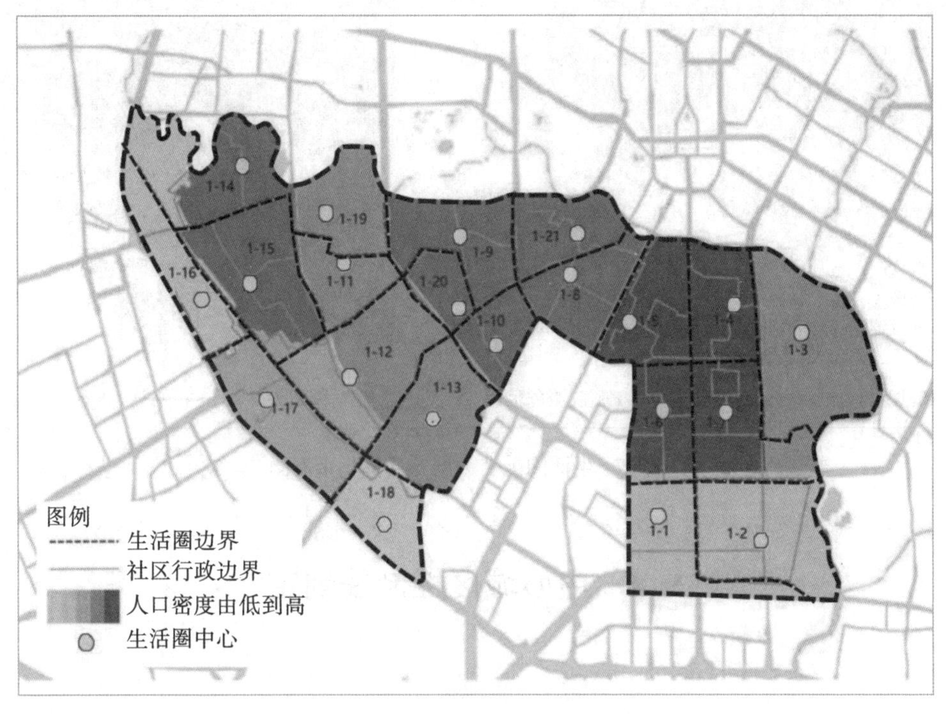

图 9-5　社区生活圈划定示意图

留，甚至居住着大量职工(在非居住用地)，此类空间也应划定生活圈进行生活配套设施配置。对于此类情形，当前提出了工业、商业、服务业等各种非居住功能主导的社区生活圈概念，可参照居住型社区生活圈进行规划。

社区生活圈公共服务中心布置。首先，预估各生活圈内服务人口，按照前文所述相关规范计算各类设施配置规模。接着，将服务层级相同的各类设施集中布置为各级公共服务中心。社区级公共服务中心一般布置在生活圈几何中心。组团级公共服务中心，按 5～10 分钟步行距离全覆盖的原则进行落位。

其他设施与空间的配置。除了公共服务设施，服务于城镇居民日常生活的还有公用设施、商业服务业设施、绿地与开敞空间等。在社区服务层级，这些设施或者用地也须依照 15 分钟社区生活圈进行配置。因此，上述设施或者用地在其专项的规划中，存在与社区生活圈交叉的环节，在前文有关各类用地布局原则的介绍中均有提及。

值得一提的是，随着我国城市步入存量更新时代，生活圈规划涉及的公共服务设施布局，多为“补足”式规划，即依据现有设施的覆盖缺失，进行设施的增设布局。因此，各类设施可能难以按理想模式组合布局，须依据实际情况灵活安排(图 9-6)。

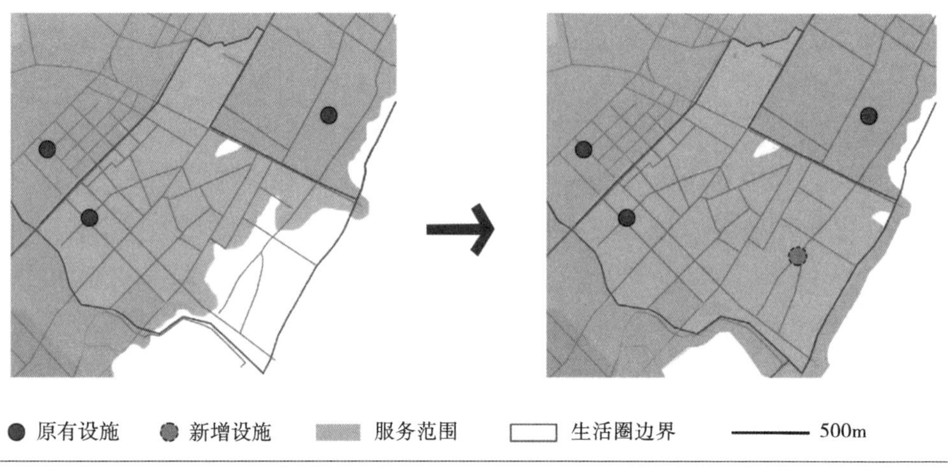

图 9-6　生活圈配套设施布局优化示意图

9.4　中心城区控制线划定

9.4.1　中心城区控制线的含义与作用

中心城区控制线，是为了强化国土空间规划对于国土空间开发保护规制作用，在国土空间规划用地布局方案基础上，为特定空间要素与设施划定的控制线，主要包括城市绿线、城市蓝线、城市紫线和城市黄线。控制线核心作用是防护与保障。防护导向下，控制线的划定及管理可对特殊的空间要素进行保护，例如城市紫线对历史文化资源的保护、城市蓝线及绿线对城市生态资源的保护。保障导向下，控制线的划定及管理可对重要的支撑性基础设施或配套设施的用地供应予以保障，即保障总体规划中重要空间的规划传导和建设实施，如城市的黄线。在四类主要控制线基础上，规划编制过程中还须配置其他控制线，划定管控范围进行空间管控，避免其他城市空间开发利用活动对所保护空间的影响，例如紫线范围外部的历史文化保护线。

9.4.2　各类控制线的划定要求

1. 城市绿线的划定要求

城市绿线是为城市各类绿地划定的防护控制线。现状公园绿地、新建且规模较大的公园绿地，以及对绿地系统的连通性具有重要作用的公园绿地及各类防护绿地、绿化隔离带等均应划入城市绿线进行管控。

2. 城市蓝线的划定要求

城市蓝线是为城市水系、湿地划定的防护控制线。现状存在且规划保留的主要河道干流、湖泊以及湿地等须划入城市蓝线予以管控。

3. 城市紫线的划定要求

城市紫线是指国家历史文化名城内的历史文化街区和省、自治区、直辖市人民政府公布的历史文化街区的保护范围界线，以及历史文化街区外经县级以上人民政府公布保护的历史建筑的保护范围界线。而除了紫线之外，文物及其保护范围，以及其他同样具有较大保护意义的历史建筑、历史文化街区以及传统村落等承载了历史文化价值的空间要素，应一并划入历史文化保护线。历史文化保护线一般包括且大于城市紫线，管控要求与紫线具有一定区别，但服务于紫线划定的目的。

4. 城市黄线的划定要求

城市黄线是为交通、市政和防灾设施划定的防护控制线。交通设施黄线包括水运码头、铁路客运站、铁路货运站、公交综合场站等交通场站设施的用地边界，以及城市轨道交通保护区等边界。市政、防灾设施黄线则包括主要给水厂、污水处理厂、再生水厂、220千伏变电站、天然气门站、天然气调压站、天然气储配站、液化石油气储配站、油库、垃圾处理厂、垃圾转运站、特勤消防站等市政基础设施的用地边界。重要的引水与原水工程管线、重要的油气长输管线、电力高压走廊、综合管廊以及管线两侧控制范围亦须划入城市黄线予以管控。

9.4.3　控制线与用地边界的关系——以黄线为例

中心城区控制线和建设用地边界不是完全重合的关系。用地边界依据用地功能划定，而控制线边界则是依据防护管控目标划定，它可能跟用地边界重合，也可能跨越用地边界，甚至不对应用地边界。以城市黄线为例，其范围常常未能完全落实市政基础设施的所有防护、保障和管控目标，有的黄线外围还须继续设定防护管控范围并制定防护要求。例如，引水工程管线的黄线范围是管线及其外缘一定距离的空间，而为保护供水设施和水源，还须在黄线范围之外设定水源保护区，因此，水源保护区常常大于引水工程管线的黄线范围。此外，下埋、高架的市政基础设施管网有的并不具有用地边界，而是处于其他类型用地的地下或上空，此时管网设施的黄线范围不对应任何用地，而是与管网设施本身的实体有关。总的来说，诸多市政基础设施本体及其周边一定范围将划入城市黄线，但市政基础设施的本体结构可能小于市政基础设施用地或不对应市政基础设施用地，而针对诸类市政基础设施的防护控制线也有可能大于城市黄线，它们之间的关系如图 9-7 所示。

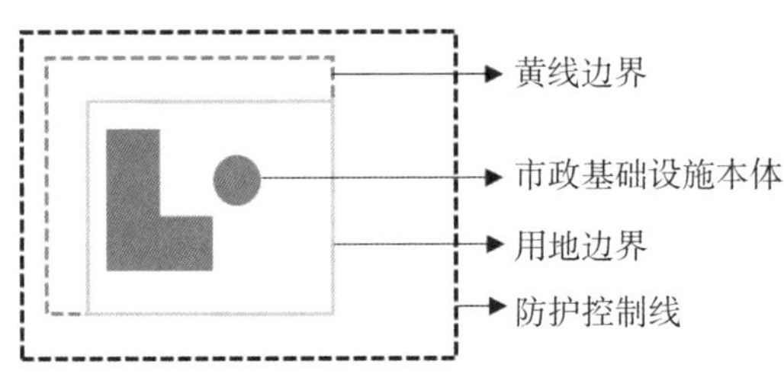

图 9-7　市政基础设施黄线与用地的关系示意图

9.4.4　控制线的规划传导要求

控制线可分为刚性控制线和弹性控制线。一般而言，刚性控制对应的是明确了必须进行防护管控的用地或设施，须在规划体系中逐级按控制线边界严格传导至最终实施。而弹性控制线又称为预控线，一般是为规划建设的设施划定的，而由于在总体规划编制阶段尚未能确定所有规划设施的最终落地，因此进行弹性管控，即在用地规模不减的情况下，由专项规划或下层级规划结合实际情况具体划定用地边界和控制线并予以实施。例如，上述的黄线就具有弹性控制线的特征。

9.5　城市设计

9.5.1　城市设计的含义

城市设计是对城市空间未来功能、形态与风貌的综合设计。相对于中心城区用地布局等环节在二维平面上对土地的配置安排，城市设计是对城市三维物质空间发展的引导与规制。依据城市设计对象的尺度，城市设计的层次包括城市(中心城区)、片区、控规单元、地块等四个层次，对应着国土空间总体规划(过去的城市总体规划)、片区规划、控制性详细规划以及实施性详细规划。在不同层次，城市设计内容的精细度各不相同，但是均包含以下内容：城市空间功能布局、空间形态以及空间风貌(如建筑风格、建筑色彩)的安排。

9.5.2 城市设计的目的

城市设计工作的目标是引导形成更合理的城市功能布局、更协调的空间形态与风貌。在城市、片区级别的非实施性规划中，城市设计是用地布局的三维立体化、具象化。城市设计可以与用地布局相辅相成，是优化用地布局方案的一种途径，同时也是城市尺度上把控空间形态与风貌的政策工具。城市设计通过不断地传导，最终转化为控制性详细规划导则，对实际建设活动进行引导。在地块尺度的实施性规划中，城市设计便是空间建设方案本身，与建筑设计、景观设计的概念类似。市县级国土空间规划中的城市设计属于前者，其目的或作用是在优化用地布局的基础上，进一步引导城市空间功能组织以及形态和风貌的塑造，以提升城市空间的经济、文化、美学、健康等多种效益，实现高品质、高效益的城市空间。

9.5.3 城市设计的具体内容和思路

国土空间总体规划的城市设计，一般包括城市空间风貌总体格局、空间形态与建筑风格、公共空间风貌、标识系统、城市观景系统、重点地区 6 个方面的规划设计内容。各方面内容和工作思路如下：

1. 城市空间风貌总体格局构建

城市空间风貌是城市空间功能的一种表现，空间风貌总体格局可在空间结构(本章第 9.1 节)的基础上设计。空间结构中各个功能点、轴亦是重要的城市形象展示区域，应具备较好的空间形态与风貌；反过来说，空间结构的点、轴也具备了塑造良好空间形象的基础。因此，可延续点-轴-片的空间结构构建思路，优先考虑将城市空间结构的点、轴塑造为空间风貌格局的点、轴。但风貌片区与空间结构中的功能片区则较难契合，因为二者划分的标准差异较大，或者说内涵不同。例如一个传统居住区在空间结构中可作为居住片区的一部分，但是在风貌格局中可能属于一个重要的历史风貌片区。因此，在风貌格局构建过程中须提出新的分片、分区方式，并对各片区的风貌提出控制安排。

2. 空间形态与建筑风格引导

空间形态的重要测度指标包括建筑高度、开发强度等。在总体规划层面，可通过开发强度进行引导。常见的做法是，基于城市空间风貌格局、城市空间结构，在中心城区划分开发强度分区(图 9-8)。建筑风格的引导，须基于地域特色、发展定位等提出城市建筑类型、建筑色彩乃至材质等方面的建议。

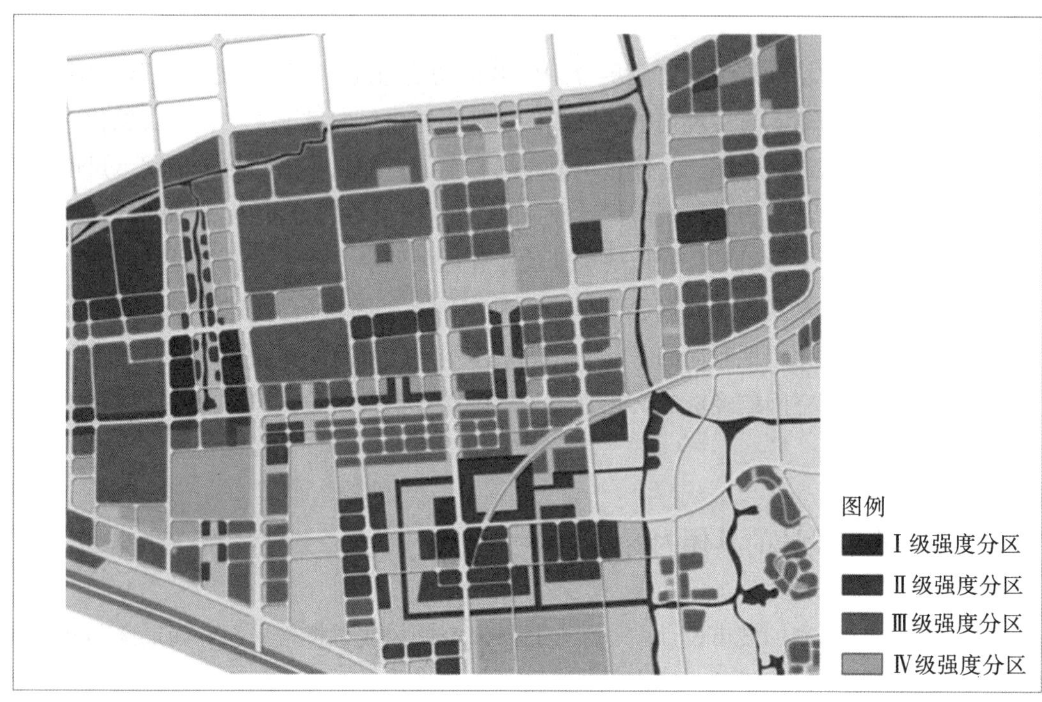

图 9-8　开发强度分区划定示意图

3. 公共空间风貌引导

公共空间包括街巷、公共建筑以及公园绿地等开敞空间。不同公共空间风貌控制的内容具有差异。

街巷空间风貌引导，须提出不同街巷的风貌定位，并进行差异化的风貌塑造引导。风貌定位包括传统特色型街巷、现代都市型街巷等。街巷的风貌塑造引导，不仅须对街巷周边的建筑风貌与功能提出要求，同时还须对街巷的尺度甚至断面设计提出要求，而这在实际规划工作中可能对用地布局方案产生影响(图 9-9)。

重点公共建筑形象引导，须根据城市空间结构、风貌格局、用地布局方案确定重点公共建筑，明确具有地标意义(城市形象展示)的公共建筑，并分类提出形象引导。这些公共建筑一般包括文化艺术中心、体育中心、体育馆、博物馆、图书馆、科技馆、剧院等。

公园绿地及开敞空间风貌引导，是在城市空间结构、用地布局、公园绿地及开敞空间

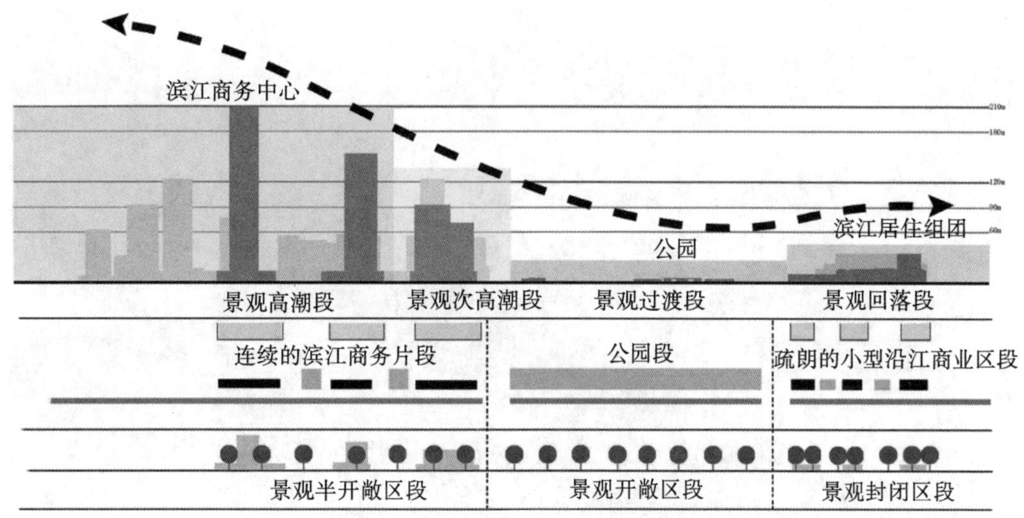

图 9-9　街巷景观界面控制示意图

布局、空间风貌格局等的基础上，系统性地对公园绿地及开敞空间的风貌进行引导，对开敞空间的主题、风貌、空间元素等进行安排。

4. 标识系统构建

标识系统由标识性建筑、标识性元素等构成，是对上述建筑风格控制、公共空间风貌控制的支撑与细化，同时又是城市形象展示的聚焦点。在城市设计中，须明确在城市何处安排或植入标识性建筑与元素，并提出建筑与元素的主题。

5. 城市观景系统设计

城市观景系统设计的目的是为人们提供观景平台、观景通道，使人们具有良好的观景体验。城市空间形态、公共建筑形象以及标识系统的塑造，某种意义上是为了提供优质的空间景观给人们，而观景系统便须围绕这些景观对象进行设计。一是进行观景平台、观景点的选择与塑造，要保障观景平台的可达性。二是要进行视线通廊的设计并提出内部建筑高度的控制要求，保证观景平台能有效观赏城市风貌(图 9-10)。同时，在观景系统设计过程中，也须进一步对城市风貌、城市空间形态、公共建筑形象和标识系统等观景对象进行优化反馈，例如对特色风貌区与周边其他区域的空间关系提出优化策略，塑造协调的前景、中景与背景景观。

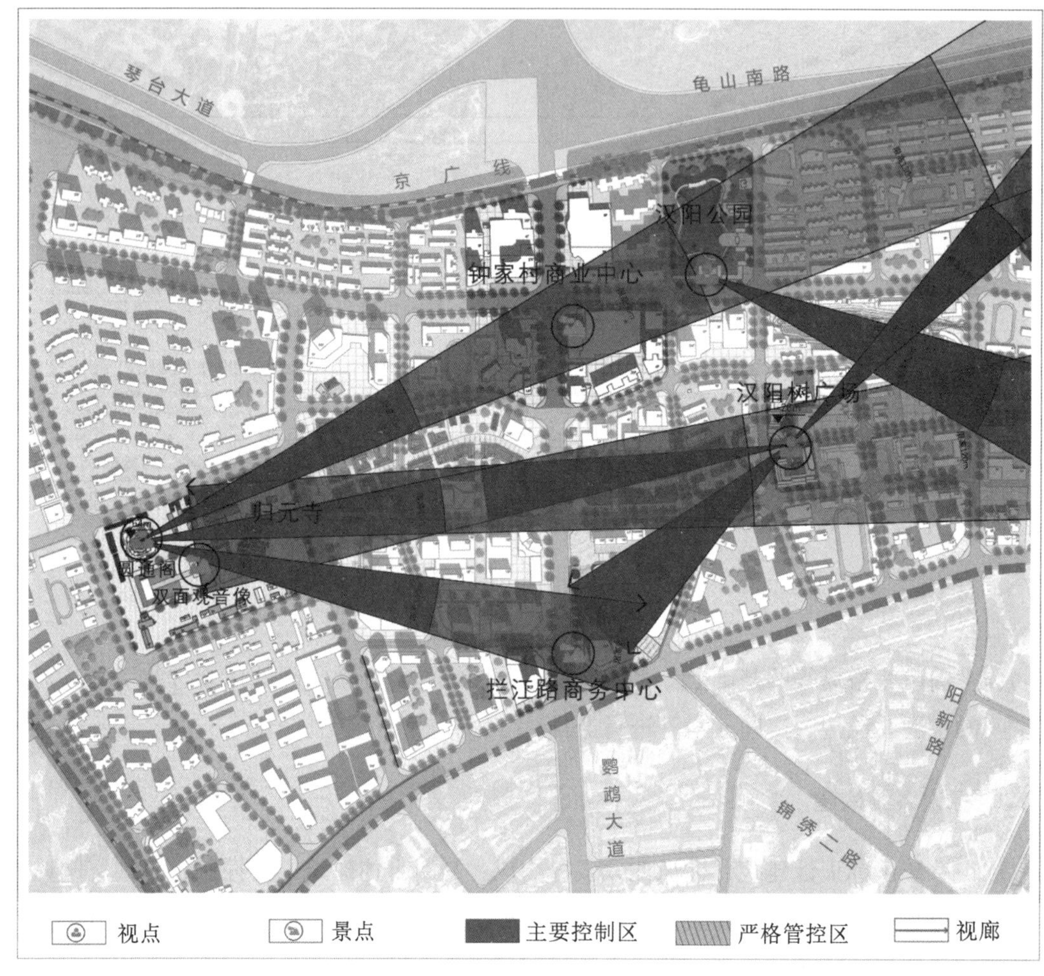

图9-10　视线通廊控制示意图

6. 划分重点地区并提出城市设计导则

总体规划层面的城市设计，在给出空间形态、风貌、形象、元素等的引导方案的基础上，还须划定不同类型的重点地区，作为后续单独开展城市设计的区域。须对重点地区提出城市设计导则，指出城市设计的内容构成，以及空间功能、形态与风貌等方面的目标导向。重点地区类型可包括：城市核心功能区、城市片区中心、历史街区或传统风貌区、临山临水地区、交通枢纽区、大型公共文化体育设施周边地区、重要的道路和景观走廊、重要的城市公园周边地区等。

9.6 城市更新

9.6.1 城市更新规划概述

城市更新是城市建成区物质空间更新、功能活动升级的过程，也可理解为空间的再生产。城市更新相关规划的任务或内容就是对城市建成区域“何处更新”以及“如何更新”提出安排，且往往针对具有较大更新潜力的老旧区域。城市更新规划的作用或目的，是通过引导城市存量空间再开发利用，以优化城市空间结构、提升城市空间品质、提升土地开发利用效益。在过去30年，我国经历了快速城市化，在这个过程中城市土地经历了外延式、粗放型的开发利用模式，同时也伴随着大量老旧城区的“大拆大建”，在造成城市拥挤、历史风貌消亡等后果的同时，还形成了“千城一面”的情形。步入新时代，我国城市迈入内涵式高质量发展阶段，城市更新工作已转向以改善人民福祉、增强自然与历史文化保护为价值导向的综合性规划。

9.6.2 城市更新规划的内容

在城市中，须开展城市更新的老旧区域与其他建成区互相交织，且不同区域的老旧程度、现状功能、区位以及未来在城市空间结构中承担的功能也各不相同，因此需要提出差异化的更新策略。市县级国土空间总体规划层面的城市更新工作，既需通过划分更新统筹片区，较为宏观地提出更新导向，也需对于更小尺度的更新对象提出分类更新策略制定原则，以实现差异化更新治理。具体内容与规划开展思路如下：

1. 划分城市更新统筹片区，提出更新目标导向

可基于详细规划单元和15分钟社区生活圈划定城市更新统筹片区，并结合空间结构、用地布局提出各片区更新改造的目标导向与主要策略，形成具体城市更新方案的上位规划，实现差异化更新治理的初步安排。例如以促进经济活力为目标的功能升级、产业植入，以提升生活品质为目标的增设开敞空间与公共服务设施，以降低建筑密度同时补充住房为目标的高层住宅开发，以历史文化延续为目标的风貌保护和有机更新，或者以上多种目标导向的综合。

2. 提出分类更新策略制定原则

在划分更新统筹片区的基础上，还须进一步细化更新改造对象类型，提出更小尺度的分类更新策略制定原则。城市更新改造对象可分为旧街区、旧厂区、城中村、老旧小区、历史文化街区、老旧楼宇等。更新策略可分为“拆除重建”“改造提升”以及“现状保留”。其中，改造提升也常称为“有机更新”或“微改造”，是当前城市更新的主要形式。国土空间总体规划层面的城市更新，须提出更新策略制定原则，如依据空间对象的老旧程度、安全状况、当前利用价值以及规划定位等综合确定更新策略，从而实现对下位规划制定的指导。

在后续层级的城市更新规划中，则须在总体规划提出的更新统筹片区的基础上，进一步定位和识别更新对象，依据提出的分类更新策略进行具体方案制定。

9.7　地 下 空 间

9.7.1　地下空间开发保护规划概述

地下空间的开发保护规划，与地上空间的开发保护规划(如用地布局)本质上是一致的，是对不同位置地下空间资源开发保护的功能定位、规模等的统筹安排，其目的是提升地下空间开发利用与保护的综合效益，使城市活动在挖掘与发挥地下空间经济价值的同时，符合城市安全、韧性的要求。

9.7.2　地下空间开发保护规划的内容

地下空间的开发保护规划也遵循“目标定位-空间分区-空间策略”的内容层次。具体内容和规划思路如下：

1. 提出地下空间开发保护的总体目标定位

综合考虑城市发展阶段，依据城市发展整体定位与总体需求，以及总体自然环境和地质条件，确定地下空间开发保护的整体定位和总体规模。不同城市对于地下空间开发与保护的需求是不一样的，大城市为缓解空间资源紧缺，开发地下空间的需求明显大于中小城市。从地下空间开发利用功能导向来看，不同地理区位的城市也具有许多差异，例如处于边防战略要地的城市，出于国防建设，其地下空间开发保护的定位将不同于一般城市；而处于炎热或严寒等极端气候地区的城市，则可能考虑通过开发地下空间，将更多的城市活动安排在地下，以避免地面恶劣气候对城市居民生活造成的影响。

2. 划定地下空间开发保护管控分区

地下空间开发保护管控分区须综合地下空间利用调查和开发保护适宜性评价，划分为地下空间禁建区、限建区和适建区 3 类管控分区。通过划分开发保护管控分区，可构建安全、可持续、高效益的地下空间开发保护格局，为合理开发利用地下空间提供科学指引。

地下空间禁建区指基于自然条件或城市发展要求，在一定时期内不得开发的城市地下空间区域，除必须且无法转移，同时符合国土空间规划的线性基础设施和战略性军事及人防设施的建设外，原则上禁止地下开发利用活动。地下空间限建区指为满足特定条件，允许限制性功能或限制性规模开发利用的城市地下空间区域。该区域内地下空间开发利用应以开展地质条件、环境条件及安全影响等评估论证为基础，在开发影响较小且防范与修复措施可行的前提下进行。地下空间适建区指适宜各类地下空间开发利用的地下空间区域，可结合实际需求，进行适宜功能与合理规模的开发利用。

3. 提出分层开发保护策略

地下空间开发利用整体上应遵循“分层利用，由浅入深”的原则。总体规划层面须明确城市地下空间开发分层，提出各层适宜的开发利用活动或功能导向，以指导下层级地下空间开发保护规划的制定。可按照“鼓励开发利用”“有条件开发利用”和“战略预留”的开发利用程度作为地下空间开发保护分层划定标准，依次划分出浅层空间、次深层空间及深层空间，在此基础上进一步明确各层开发利用活动。

一般而言，浅层地下空间主要开发建设为城市公共活动空间及市政管线设施空间，具体可安排轨道交通车站、地下人行通道、地下商业街、地下停车库、管线及综合管廊等设施。在更为详细的地下空间开发保护规划中，可优先在人员活动相对频繁的区域布置浅层地下空间。次深层地下空间主要开发建设为市政和轨道交通设施空间，具体可安排轨道交通车站和区间隧道、地下市政场站、地下物流仓储设施，或者作为重大公共基础设施的预留保护空间。深层地下空间则应作为战略资源予以保护。在更为详细的地下空间开发保护规划中，若浅层空间不具备敷设条件，则可按需求科学合理地安排深层地下空间开发。不同城市地下空间开发保护规划中，地下空间开发分层划定标准、分层开发功能安排以及重点开发区域的选择方式都将不同。

4. 确定重点开发片区及开发导向

除了划定地下空间开发保护管控分区、提出分层开发策略之外，总体规划层面还须确定中心城区地下空间重点开发片区，并提出地下空间开发的功能导向，强化总体规划在地下空间开发保护工作中的战略意义。中心城区的地下空间重点开发片区，可基于城市空间结构，选择划入各类城市功能节点(含交通枢纽)周边区域，并以提升地下空间复合利用、地上地下立体协调等为思路，明确开发功能导向。

5. 提出落实人防建设的空间策略

落实保障人民防空是地下空间开发利用的重要目标之一，进行人防建设布局是地下空间开发保护规划的必要内容。规划过程中应全面考虑人民防空需要，提出人防工程建设规模，统筹人防工程布局，并制定人防工程与一般地下工程衔接或融合的策略，为最终实现“平战结合、相互连通”的地下空间网络做好战略安排。

本章参考文献

1. 顾朝林，张勤．新时期城镇体系规划理论与方法[J]．城市规划汇刊，1997(2)：14-26+65.

2. 顾朝林．中国城镇体系等级规模分布模型及其结构预测[J]．经济地理，1990(3)：54-56.

3. 魏旭红，开欣，王颖，郁海文．基于“双评价”的市县级国土空间“三区三线”技术方法探讨[J]．城市规划，2019，43(7)：10-20.

4. 刘稳，詹庆明，赵中元，林苏靖，刘权毅．面向国土空间规划的不同用地分类体系差异与融合[J]．城市发展研究，2020，27(6)：9-18.

5. 岳文泽，王田雨，甄延临．“三区三线”为核心的统一国土空间用途管制分区[J]．中国土地科学，2020，34(5)：52-59+68.

6. 林坚，武婷，张叶笑，赵晔．统一国土空间用途管制制度的思考[J]．自然资源学报，2019，34(10)：2200-2208.

7. 全恒，毕凌岚，张玲月，齐一帆，何雨欣．机会公平视角下的城市 15 分钟生活圈划定与检验——以成都市武侯区为例[J]．西南交通大学学报(社会科学版)，2021，22(5)：38-48.

8. 魏伟，洪梦谣，谢波．基于供需匹配的武汉市 15 分钟生活圈划定与空间优化[J]．规划师，2019，35(4)：11-17.

9. 郭嵘，李元，黄梦石．哈尔滨 15 分钟社区生活圈划定及步行网络优化策略[J]．规划师，2019，35(4)：18-24.

第 10 章　国土空间规划“一张图”实施监督信息系统

导言： 国土空间规划改革要求，依托全国统一的国土空间基础信息平台，以第三次全国国土调查数据为基础形成底图，叠合各级各类国土空间规划，形成全国国土空间规划“一张图”，作为规划编制审批、实施监督全周期管理及专项规划衔接核对的权威依据。本章在“一张图”实施监督信息系统主体框架的基础上，着重介绍国土空间基础信息平台的建设内容以及“一张图”实施监督信息系统的主要功能，全面了解国土空间规划“一张图”在规划编制、审批、实施、监督、评估和预警全过程中的作用。

10.1　“一张图”实施监督信息系统主体框架

10.1.1　概念界定

根据《国土空间规划“一张图”实施监督信息系统技术规范》（GB/T 39972—2021）和《中共中央　国务院关于建立国土空间规划体系并监督实施的若干意见》，国土空间规划“一张图”实施监督信息系统，是以国土空间基础信息平台为底板，结合各级各类国土空间规划，为国土空间规划编制、审批、修改和实施监督提供技术支撑的信息化系统。其中，国土空间基础信息平台是按照“共建、共用、互联、共享”的原则，集成整合并统一管理各级各类国土空间数据，为统一行使全民所有自然资源资产所有者职责、统一行使所有国土空间用途管制和生态保护修复职责，提升国土空间治理体系和治理能力现代化水平，提供基础服务、数据服务、专题服务和业务应用服务的信息基础设施。

10.1.2　总体框架

国土空间规划“一张图”实施监督信息系统包括四个层次和两大体系，如图 10-1 所示。四个层次从下至上依次为设施层、数据层、支撑层、应用层，其中设施层、数据层、支撑层依托国土空间基础信息平台进行扩展建设。两大体系指的是标准规范体系和安全运维体系，包括数据建库标准、接口规范、安全管理机制和运维管理机制。

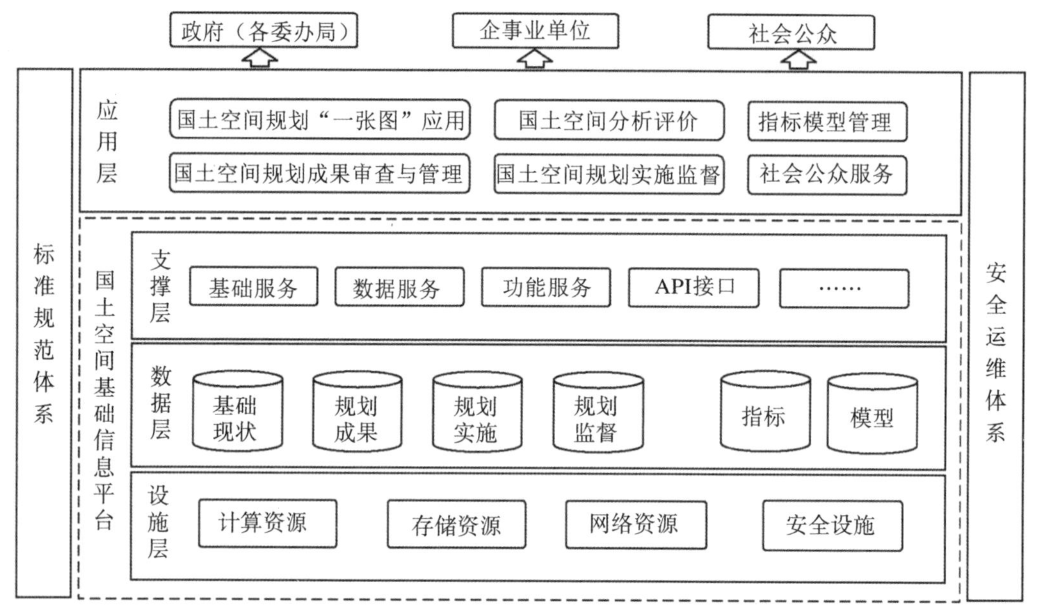

图 10-1　国土空间规划“一张图”实施监督信息系统总体架构

（图片来源：GB/T 39972—2021《国土空间规划“一张图”实施监督信息系统技术规范》）

设施层，主要面向国土空间规划业务，利用软硬件基础设施，提供计算资源、存储资源、网络资源、信息安全，为系统提供运行支撑的基础环境。数据层，基于国土空间基础信息数据资源，对体系内的海量、异构、多比例尺、多部门数据进行整合和综合管理，明确数据内容、汇交和更新要求，建设包括基础现状数据、规划成果数据、规划实施数据和规划监督数据的国土空间规划数据体系，并建立与国土空间规划体系相适应的指标和模型。支撑层则以国土空间基础信息平台为支撑，提供基础服务、数据服务、功能服务等，供应用层使用和调用。应用层主要提供包括国土空间规划“一张图”应用、国土空间分析评价、规划成果审查与管理、规划实施监督、指标模型管理等功能；并与各委办局业务系统连接，实现部门间信息共享和业务协同，为企事业单位和社会公众提供服务。

标准规范体系则是按照部委及地方相关标准规范，规范国土空间规划成果数据、行政管理数据以及社会经济数据等，保障其建库、入库、汇交、更新及应用，规范国土空间信息资源共享的范围、内容、权限、时效和更新频率等，建立信息资源质量检查评估和反馈机制，促进国土空间数据在各部门间充分共享和交换。安全运维体系就是按照国家相关安全等级保护的要求，建立安全管理机制，确保系统运行过程中的物理安全、网络安全、数据安全、应用安全、访问安全；并建立运维管理机制，对系统的硬件、网络、数据、应用及服务的运行状况进行综合管理，保证系统稳定运行。

10.1.3 “一张图”实施监督系统特点

“一张图”实施监督系统形成了数据驱动、编管协同、智能决策、多元应用“四位联动”的系统特色。

(1)数据驱动。建设全面支撑规划编制、审查、监管全过程的国土空间规划大数据体系，支撑地方政府科学决策、合理配置空间资源，实现高质量发展。

(2)编管协同。实施监督系统全方位应用于成果审查与管理、监测评估预警等功能，以指标设计、规则制定、算法研制和模型研究等技术为内核支撑，有效实现规划编制与管理的协同。

(3)智能决策。以国土空间规划大数据体系为基础，通过指标模型研究和业务规则设计，充分挖掘和预测国土空间时空演变规律，在冲突协调、智能化审批辅助、规划实施监管等方面提供智能化决策。

(4)多元应用。系统通过与其他部门业务平台进行对接，开展跨部门业务协同、国土空间治理、自然资源监管等多方面的智慧应用研究，为政府决策智能化与空间治理能力现代化提供支撑。

10.1.4 “一张图”系统与其他平台的关系

实施监督信息系统并不是单一的系统，它与其他部门业务应用系统进行信息共享和业务协同，通过国土空间基础信息平台与其他自然资源业务系统相互衔接，获取项目审批、确权登记和违法处置信息等数据服务，提供合规性审查等功能服务，同时向社会公众、企事业单位、科研院所等提供信息服务并接受社会监督(图 10-2)。

10.1.5 实施监督信息系统建设模式及层级关系

实施监督系统按照国家、省、市、县分级建设，并在横向上实现与其他信息系统的对接，纵向上实现上下贯通，为业务协同提供基础。乡镇可将上级系统作为本级国土空间规划的信息化支撑。省级及以下系统应由省级统筹，结合本地实际因地制宜形成相应的建设模式。既可以采取省内统一建设模式，建立省、市、县共用的统一系统，也可以采取独立建设模式，省、市、县分别建立系统；也可以采取统分结合的建设模式，省、市、县建立部分统一、部分独立的系统。不同建设模式下，国家、省、市、县级系统关系如图 10-3 所示。

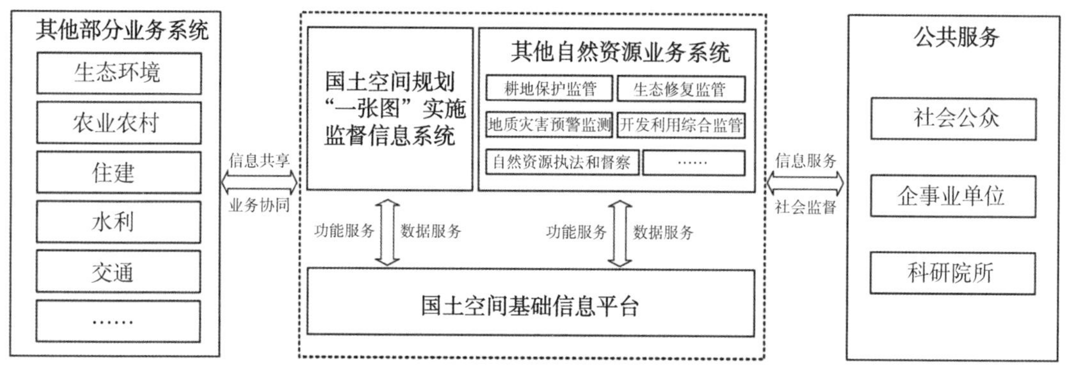

图 10-2　“一张图”系统与基础信息平台及其他业务系统的关系
（图片来源：GB/T 39972—2021《国土空间规划“一张图”实施监督信息系统技术规范》）

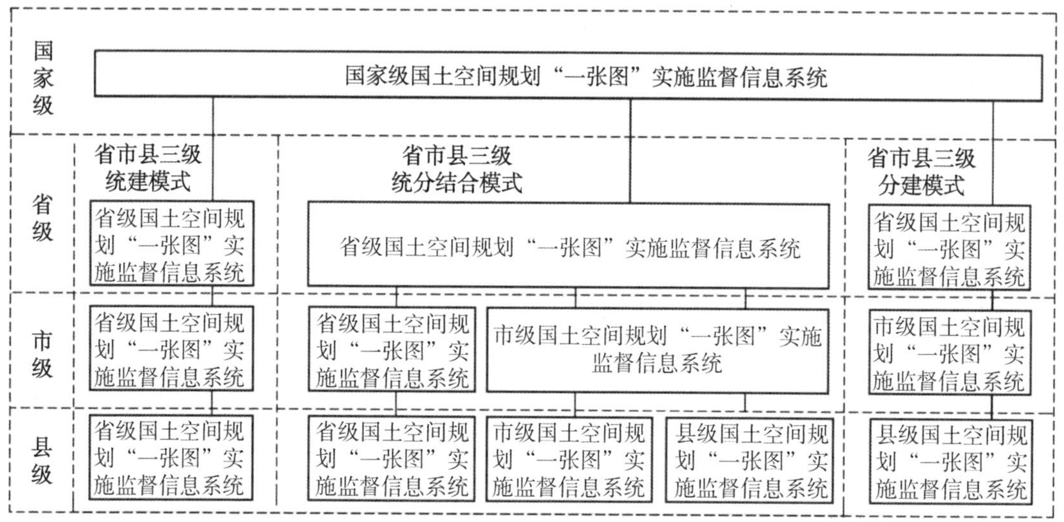

图 10-3　建设模式及系统层级关系
（图片来源：GB/T 39972—2021《国土空间规划“一张图”实施监督信息系统技术规范》）

10.2　国土空间基础信息平台的构建

国土空间基础信息平台，在时空大数据平台基础上根据自然资源行业的特点，将资源、测绘、发改、环保、住建、交通、水利、农业、林业等空间基础数据统一管控，建立自然资源“一张图”，实现分布式管理、应用和共享服务，为各级国土空间规划编制、行政审批、监测监管、决策分析提供有力的数据服务和技术支撑。

10.2.1 国土空间规划大数据体系构建

以基础地理信息和自然资源调查监测成果数据为基础，集成整合国土空间规划编制和实施管理过程中的各类数据，形成覆盖全域、动态更新、权威统一的国土空间规划数据资源体系。国土空间规划大数据体系主要分为四大类数据库，即现状数据库、规划数据库、管理数据库以及社会经济数据库(图10-4)。其中，现状数据库包括基础地理信息数据、土地利用现状、矿产资源、地理国情调查、耕地调查、生态环境等多类数据；规划数据库包括各级各类国土空间规划数据，如重要控制线、土地利用规划、城乡规划、双评价、功能区划、自然保护地规划、地质灾害规划等数据；管理数据库集成不动产登记、自然资源确权、测绘管理、地政管理、海政管理、生态修复等数据；社会经济数据库主要包括社会数据、经济数据和人口数据。

10.2.2 国土空间基础信息平台建设

1. 数据建库流程

国土空间规划大数据库涉及的数据量大且种类多，在收集、整理之后，需对各项数据进行处理，形成标准化数据后再入库。数据建库主要包括数据资料收集整理、数据标准化处理、数据质量检查和数据入库4个流程，如图10-5所示。

2. 数据入库

2021年，自然资源部办公厅正式发布了《市级国土空间总体规划数据库规范(试行)》，2023年则发布了《县级国土空间总体规划数据库规范(试行)》、《乡镇级国土空间总体规划数据库规范(试行)》，为国土空间规划编制中各级各类国土空间规划数据库建设提供了统一的标准。在《市级国土空间总体规划数据库规范(试行)》中，从全域和中心城区两个层次，明确规定了国土空间总体规划成果的数据库内容、要素分类编码、坐标系统、属性数据结构、属性值代码等重要内容。要素分类编码由10位数字组成，对市级国土空间总体规划空间要素和非空间要素给予了相应的唯一标识。同时，从必选、可选、条件必选等三个方面，对国土空间总体规划空间要素图层和属性结构的约束条件作了明确说明，从而保证国土空间总体规划数据库的规范性和高质量建设。

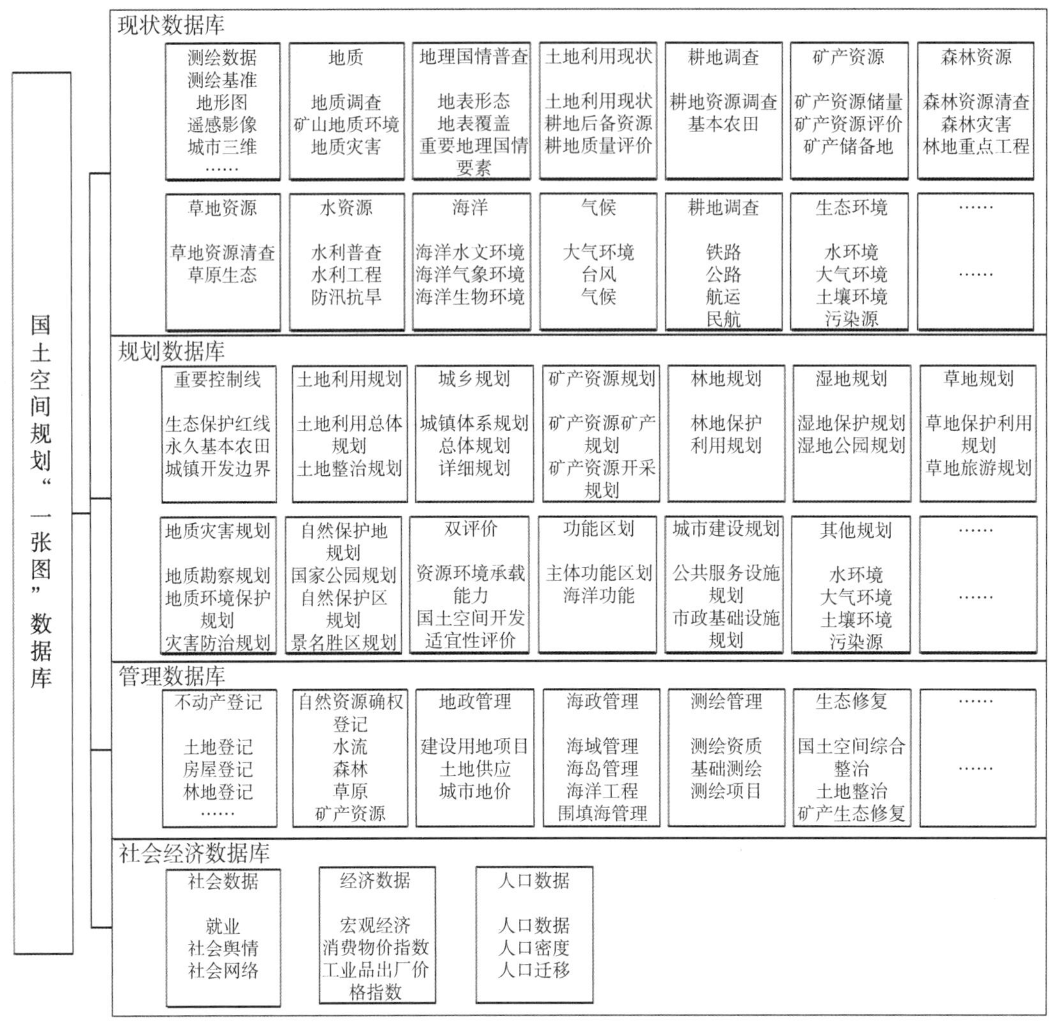

图 10-4　国土空间规划大数据体系示意图

（图片来源：刘艳华等，《省级国土空间规划“一张图”实施监督系统的设计与实现》，2022）

根据分类编码通用原则，依次按大类、小类、一级类、二级类、三级类、四级类划分，其中大类采用面分类法，小类以下采用线分类法。分类代码采用十位数字层次码组成，其结构如图 10-6 所示。

其中大类码为专业代码，设定为两位数字码，基础地理专业码为 10，土地专业码为 20，其他专业码为 30；小类码为业务代码，设定为二位数字码，空位以 0 补齐，分析评价的业务代码为 80，国土空间规划的业务代码为 90；一至四级类码为要素分类代码，一级类码为两位数字码、二级类码为两位数字码、三级类码为一位数字码、四级类码为一位数

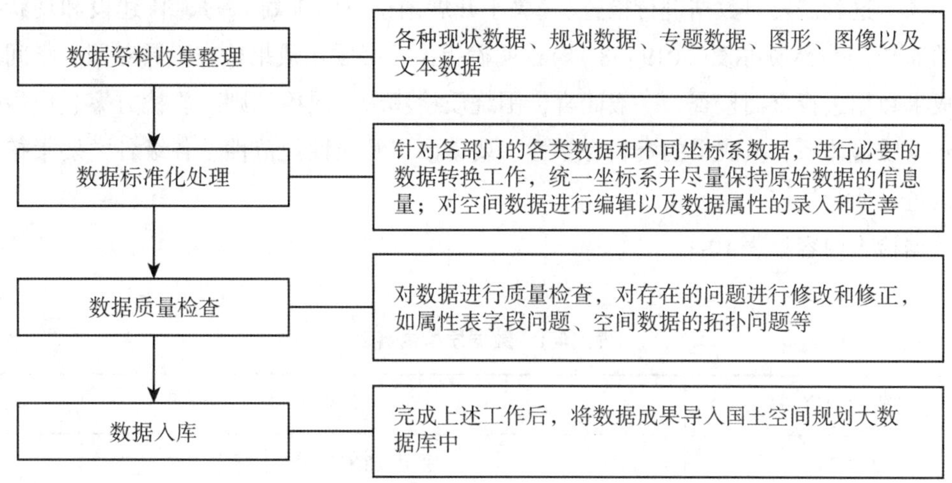

图 10-5　数据库建设流程示意图

（图片来源：刘燕，《省级国土空间规划“一张图”实施监督系统建设研究》，2022）

图 10-6　要素分类编码示意图

字码，空位以 0 补齐。基础地理要素的一级类码、二级类码、三级类码和四级类码引用 GB/T 13923 中的基础地理要素代码结构与代码。各要素类中如含有“其他”类，则该类代码直接设为“9”或“99”。例如，要素“生态保护重要性评价结果”的代码为“2080050100”的，其中，“20”为大类代码，表示其为土地专业；小类代码“80”，表示其为分析评价的业务；一级类要素码“05”，表示为“双评价空间要素”，二级类要素码“01”，则说明是“生态保护重要性评价”，而该要素代码中无三级、四级类要素码，则以“0”补齐。

市级国土空间总体规划数据库(全域)要素与代码见附录 1，市级国土空间总体规划数据库(中心城区)要素与代码见附录 2。

3. 数据检查

数据生产过程中，会有各种各样的问题，比如成果数据不规范、部分要素重叠压盖等拓扑问题，这就需要对数据进行检查。《关于开展国土空间规划“一张图”建设和现状评估工作的通知》(自然资办发〔2019〕38号)中明确提出，必须用成果检查工具对国土空间总体规划成果数据进行全面检查。一般而言，围绕质检算法、质检细则、质检方案、质检任务构建数据质检体系，从成果的资料完整性、要素图层及属性规范性、各级各类要素拓扑等各方面进行质量把控。

数据检查内容见表10-1。

表10-1　数据质检内容表

质检内容		基本要求
数学基础		采用CGCS2000坐标系。
空间数据要求	空间整体性	对有关数据要求地理范围覆盖无缺失；各级行政区空间要素数据内容完整。
	概念一致性	概念无歧义；空间数据的要素分层和属性名称与相关标准一致。
	要素完整性	空间要素分层、编码、命名与标准保持一致。
	拓扑一致性	拓扑关系一致，不存在悬结点、不闭合多边形、多边形覆盖、线自相交、面自相交等问题。
	数据接边	按标准分幅组织的数据，保证接边图幅中同一要素空间与属性数据结构与内容的一致性、拓扑关系的一致性等。
非空间数据要求	数据结构一致性	数据结构与标准一致，数据字典与标准一致。
	概念一致性	概念无歧义，概念与标准一致。
	格式一致性	表格数据格式与相关要求和标准一致，采用Excel、AML格式或Access格式(.mdb)。

10.3　“一张图”实施监督信息系统功能

国土空间规划“一张图”实施监督信息系统包括国土空间规划“一张图”应用和指标模型管理等基础功能，支撑国土空间分析评价、国土空间规划成果审查与管理、国土空间规划实施监督、社会公众服务等业务应用(图10-7)。

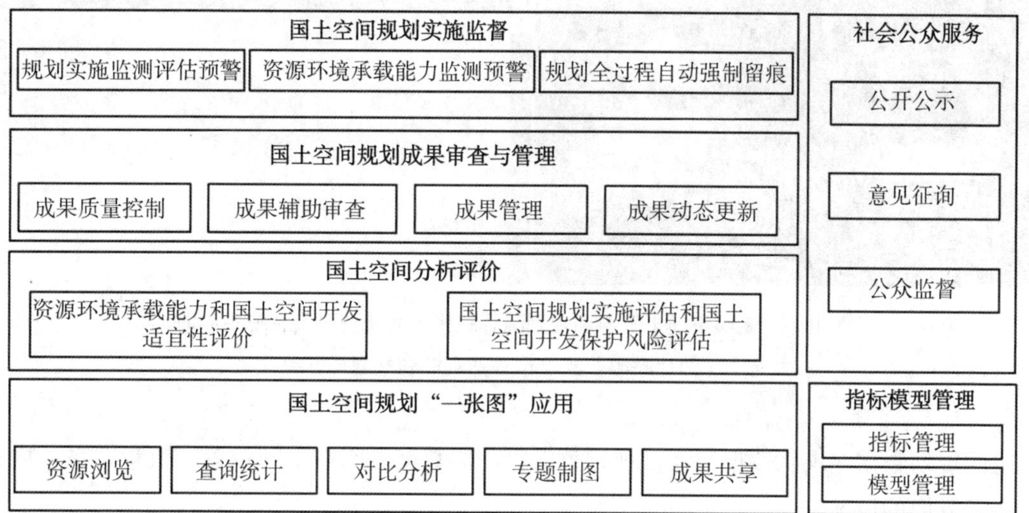

图 10-7　国土空间规划“一张图”实施监督信息系统功能构成图
（图片来源：GB/T 39972—2021 国土空间规划“一张图”实施监督信息系统技术规范）

10.3.1　国土空间规划“一张图”应用

国土空间规划“一张图”提供查询统计、对比分析、成果共享等多种功能。

1. 资源浏览

支持按照国土空间规划数据资源目录进行浏览、查询、定位，支持相关规划指标、规划文本和图件的浏览查看，满足多源数据的集成浏览展示与查询应用需求(图 10-8)。系统默认配置多个使用场景和专题，专题系统支持图层、要素等不同粒度的组合。可基于不同比例尺动态显示图形要素，包括符号、颜色、线型、填充、标注等。

2. 专题图制作

提供专题图制作功能，为风险识别、生态修复、土地整治、空间格局等提供相应的专题数据产品。支持专题图输出和记录任务日志，支持数据专题制作流程模板化定制，以适应不同场景和多次使用的需求。

3. 对比分析

提供对比分析功能，通过叠加分析、对比分析等手段，分析不同类别、不同层级的国

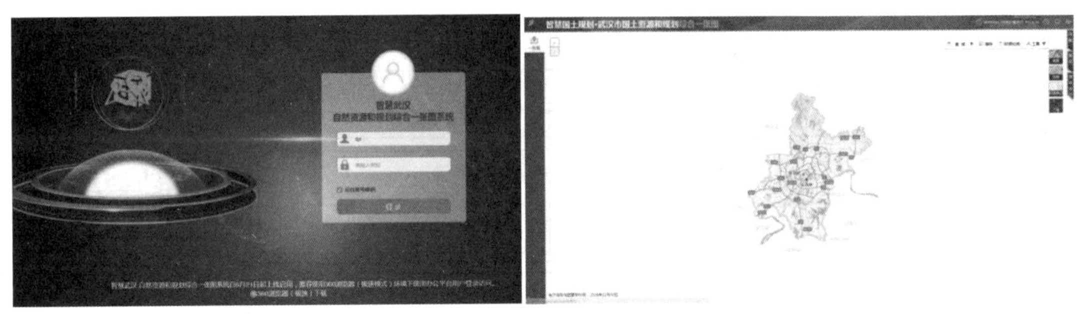

图 10-8　武汉市国土资源和规划综合一张图系统登录及系统主界面

(图片来源：武汉市自然资源和规划局)

土空间规划数据、现状数据和建设项目数据等不同数据之间在空间位置、数量关系、内在联系等方面的情况。

4. 查询统计

提供属性筛选、空间筛选、图查数、数查图等查询方式，获得图数一体查询结果，对查询结果可按维度，进行分类统计并输出统计结果。在统计上，可基于属性查询、空间范围进行数值统计并输出统计结果，统计结果可导出和可视化显示(图 10-9)。

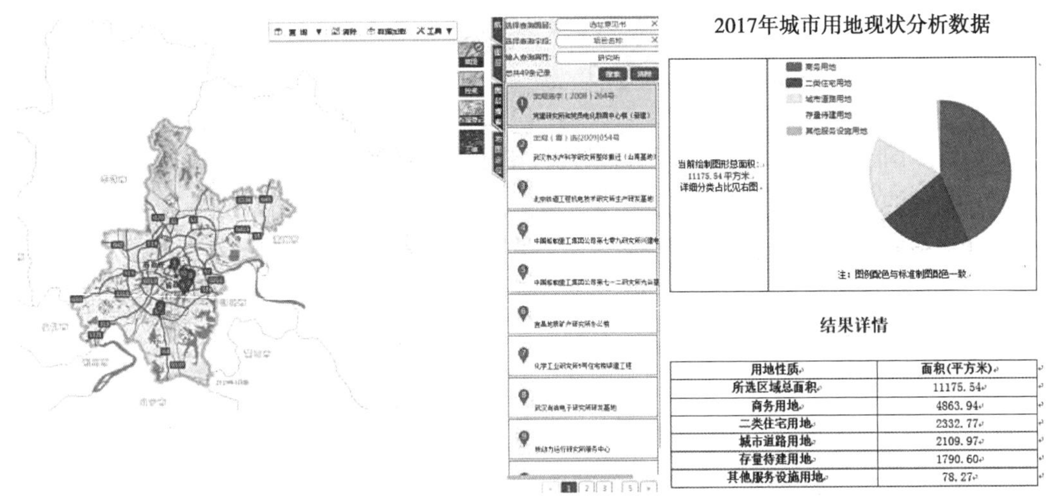

用地性质	面积(平方米)
所选区域总面积	11175.54
商务用地	4863.94
二类住宅用地	2332.77
城市道路用地	2109.97
存量待建用地	1790.60
其他服务设施用地	78.27

图 10-9　武汉市国土资源和规划综合一张图系统查询及统计

(图片来源：武汉市自然资源和规划局)

5. 成果共享

针对相关部门业务需求，提供标准化国土空间规划一张图数据服务和功能服务，供相关系统集成和调用，促进成果应用。

10.3.2 国土空间分析评价

以自然资源环境和国土空间开发利用现状数据为基础，利用相关算法、模型开展国土空间分析评价和评估。

1. 资源环境承载能力和国土空间开发适宜性评价

基于国土空间规划"一张图"数据，以及资源环境承载能力和国土空间开发适宜性评价结果，进行相应的空间分析，包括：①查询资源环境承载能力和国土空间开发适宜性评价主要结果图件及报告；②基于双评价结果开展相关空间分析；③双评价结果与相关规划成果图件的对比分析。

2. 国土空间规划实施评估和国土空间开发保护风险评估

以国土空间规划“一张图”为基础，应用相关算法和模型，辅助识别国土空间开发保护的主要问题，支撑国土空间规划实施评估及国土空间开发保护风险评估，包括：①建立城镇化发展、人口分布、经济发展、科技进步、气候变化趋势等分析模型，综合研判国土空间开发保护现状与需求；②开展情景模拟分析，识别生态保护、资源利用、自然灾害、国土安全等方面的短板及可能面临的风险；③通过数量、质量、布局、结构、效率等指标分析，评估国土空间开发保护现状问题和风险挑战。

10.3.3 国土空间规划成果审查与管理

按照各级国土空间规划管理事权，提供规划成果质量控制、成果辅助审查、成果管理和成果动态更新等功能，支撑成果审查与管理。

1. 成果质量控制

对提交的国土空间规划编制成果进行质量控制，包括：①对规划成果资料、数据文件、成果图层等进行完整性检查；②对规划成果的组织、格式、命名、内容构成、拓扑一致性、属性结构等进行规范性检查；③生成规划成果标准化质量检查报告。

2. 成果辅助审查

依托国土空间规划“一张图”，基于审查要点对国土空间规划编制成果进行辅助审查，包括：①对总体规划、详细规划、相关专项规划等进行符合性审查；②对国土空间规划约束性指标和刚性管控要求进行审查；③审查要点查看、审查结果填写、审查报告生成等。

3. 成果管理

对通过审查及完成批复的国土空间规划编制成果进行统一管理，包括：①根据国土空间规划编制审查进程动态调整国土空间规划成果数据目录；②空间数据、规划文本、附表、图件、说明、专题研究报告等规划成果的关联；③将通过审查和批复的总体规划、详细规划、相关专项规划的符合性审查过程和成果纳入国土空间规划“一张图”。

4. 成果动态更新

对国土空间规划实施过程中产生的规划调整或更新成果数据，逐级汇交，实现国家、省、市、县、乡 镇国土空间规划成果的同步更新，包括：①国土空间总体规划、详细规划成果调整或更新，以数据更新包的形式逐级汇交；②相关专项规划成果调整或更新，通过数据更新包、系统对接等多种形式，实现规划成果及时共享；③采用在线汇交的方式进行成果动态更新。

10.3.4 国土空间规划实施监测评估预警

构建针对重要控制线和重点区域的监测评估预警指标和模型，实现国土空间规划实施的动态监测、定期评估和及时预警。

1. 动态监测

实时采集和接入多源数据，对国土空间规划实施过程中的国土空间开发保护建设活动进行动态监测，特别是对各类管控边界、约束性指标开展重点监测，包括：①接入国土空间开发保护建设活动相关管理数据，开展日常监测；②接入遥感监测成果、自然资源调查成果等数据，开展定期监测；③接入互联网、物联网等多源大数据，开展动态监测。

2. 定期评估

按照“一年一体检、五年一评估”要求，对市县国土空间开发保护现状和规划实施情况进行体检评估，特别是对底线管控、结构效率、生活品质等基本指标的分析评估，包括：

①体检评估指标的自动统计、动态调整与辅助分析；②标准化体检评估分析图表、体检评估报告的生成与辅助编制；③体检评估成果的审查与在线汇交。

3. 及时预警

重点围绕生态保护红线、永久基本农田、城镇开发边界等重要控制线的刚性管控要求和国土空间规划约束性指标开展及时预警，并通过多种途径进行预警信息告知，包括：①对突破或临近重要控制线的情况进行预警；②对突破或临近国土空间规划约束性指标和刚性管控要求的情况进行预警；③对其他自然资源过度开发和国土空间粗放利用的情况进行预警。

10.3.5 资源环境承载能力监测预警

集成整合或接入有关部门与资源环境承载能力相关的因子和指标监测数据，提供对资源环境承载能力的综合监管、动态评估和决策支持功能。

1. 综合监管

利用自然资源调查监测数据，以及有关部门的专业调查监测数据，实现资源环境承载能力的综合监管，包括：①资源环境承载能力预警等级分级；②监管指标变化趋势和空间分布态势展现。

2. 动态评估

针对不同区域资源环境承载能力状况，动态获取相关部门的全域或特定区域监测数据，加强对重点区域的动态评估，提高监测预警效率，包括：①对特定区域、特定类别资源的动态评估；②对评估指标变化趋势和空间分布态势展现；③辅助生成评估报告。

3. 决策支持

解析超载因子，对各类管控措施执行情况及其效果进行综合评价，包括：①超载或临界超载地区的超载因子解析；②对各类管控措施执行情况及效果进行综合评价并生成综合评价报告；③辅助奖惩措施调整。

10.3.6 国土空间规划全过程自动强制留痕

按照国土空间规划编制、审批、修改和实施监督全过程留痕制度要求，具备对规划内容修改，规划许可变更或撤销，公开征求意见情况，提出、论证、审查过程及参与人员意见等自动强制记录归档功能，确保规划管理行为全过程可回溯、可查询。具体包括：①形成国土空间规划编制、审批、修改和实施监督全过程日志记录；②日志的回溯查询；③确保日志不可修改。

10. 3. 7　国土空间规划指标模型管理

实现国土空间规划编制、审批、修改和实施监督全过程中指标和模型的可视化管理。

1. 指标管理

提供可定制、可配置的指标管理，包括：①对指标体系、指标项、指标阈值、指标权重、元数据等信息进行管理，便于指标的调整与扩展；②指标模拟运算，并进行关联模型算法配置；③指标值管理，指标历史数据的追踪和查询。

2. 模型管理

支持各类模型的算法实现并进行统一管理和应用，包括：①算法注册，对已实现并封装好的算法组件进行管理，包含算法注册、算法删除、算法元数据编辑等功能；②数据源管理，包括对算法所需的各类数据源注册、数据源删除、元数据编辑等功能；③模型的管理，包括对模型进行查询、运行和注销管理等功能；④模型的监控，包括对模型运行的情况监测、日志输出等功能。

10. 3. 8　社会公众服务

充分利用各种公开途径，提供面向公众的国土空间规划服务。支持多终端、多渠道的公开公示、意见征询和公众监督，促进规划公众参与。

(1)公开公示。公开公示功能包括：①提供有关国土空间规划公开公示信息的浏览和检索；②构建基于地图的规划公示应用；③实现公示信息的定期或实时更新。

(2)意见征询。意见征询包括提供意见征询表格定制功能和公众意见整理与分析等功能。

(3)公众监督。公众监督包括提供社会公众留言、违规举报功能、意见回复填写等功能。

本章参考文献

1. 刘艳华，王彦良，杜鹏超，等．省级国土空间规划一张图实施监督系统的设计与实现[J]．北京测绘，2022，36(2)：725-730.

2. 刘燕．省级国土空间规划“一张图”实施监督系统建设研究[J]．测绘技术装备，2022，24(2)：120-1243.

3. 李金玲．市级国土空间规划“一张图”实施监督系统建设研究[J]．经天纬地，2022(5)：75-79.

4. 钱育君，胡伟．市级自然资源和规划“一张图”数据体系构建与应用——以常州市为例[J]．自然资源信息化，2023(2)：46-53.

5. 夏勤浩．基于GIS的国土空间规划实施监督系统的设计与实现[J]．测绘与空间地理信息，2023，46(3)：79-82.

6. 高光军，王勇，曹泽强，等．市级国土空间规划“一张图”实施监督信息系统研究——以连云港为例[J]．现代测绘，2022，45(1)：1-5.

第11章 结 语

国土空间规划诞生于我国全面深化改革的背景下，是完善国家治理体系，提升治理能力，实现人与自然和谐共生和中国式现代化的重要抓手。建立国土空间规划体系并监督实施，将主体功能区规划、土地利用规划、城乡规划等空间规划融合为统一的国土空间规划，实现"多规合一"，强化国土空间规划对各专项规划的指导约束作用，使之成为国家空间发展的指南、可持续发展的空间蓝图，以及各类开发保护建设活动的基本依据。

自2019年5月自然资源部通知全面开展国土空间规划编制工作以来，各级政府、自然资源部门和规划编制单位在《市级国土空间总体规划编制指南(试行)》的基础上，不断探索实践，于2022年9月完成全国"三区三线"划定工作，为各级国土空间规划锚定框架。至2023年7月，全国省、市、县三级国土空间总体规划已经全部编制完成，规划成果正在陆续审批中，各类专项规划和详细规划编制工作正在逐步启动中。经过四年的探索，我国初步完成了五级国土空间总体规划的编制工作，形成了较为系统的国土空间规划理论和编制办法。

国土空间总体规划编制工作的完成，解决了三大难题。一是基本形成了全国统一、相互衔接、分级管理的空间规划体系，国家级、省级、市级、县级、乡镇级等五级规划采用统一标准、上下联动、协同编制的方式，初步完成了全国规划一张图。二是解决了空间性规划重叠冲突的问题，将城乡规划、土地利用规划、主体功能区规划等不同部门、不同用途的规划合而为一，形成集保护、开发、利用、修复和用途管制于一体的法定空间规划。三是梳理了涉及国土空间管理的部门职责，厘清了开发与保护的优先序，构建了城市与乡村协同发展的基本逻辑，重塑了约束性指标传导与分配的规则，较好地解决了部分历史遗留问题。

国土空间总体规划的编制完成不是终点，而是起点。站在新的起点上，仍面临一系列的工作需要深入探索：一是国土空间规划理论仍需不断完善。目前的规划理论多来源于"时间紧""任务重"的规划编制工作，可称之为1.0版本，其科学性和实用性仍有待时间和实践检验。特别是对于国土空间规划理论的认识目前尚不统一。传统的城乡规划认为，规划理论的核心是规划的编制程序和方法(即 theory of planning)，而其他内容多属于城乡规划相关知识(即 theory in planning)。但是新的国土空间规划是整合了原来的城乡规划、土地利用规划、主体功能区规划等诸多专业领域的知识，而后两者在传统的规划体系中多属于相关知识。整合以后的新国土空间规划理论应该包括哪些内容？如何界定国土空间规划原理与相关知识？这些问题都值得进一步深入探讨。二是国土空间规划编制内容仍需深入开展。当前一轮的国土空间总体规划编制工作虽已基本完成，但是各地详细规划和专项规划仍处于起步阶段，五级三类的空间规划体系尚未完全形成。如何做好总体规划与详细规划与专项规划的衔接，目前也没有一个标准答案。三是国土空间规划编制方法仍需不断完善。《省级国土空间规划编制指南(试行)》《市级国土空间总体规划编制指南(试行)》等技术指南均为试行版本，各地在实际工作中出现各类问题，其适用性并不强；此外，一些技术细则尚不成熟，如现状基数认定时难以区分城镇建设用地和村庄建设用地、新增建设用地指标下达仍然存在争议等，这些都是下一步工作亟待解决的。四是理论与实践仍需进一步融合。当前的国土空间规划中，国家及部门以及各省市地方都出台了各种规范，但由于国土空间规划完全是新生事物，人们对于政策和标准的理解也不相同，因此各地的实践也各有特色，一定程度上也存在理论与实践脱节的现象。例如，对于留白的用地，究竟如何定性，如何在空间上布局，目前尚没有统一的认识。另外，对于规划基础的认定，国家强调是以“三调”为基础，但是在实践过程中，这一规定与历史数据及部门管理规定差距较大，造成矛盾突出，因此很多地方最后选择以最新的土地变更数据作为工作基础；还有，在划定城镇开发边界时，由于地方都强调发展的需要，希望争取更多可以直接开发利用的建设用地，因此有些地方就没有将弹性发展区列入城镇集中建设区，其结果是城镇开发边界就等同于城镇集中建设区；还有，对于“批而未用”的用地，原则上也应该划入现状用地，但在实际工作中，“批而未用”情况其实很复杂，各地又根据具体情况划分了很多类型，有些类型列入了现状，有些则没有。诸如此类情况、此种问题各地还有很多，说明国土空间规划仍在探索之中，需要不停地完善。

实践是检验真理的唯一标准，国土空间规划是一门实践学科，其规划理论诞生于实践过程中，又反作用于实践。本书从实践出发，系统阐述当前正在进行的国土空间规划改革中国土空间规划理论、最新政策要求以及详细编制办法，并佐以具体实例，希望为广大城乡规划专业师生，以及从事国土空间规划实践的从业者提供一本理论与实践相结合的教材。由于“五级三类”国土空间规划仍在编制进程中，国土空间规划理论和编制办法也在不断深化和优化，读者也应根据各地的实际情况，在本书的基础上，补充、细化相应的规划内容和编制办法，切实提高规划的针对性和可操作性。

本书的出版，离不开研究团队的共同努力。每一次的集中交流与讨论，都推动了书稿的完善和深化。

笔者水平有限，书中难免存在不妥与疏漏之处，敬请读者批评指正，以期不断完善。

国土空间规划是一项功在当代、利在千秋的工作，势必会存在诸多困难和问题，希望各位同仁秉持“功成不必在我”的思想，积极探索国土空间规划理论，勇于实践，推动各地形成人与自然和谐发展的现代化建设新格局，为中国式现代化贡献规划人的力量！

附录1　市级国土空间总体规划数据库(全域)要素与代码表

要素代码	要素名称	说明
1000000000	基础地理信息要素	
1000600000	境界与行政区	
1000640100	市级行政区	
1000650100	县级行政区	
1000660100	乡镇级行政区	
2080000000	分析评价信息要素	
2080010000	基础分析空间要素	预留
2080020000	基础分析文档资料要素	预留
2080030000	基础分析表格要素	预留
2080040000	基础分析栅格图要素	
2080040201	市域国土空间用地用海现状图	
2080040202	市域自然保护地分布图	
2080040203	市域历史文化遗存分布图	
2080040204	市域自然灾害风险分布图	
2080050000	双评价空间要素	
2080050100	生态保护重要性评价结果	
2080050200	农业生产适宜性评价结果	
2080050300	城镇建设适宜性评价结果	
2080050400	生态系统服务功能重要性分布	
2080050500	生态脆弱性分布	
2080060000	双评价文档资料要素	
2080060100	资源环境承载能力和国土空间开发适宜性评价报告	
2080070000	双评价表格要素	
2080070201	生态保护重要性评价结果汇总表	

续表

要素代码	要 素 名 称	说明
2080070202	农业生产适宜性评价结果汇总表	
2080070203	城镇建设不适宜区结果汇总表	
2080070204	城镇建设适宜区结果汇总表	
2080070205	土地资源约束下可承载耕地规模评价结果汇总表	
2080070206	水资源约束下可承载耕地规模评价结果汇总表	
2080070207	土地资源约束下城镇建设承载规模评价结果汇总表	
2080070208	水资源约束下城镇建设承载规模评价结果汇总表	
2080080000	双评价栅格图要素	
2080080201	生态保护重要性评价结果图	
2080080202	农业生产适宜性评价结果图	
2080080203	城镇建设适宜性评价结果图	
2080080204	生态保护极重要区内开发利用地类分布图	
2080080205	种植业生产不适宜区内耕地分布图	
2080080206	城镇建设不适宜区内城镇建设用地分布图	
2080080207	耕地空间潜力分析图	
2080080208	城镇建设空间潜力分析图	
2080080209	生态系统服务功能重要性分布图	
2080080210	生态脆弱性分布图	
2080080211	多年平均降水量分布图	
2080080212	人均可用水资源总量分布图	
2080080213	地质灾害危险性分区图	
2080080214	地下水超采与地面沉降分布图	
2090000000	国土空间规划信息要素	
2090010000	基期年现状空间要素	
2090010100	现状用地用海	
2090010200	现状自然保护地分布	
2090010300	现状历史文化遗存分布	
2090010400	现状自然灾害风险分布	
2090010500	城区范围	
2090010600	城区实体地域	

续表

要素代码	要 素 名 称	说明
2090020000	目标年规划空间要素	
2090020100	总体格局	
2090020110	主体功能分区	
2090020200	控制线	
2090020210	三条控制线	
2090020211	生态保护红线	
2090020212	永久基本农田	
2090020213	城镇开发边界	
2090020220	保护范围边界	
2090020221	天然林	
2090020222	生态公益林	
2090020223	湿地	
2090020224	基本草原	
2090020225	河湖岸线	
2090020226	海岸线	
2090020227	历史文化保护线	
2090020228	矿产资源控制线	
2090020229	洪涝风险控制线	
2090020290	其他控制线	
2090020300	生态空间	
2090020310	生态系统(面)	
2090020320	生态廊道	
2090020330	自然保护地	
2090020331	风景名胜区	
2090020400	农业空间	
2090020410	农业生产空间布局	
2090020420	永久基本农田储备区	
2090020430	耕地质量等级分区	
2090020500	城镇空间	
2090020510	区域协调	

续表

要素代码	要素名称	说明
2090020511	都市圈	预留
2090020512	城镇圈	预留
2090020520	城镇体系	
2090020524	城镇体系(点)	
2090020530	城镇产业空间布局	
2090020533	城镇产业空间布局(面)	
2090020600	用地结构与布局	
2090020610	规划分区	
2090022700	海洋资源	
2090022710	海域保护利用	
2090022720	海岛保护利用	
2090022800	历史文化资源	
2090022810	世界遗产	
2090022820	国家文化公园	
2090022830	文化生态保护区	
2090022840	历史文化名城名镇名村街区	
2090022841	历史文化名城	
2090022842	历史文化名镇	
2090022843	历史文化名村	
2090022844	历史城区	
2090022845	历史文化街区	
2090022850	历史建筑	
2090022851	历史建筑(点)	
2090022853	历史建筑(面)	
2090022860	文物保护单位	
2090022861	文物保护单位(点)	
2090022863	文物保护单位(面)	
2090022870	传统村落	
2090024100	基础支撑体系	
2090024140	防灾减灾	

续表

要素代码	要 素 名 称	说明
2090024141	防灾减灾设施(点)	
2090024142	防灾减灾设施(线)	
2090024143	防灾减灾设施(面)	
2090024150	重大交通基础设施	
2090024151	重大交通基础设施(点)	
2090024152	重大交通基础设施(线)	
2090024153	重大交通基础设施(面)	
2090024160	重大基础设施	
2090024161	重大基础设施(点)	
2090024162	重大基础设施(线)	
2090024163	重大基础设施(面)	
2090026100	国土整治修复	
2090026110	生态修复和国土综合整治	
2090026111	生态修复和国土综合整治重大工程(点)	
2090026112	生态修复和国土综合整治重大工程(线)	
2090026113	生态修复和国土综合整治重大工程(面)	
2090027100	下位规划指引	
2090027110	分区规划单元	
2090027120	近期重大项目	
2090027121	近期重大项目(点)	
2090027122	近期重大项目(线)	
2090027123	近期重大项目(面)	
2090029900	其他规划空间要素	
2090030000	规划文档资料要素	
2090030100	规划文本	
2090030200	规划说明	
2090030300	专题研究报告	
2090030400	人大意见	
2090030500	各相关部门意见	
2090030600	专家论证意见	

续表

要素代码	要 素 名 称	说明
2090030700	公众参与情况	
2090030800	规划批复	
2090039000	其他文档	
2090040000	规划表格要素	
2090040201	规划指标表	
2090040202	规划指标分解表	
2090040203	市域国土空间功能结构调整表	
2090040204	耕地、永久基本农田规划指标分解表	
2090040205	林地保有量指标分解表	
2090040206	建设用地指标分解表	
2090040207	其他底线管控指标分解表	
2090040208	自然保护地一览表	
2090040209	历史文化资源一览表	
2090040210	无居民海岛一览表	
2090040211	重点建设项目安排表	
2090040212	上级下达指标表	
2090050000	规划栅格图要素	
2090050201	市域主体功能分区图	
2090050202	市域国土空间总体格局规划图	
2090050203	市域国土空间控制线规划图	
2090050204	市域生态系统保护规划图	
2090050205	市域农(牧)业空间规划图	
2090050206	市域城镇体系规划图	
2090050207	市域历史文化保护规划图	
2090050208	市域城乡生活圈和公共服务设施规划图	
2090050209	市域综合交通规划图	
2090050210	市域基础设施规划图	
2090050211	市域国土空间规划分区图	
2090050212	市域生态修复和综合整治规划图	
2090050213	市域矿产资源规划图	

附录 2　市级国土空间总体规划数据库(中心城区)要素与代码表

要素代码	要素名称	说明
2080000000	分析评价信息要素	
2080010000	基础分析空间要素	预留
2080020000	基础分析文档资料要素	预留
2080030000	基础分析表格要素	预留
2080040000	基础分析栅格图要素	
2080040251	中心城区国土空间用地用海现状图	
2090000000	国土空间规划信息要素	
2090010000	基期年现状空间要素	
2090010100	现状用地用海	
2090020000	目标年规划空间要素	
2090020200	控制线	
2090020230	城市控制线	
2090020231	城市蓝线	
2090020232	城市绿线	
2090020233	城市紫线	
2090020234	城市黄线	
2090020600	用地结构与布局	
2090020610	规划分区	
2090020620	规划用地用海	
2090020630	绿地与开敞空间	
2090020640	地下空间开发重点区域	
2090020650	保障住房	
2090020660	中心城区范围	
2090020700	空间形态管控	

续表

要素代码	要素名称	说明
2090020710	开发强度分区	
2090020720	视线通廊	
2090024100	基础支撑体系	
2090024110	公共服务设施	
2090024111	公共服务设施(点)	
2090024113	公共服务设施(面)	
2090024120	市政公用设施	
2090024121	市政公用设施(点)	
2090024122	市政公用设施(线)	
2090024123	市政公用设施(面)	
2090024130	综合交通设施	
2090024131	交通设施(点)	
2090024133	交通设施(面)	
2090024134	道路中心线	
2090024135	道路红线	
2090024140	防灾减灾	
2090024141	防灾减灾设施(点)	
2090024142	防灾减灾设施(线)	
2090024143	防灾减灾设施(面)	
2090024144	灾害风险区	
2090026200	城市更新	
2090026210	城市更新重点区域	
2090026220	城市更新单元	
2090027100	下位规划指引	
2090027130	详规单元	
2090030000	规划文档资料要素	预留
2090040000	规划表格要素	
2090040251	中心城区城镇建设用地结构规划表	
2090050000	规划栅格图要素	
2090050251	中心城区国土空间规划分区图	

续表

要素代码	要素名称	说明
2090050252	中心城区土地使用规划图	
2090050253	中心城区开发强度分区规划图	
2090050254	中心城区控制线规划图	
2090050255	中心城区历史文化保护规划图	
2090050256	中心城区城市更新规划图	
2090050257	中心城区绿地系统和开敞空间规划图	
2090050258	中心城区公共服务设施体系规划图	
2090050259	中心城区市政基础设施规划图	
2090050260	中心城区道路交通规划图	
2090050261	中心城区综合防灾减灾规划图	
2090050262	中心城区地下空间规划图	

彩 色 插 图

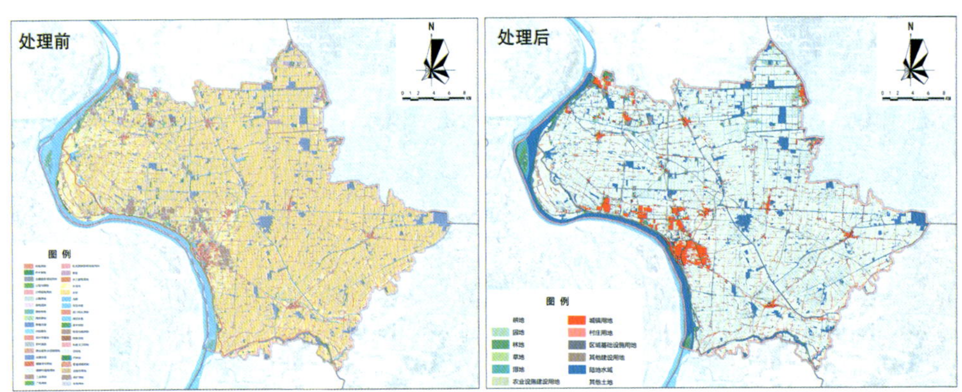

图 2-1　某县底图底数处理前后对比图

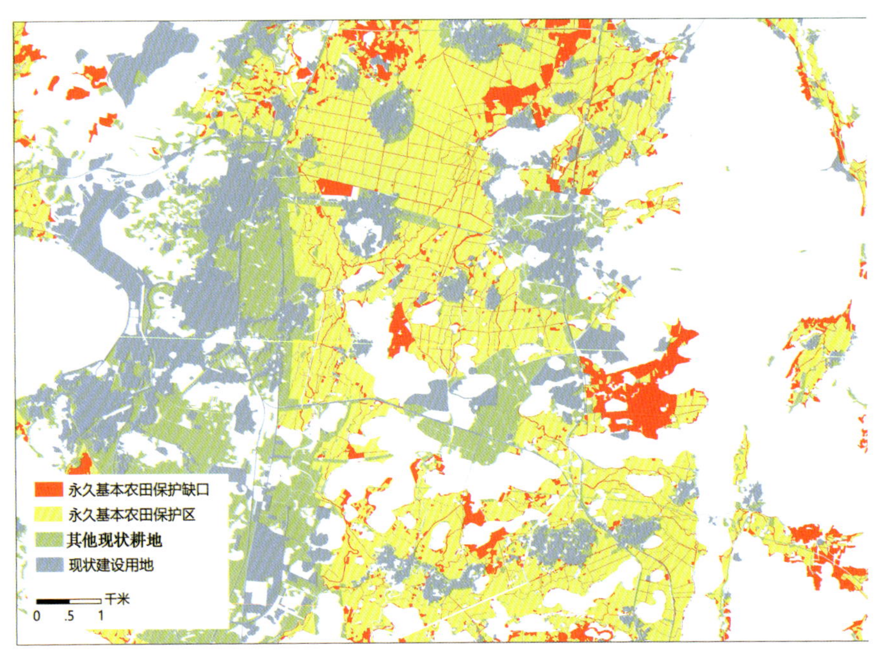

图 3-3　某地上一轮永久基本农田保护区实施状况

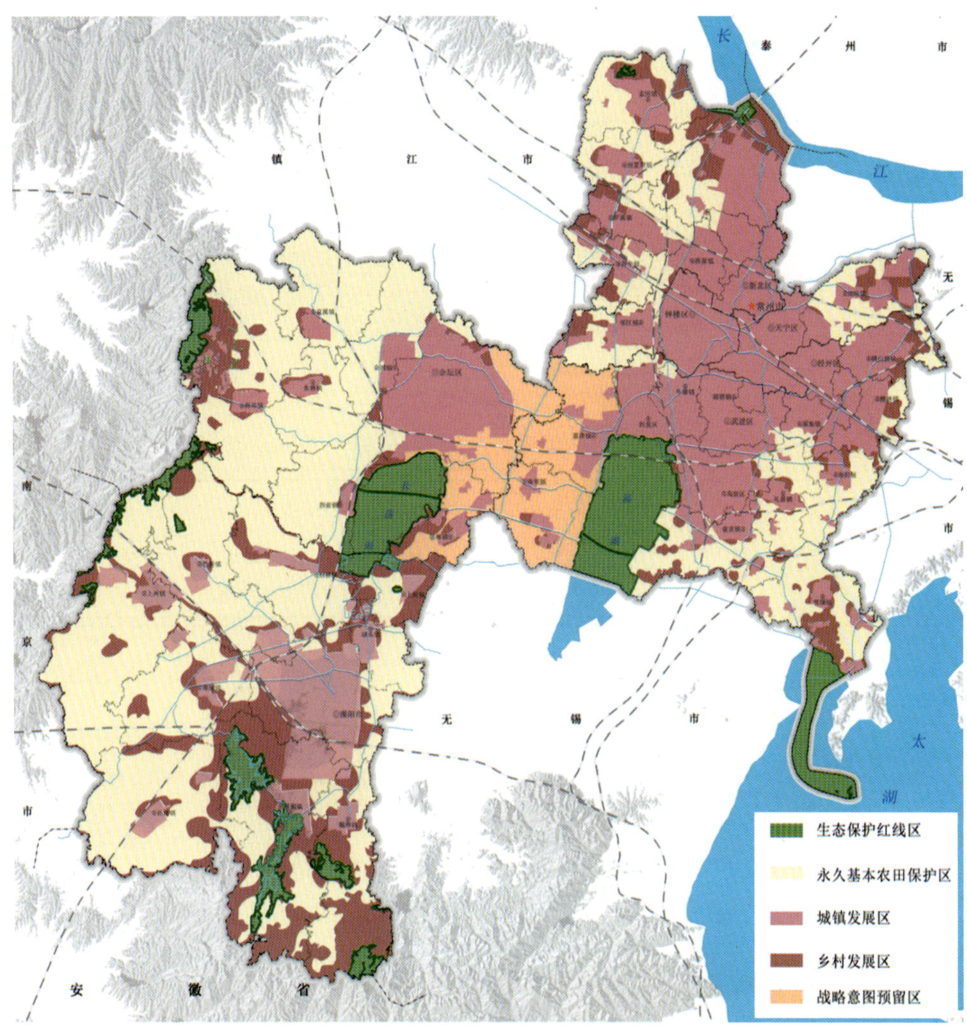

图 4-8　常州市市域国土空间规划分区

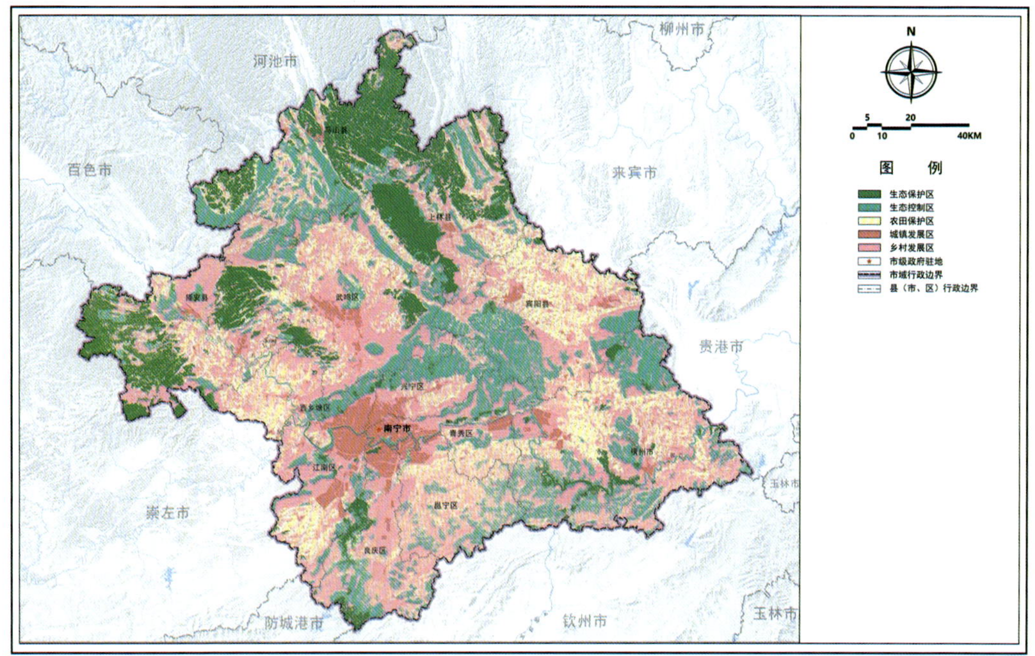

图 5-2　南宁市国土空间规划分区示意图

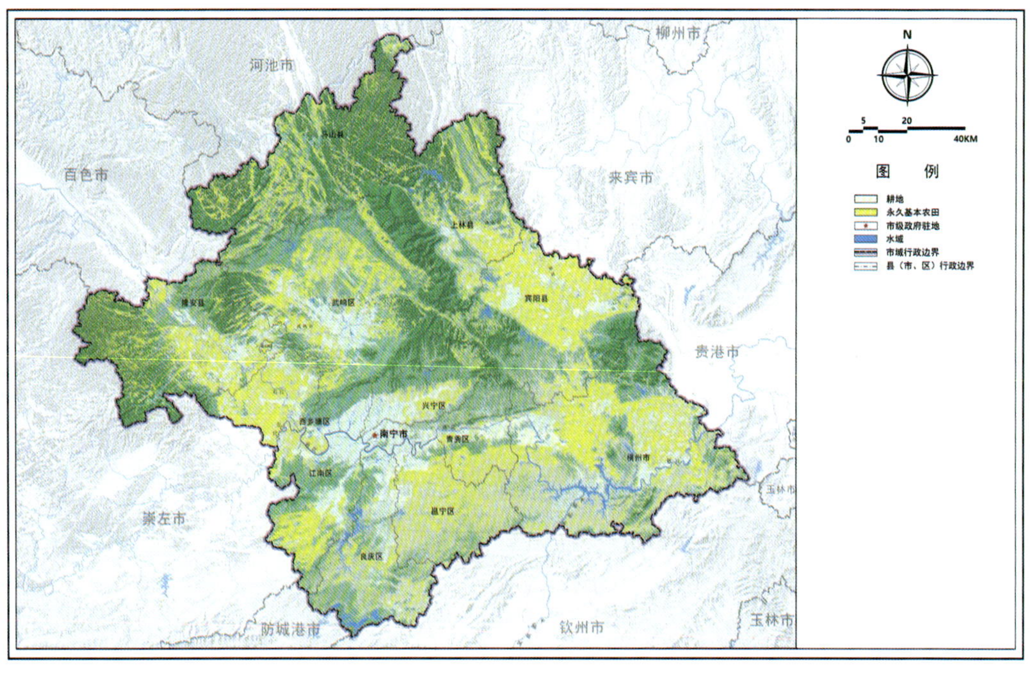

图 5-5　南宁市永久基本农田保护红线示意图

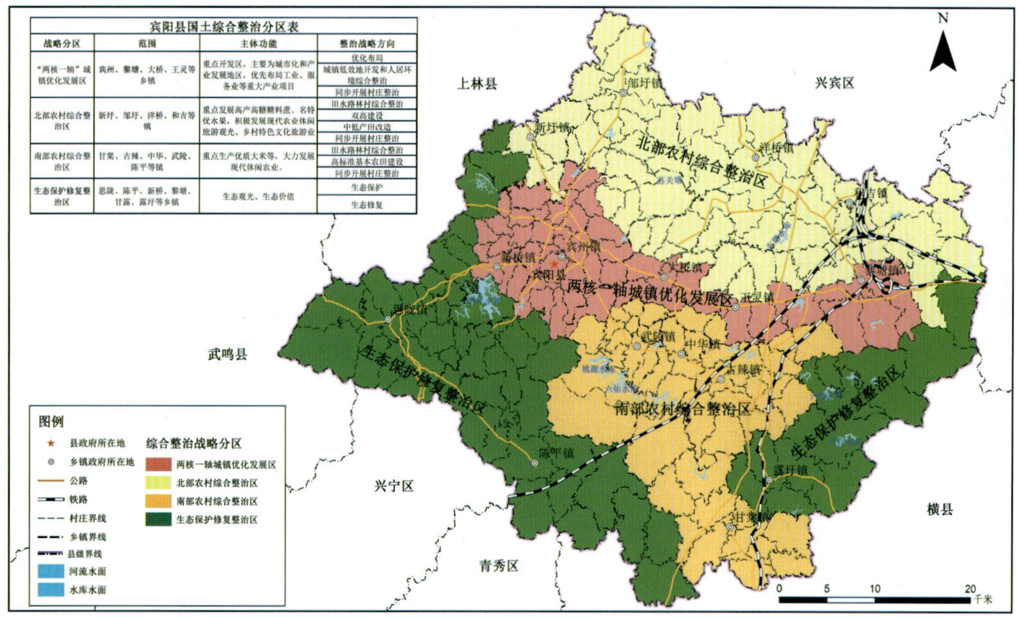

宾阳县国土综合整治分区表

战略分区	范围	主体功能	整治战略方向
“两核一轴”城镇优化发展区	宾州、黎塘、大桥、王灵等乡镇	重点开发区，主要为城市化和产业发展地区，优先布局工业、服务业等重大产业项目	优化布局
			城镇低效地开发和人居环境综合整治
			同步开展村庄整治
北部农村综合整治区	新圩、邹圩、洋桥、和吉等镇	重点发展高产高糖糖料蔗、名特优水果，积极发展现代农业休闲旅游观光、乡村特色文化旅游业	田水路林村综合整治
			双高建设
			中低产田改造
			同步开展村庄整治
南部农村综合整治区	甘棠、古辣、中华、武陵、陈平等镇	重点生产优质大米等，大力发展现代休闲农业。	田水路林村综合整治
			高标准基本农田建设
			同步开展村庄整治
生态保护修复整治区	思陇、陈平、新桥、黎塘、甘露、露圩等乡镇	生态观光、生态价值	生态保护
			生态修复

图 5-6 宾阳县国土综合整治分区示意图

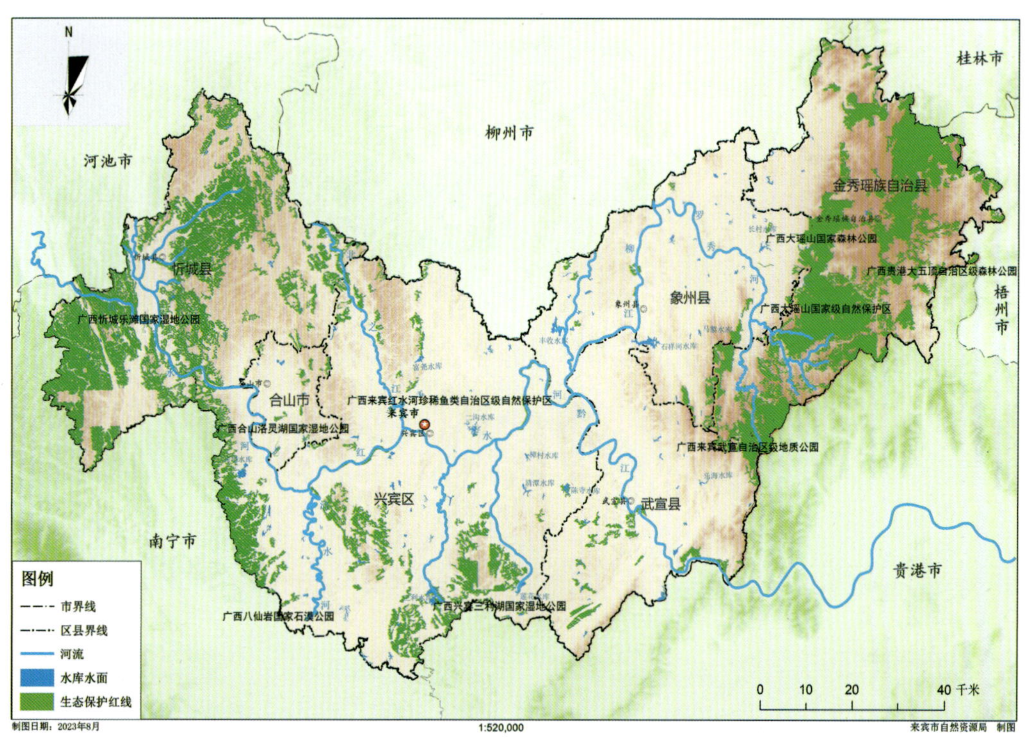

图 6-1 来宾市生态保护红线分布图

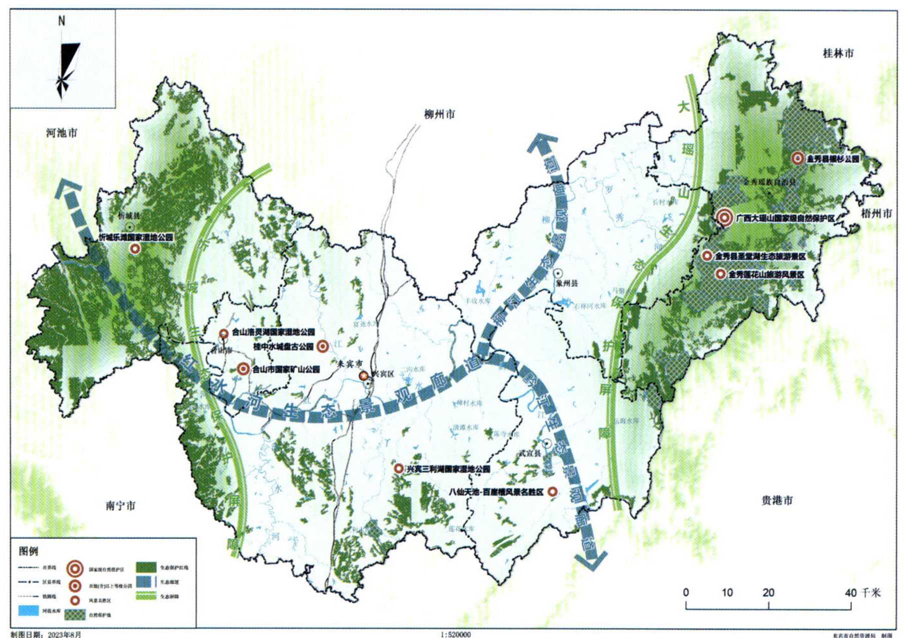

图 6-2　来宾市生态安全格局图

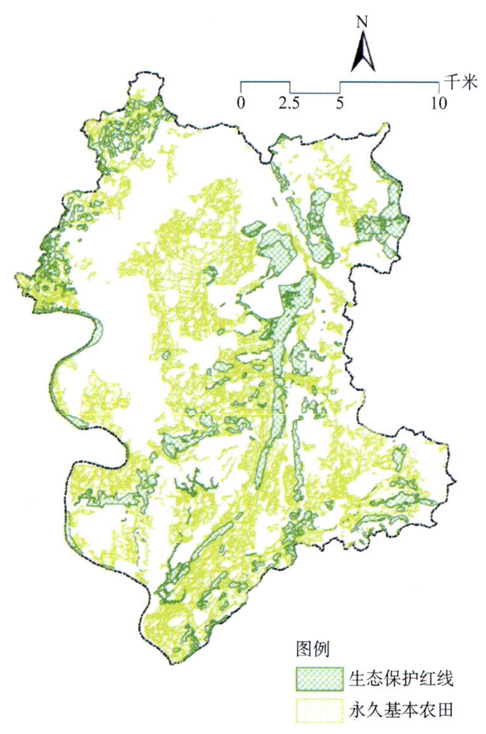

图 8-3　某地区生态保护红线及永久基本农田划定成果